U0569677

中小学语文
表现性评价

学理、技术
与案例

林荣凑 编著

吸收国际母语教育表现性
评价的成果和经验，
力求本土化；
融入作者自2006年以来个人
和所带团队的实践成果，
力求学科化。

浙江工商大学 出版社
ZHEJIANG GONGSHANG UNIVERSITY PRESS
·杭州·

图书在版编目(CIP)数据

中小学语文表现性评价：学理、技术与案例 / 林荣
凑编著. —杭州：浙江工商大学出版社，2023.5(2025.9 重印)
ISBN 978-7-5178-5459-3

Ⅰ. ①中… Ⅱ. ①林… Ⅲ. ①语文课－教学研究－中
小学 Ⅳ. ①G633.302

中国国家版本馆 CIP 数据核字(2023)第 066145 号

中小学语文表现性评价：学理、技术与案例

ZHONGXIAOXUE YUWEN BIAOXIANXING PINGJIA：XUELI、JISHU YU ANLI

林荣凑 编著

策划编辑	周敏燕	
责任编辑	厉　勇	
责任校对	李远东	
封面设计	朱嘉怡	
责任印制	屈　皓	
出版发行	浙江工商大学出版社	

（杭州市教工路 198 号　邮政编码 310012）
（E-mail：zjgsupress@163.com）
（网址：http://www.zjgsupress.com）
电话：0571-88904980,88831806(传真)

排　　版	杭州朝曦图文设计有限公司	
印　　刷	浙江全能工艺美术印刷有限公司	
开　　本	710 mm×1000 mm　1/16	
印　　张	16.25	
字　　数	318 千	
版 印 次	2023 年 5 月第 1 版　2025 年 9 月第 3 次印刷	
书　　号	ISBN 978-7-5178-5459-3	
定　　价	58.00 元	

前　言

本书探讨"中小学语文"的"表现性评价"。

表现性评价,是一个极为"尴尬"的存在。作为舶来品,其英文单词 performance assessment,在我国大陆曾有不同的译名——表现性评定、表现性测验、基于表现的评价、表现为本的评价,台湾学者还有将其译为实作评估或实作评量的。

《普通高中语文课程标准(2017 年版)》一锤定音:"有条件的地方,可以运用信息技术,丰富学生的表现性评价,形成多样化的学生成长记录,全面而科学地衡量学生的发展。"

这是我国官方课程文件首用"表现性评价"。

表现性评价的"尴尬",不独表现于译名。

在美国,它曾经辉煌。在 20 世纪 80 年代末到整个 90 年代,它曾被美国佛蒙特州、马里兰州、加利福尼亚州等多个州所采用,获得众多的支持。

然而昙花一现。随着 2002 年美国政府《不让一个孩子掉队》法案的颁布,表现性评价被美国基础教育遗忘。直到 2010 年中后期,为落实《共同核心州立标准》、构建与纸笔测试平衡的评价体系,表现性评价才逐渐回到美国教育政策的视野之中。

这种"尴尬"也发生于我国,只是尴尬的表现不一样。

中国是最早应用表现性评价的国家,这个结论不是自许的。美国兰德教育高级社会科学家和副主任布赖恩·斯特克说:"表现性评价的应用最早可追溯至 2000 年前的中国汉朝。"

其实,如溯源至《学记》,实质意义上的表现性评价,我国先秦即有。我国的科举考试,自隋唐到明清,所开科目各有不同,但无论是文官的政论还是武官的比武,均含表现性评价。

我国是考试大国,从一线教师到专家名师,不少围着"测试"转。这本无可非议,但是,我们真能玩转"评价"(包括表现性评价)吗?

自然不是,故而有学者直言:中国人好评,但不会评!

评价是教育领域的世界难题！

70多年前，美国著名教育家拉尔夫·泰勒就在其《课程与教学的基本原理》（1949年）一书中描述过多种评价方式，其中提及：

（纸笔测试、观察、访谈、问卷之外）收集学生完成的实际作品，有时也是获得行为证据的一条有用的途径。比如，收集学生写的论文就能证明学生的写作能力，而学生在美术课上创作的绘画作品能证明他们在这一领域里的技能，甚至兴趣。

以学生"所做的"来评价"能做的"，这就是表现性评价。

不愧为教育评价之父！

现如今，美国、英国、芬兰、新加坡等国家和中国香港、台湾地区，无数的评价专家，正走在他所指引的评价之路上！

这是一个追求教育高质量发展的时代！

我国大陆的表现性评价，自20世纪初至今，已经历了论著译介、学理阐释、局部实践等阶段。随着《普通高中语文课程标准（2017年版）》《义务教育语文课程标准（2022年版）》的颁布，我们走入了核心素养引领教育的时代！大单元设计、项目式学习、深度学习，它们都需要"表现性评价"这一伴侣。

表现性评价，正展现出无比灿烂的前景。宏观设计、学理发展、教学融合和考试探索，是表现性评价研究和实践的四大领域！

本书锁定"教学融合"领域，聚焦"中小学语文"。将表现性评价镶嵌于语文教学之中，以评价促进学习，将评价当作学习。

本书吸收国际母语教育表现性评价的成果和经验，力求本土化；融入著者自2006年以来个人和所带团队的实践成果，力求学科化。是的，在喧闹的世界，表现性评价以其独有的魅力，让著者甘坐板凳十年冷！

本书可谓是中小学语文学科第一本系统实践"表现性评价"的专著。没错，中国大陆讨论表现性评价的论文多矣，但本土专著尚不足十之数，系统而深入地探讨某一学科表现性评价的专著更是空白。只是，初生之物，其形必丑！拙著难免存在各种缺憾，抛砖之余期待引玉！

感谢读者的选择，并期待读者坚毅的前行——为了建设具有中国特色的表现性评价体系！

林荣凑

2022年10月18日，晨曦下

目　录

第一章 概 述

　　我国第八次基础教育课程改革的纲领性文本——《基础教育课程改革纲要（试行）》（教育部，2001），提出了课程改革的六大具体目标，其中之一是课程评价改革目标，要求"改变课程评价过分强调甄别与选拔的功能，发挥评价促进学生发展、教师提高和改进教学实践的功能"。

　　然而，由于历史的惯性、现实的限制，以及课程评价自身的专业性和复杂性，课程评价改革的推进并不顺畅。不少教师、校长、家长和教育管理人员将学业评价窄化为考试（特别是外部考试），能从课堂观察与反馈（如学生的倾听、互动、自主）、作业（课堂作业、课外作业）、考试（内部考试、外部考试）等角度理解已殊为不易，更别说全面认知评价功能、科学运用多种评价方式了。

　　时隔二十年，《深化新时代教育评价改革总体方案》（中共中央、国务院，2020）就幼儿园到高等学校的教育评价，提出"坚持立德树人""坚持问题导向""坚持科学有效""坚持统筹兼顾""坚持中国特色"等主要原则。其中"科学有效"的要求是"改进结果评价，强化过程评价，探索增值评价，健全综合评价，充分利用信息技术，提高教育评价的科学性、专业性、客观性"。

　　本书将讨论的"表现性评价"，是一种至今并不为教师所熟习的评价方式。这种评价方式，能恰当匹配深度学习，适用于培育核心素养的教学语境，或将有助于实现"改变课程评价"的具体目标，体现"科学有效"的主要原则。

　　本章三节，将从纵（发展历史）、横（评价方式比较）两个维度切入，介绍学业评价的基础知识，继而介绍表现性评价的内涵、特质和核心要素。

第一节　表现性评价的历史追寻

教育评价是与教育相伴而生的，有教育就有教育评价。要了解"表现性评价"的历史脉络，有必要将其置于教育评价的发展背景之中。

有关教育评价的历史发展阶段，学界有两种观点：一是"三阶段"说，认为教育评价经历了传统考试、教育测验、教育评价等三个阶段[①]；二是"四阶段"说，认为现代教育评价经历了测验和测量、描述、判断、建构（第四代教育评价）等四个阶段[②]。尽管两说的论述语境、起始认定、划分依据等不一，但均确认表现性评价为"教育评价阶段"或"建构阶段"最具典型性的评价方式，拥有诸多超越之前评价的特质：基于建构的学习理论，采取情境化的质性评价，兼顾过程评价和结果评价，适用并促进高质量的学习，强调学生的评价参与，等等。

然而，"表现性评价"并非天外来物，亦非评价专家灵光一闪的产物。当我们把追寻的眼光投向历史的深处，便不难发现其悠远的历史。

一、中国的表现性评价

"表现性评价"术语是舶来品，21 世纪初才随译著进入我国。故而这里所说的"表现性评价"，包括未有其名却有其实的表现性评价。

（一）《学记》中的表现性评价

我国的表现性评价，可以追溯到《学记》，其中有论及考核评价：

> 古之教，家有塾，党有庠，术有序，国有学。比年入学，中年考校。一年视离经辨志，三年视敬业乐群，五年视博习亲师，七年视论学取友，谓之小成。九年知类通达，强立而不返，谓之大成。

《学记》是《礼记》一书 49 篇中的一篇，是中国教育史上最早最完善的教育理论专著，也是世界上最早的教育专著。上引文字，阐明中国古代先秦的学制和考

---

① 崔允漷.有效教学[M].上海：华东师范大学出版社，2009：242.

② 李雁冰.课程评价论[M].上海：上海教育出版社，2002：49-65. 1989 年美国教授古贝（Egon G. Guba）和林肯（Yvonna S. Lincoln）合写了《第四代教育评价》一书，提出了"第四代教育评价"的概念。

核。学生到了规定年龄入国学,国家每隔一年进行一次考试。第一年考查他们能否分析经义的章句,辨别并确定自己的志向。第三年考查学生能否专心致志,与大家团结友爱。第五年考查他们所学知识是否广博,对师长是否亲善。第七年考查学生对所有知识是否能形成自己的观点和看法,能否选择具有良好品质的人做朋友,合格的称为"小有成就"。到第九年,则考查他们触类旁通的本领,以及是否具有坚定不移的志向,这时合格的就可称为"大有成就"。这些考核,都离不开对学生"表现"的评价,自然具有表现性评价的特质。

(二)汉代选官制度的表现性评价

最早的表现性评价,我们将其推至《学记》,而西方学者认为"表现性评价的应用最早可追溯至 2000 年前的中国汉朝"①。确乎,我国汉代官员选拔制度,无论是察举还是征辟,都是实质意义上表现性评价的实践。

察举即推举,是一种由下而上推选人才为官的制度,是两汉选用官吏最主要的途径。该制度始于汉武帝元光元年(公元前 134 年),"冬十一月,初令郡国举孝、廉各一人"(《汉书·武帝纪》)。察举孝廉,为岁举,即郡国每一年都要向中央推荐人才,并有人数的限定。察举在两汉有一个不断完善的过程,史载东汉举孝廉出身的尚书令左雄,曾上书顺帝:

> 郡国孝廉,古之贡士,出则宰民,宣协风教。若其面墙,则无所施用。孔子曰"四十不惑",《礼》称"强仕"。请自今孝廉年不满四十,不得察举,皆先诣公府,诸生试家法,文吏课笺奏,副之端门,练其虚实,以观异能,以美风俗。有不承科令者,正其罪法。若有茂才异行,自可不拘年齿。②

事见《后汉书·左周黄列传》,从中可见察举与考试是相辅而行的,郡国岁举的孝廉,到京师之后,要依其科目与被举人的学艺不同,由公府分别加以考试。孝廉考试的内容是"诸生试家法,文吏课笺奏"。

察举之外还有征辟。这是一种自上而下选拔官吏的制度,包括皇帝征聘和

---

① 琳达·达令-哈蒙德,弗兰克·亚当森.超越标准化考试:表现性评价如何促进 21 世纪学习[M].陈芳,译.长沙:湖南教育出版社,2020:23.

② 参考译文:郡国孝廉,就是古时候的贡士。出来做官,就要协理风俗,宣扬教化。若是不学无术,那就一点用也没有。孔子说:"四十岁的人不会有什么疑惑不明的事了。"《礼》称"四十曰强而仕",即男子年四十,智虑气力皆强盛,可以出来做官了。请自今以后,孝廉年不满四十的,不得推举,都先去公府,诸生儒家一家之学,文官考公文。端门复试,考其虚实,观察他的特异才能,以美风俗。有不遵守法令的,按法处理。如果遇有特殊才能的人,自然可以不拘年龄。

公府、州郡辟除两种方式，皇帝征召称"征"，官府征召称"辟"，选拔某些有名望的、品学兼优的人士。"征辟"与"察举"均具表现性评价的特质。

(三)科举时代的表现性评价

两汉的选官制度，延续到魏晋之交发展出"九品中正制"。由中央分发一张人才调查表，由各地大、小中正(品评人才的官职)以自己所知将各地人士无论是否出仕皆登记其上，表内详记年籍各项，分别品第，并加评语。后期由于中正官偏袒士族人物，背离了"不计门第"的原则。"九品中正制"至隋炀帝时代被科举制度取代。

科举制度从开创至清光绪三十一年(1905)举行最后一科进士考试为止，前后经历近 1300 年。自隋唐到明清，所开科目各有不同，但无论是文官的政论，还是武官的比武，均含表现性评价。故而，有学者提出，"中国的科举制度，其实就是世界范围内公开考试中最早最系统地运用表现性评价的典范"[①]。

历代科举科目都在不断变化。笔试试卷的题型多以帖经、墨义、策问、诗赋论文四种形式出现，前两项属客观性试题，后两项属非客观性试题。帖经，即默写或填空，用于检测考生的知识面。墨义，即简答或解释，检测考生对经义的理解能力。策问，即论述，检测考生运用所掌握的知识来分析问题的综合能力。诗赋论文，即作文，检测考生经学修养、文学修养与文字表达能力。[②]

四种题型由知识到能力，由浅而深，依次递升。后两种题型，均具有表现性评价的特质。其诗赋论文，历代均制定了具体的衡文标准。比如清代，很多帝王重视规范文体，屡次将它写入谕旨。顺治二年谕旨指出："文有正体，凡篇内字句，务典雅醇正。"雍正十年谕旨强调："是以特颁此旨晓谕考官，所拔之文，务令雅正清真，理法兼备。虽尺幅不拒一律，而支蔓浮夸之言所当屏去。"[③]

又有武举。据《资治通鉴》卷 207 记载："则天后长安二年春正月乙酉，初设武举。"长安二年(702)，武则天开创武举制度。唐代的武举主要考举重、骑射、步射、马枪等技术；此外对考生相貌亦有要求，要"躯干雄伟、可以为将帅者"。宋代武举改为以文为主，"虽弓力不及，学业卓然"，也可为优等，宋代武举对武力的要求并不高。[④] 较之诗赋论文评价，武举的表现性特质尤显。

(四)新课程背景下的表现性评价

清末废科举，民国时期乃至新中国成立后，实质意义上的表现性评价并未断绝。21 世纪初，由于课程改革对新评价体系的呼唤、国外表现性评价运动的影

---

① 冯生尧.表现性评价纳入高考制度的必要性和可行性[J].全球教育展望，2007(9)：22-26.

② 胡平.清代科举考试与现代高考语文的命题比较[J].语文月刊，2009(3)：16-22.

③ 刘启瑞.钦定大清会典事例[M].上海：上海古籍出版社，2002：296-297.

④ 刘建平.中国历代武举制度述略[J].武术科学(学术版)，2004(3)：29-31.

响,方有名实兼备的"表现性评价"。

这一阶段的表现性评价,是从译介国外相关研究论著起步的。如李雁冰主译的《学生表现评定手册:场地设计和前景指南》①、董奇主编的"新课程与教育评价改革译丛",等等。二十多年来,我国表现性评价的本土研究和实践,走过了论著译介、学理阐释、局部实践等阶段。在深化课程改革的当今,在教学领域、大规模考试领域,如何系统地研究和实践表现性评价,以紧跟世界的潮流和时代的步伐,是一个极其重要的课题。

二、国外的表现性评价

西方的教育评价,以美国、英国、澳大利亚为代表,至今大致经历了传统考试、教育测验、教育评价等阶段。这里试着按"前表现性评价""表现性评价"两阶段,简要描述欧美表现性评价的发展历程。

(一)前表现性评价阶段

从世界的教育评价史看,西方的考试制度建立要晚于中国。学者考证显示,1219 年大学考试采用口试,1599 年中学采用笔试,1787 年毕业考试采用论文式作业考试,1791 年法国参照我国科举制度建立了文官考试制度。② 这些口试、笔试制度,一定程度上体现了表现性评价的特质。

在此后很长的一段时间内,考试的内容大多是有关陈述性的知识,偏于记忆,命题缺乏科学性。19 世纪末 20 世纪初,随着实验心理学和教育统计学的发展,教育家们开始探讨如何将心理测验的方法应用于教学领域。美国教育心理学家桑代克(E. L. Thondike)被称为"教育测量之父",1923 年他出版了综合运用于全部课程的"斯坦福标准成绩测验"。

教育测量以"凡存在的东西都有数量,凡是有数量的东西都可以测量"为假设前提,追求评价的客观化、标准化和数量化,至今仍流行的"标准化测验"即源于此时。关于教育测量,美国教育家拉尔夫·泰勒(Ralph Tyler)在 20 世纪 30 年代就曾指出:"对于评价来说,不是评价客观不客观的问题,而是教育目标是否实现了的问题。在目标之中,有容易考查的部分,也有难以考查的部分。倘若忽略了难以客观地考查的部分,那么,教育本身也就被扭曲了。"③

泰勒倡导从"测验"转向"评价",由此引发美国进步教育协会的八年研究(Eight-Year Study,1934~1942 年),形成了现代教育评价的基础认知:评价必

① 比尔·约翰逊.学生表现评定手册:场地设计和前景指南[M].李雁冰,主译.上海:华东师范大学出版社,2001.

② 崔允漷.有效教学[M].上海:华东师范大学出版社,2009:242.

③ 钟启泉.击破学习评价的"软肋"[N].中国教育报,2007-10-20(3).

须清晰地陈述目标，根据目标来评价教育效果，促进目标的实现。

自此之后，教育评价由心理测量学范式转换为教育评价范式，并不断发展出与标准化测验互补的各种评价方式，"表现性评价"即其一。

(二)表现性评价阶段

评价方式的创新与发展，受课程系统、学习理论、评价技术和客观需要等多方面因素的制约。尽管"八年研究"奠定了现代教育评价的基础，之后泰勒《课程与教学的基本原理》(1949年)、本杰明·布卢姆(BenJamin Bloom)《布卢姆认知领域目标分类手册》(1956年)等发展了课程理论，20世纪70年代的美国依然盛行标准化测验以及"为测验而教学"。[①]

20世纪90年代，美国兴起了基于标准的教育改革，改革旨在将教育重心转向21世纪技能。在此背景下，美国许多州开发了有特色的州级或者本地表现性评价；一些地区和学校联盟也尝试以科学探究、社科研究论文、文学分析、艺术展示、数学模型和技术应用等产品来考查学生在不同学科领域的核心理解和表现。研究表明，这些任务提高了多个州的教学质量，经常使用表现性评价的班级的学生在传统标准化考试和表现性评价中的成绩都有所提高。

由于实施中的挑战、高成本的评分，以及与2002年出台的联邦法律《不让一个孩子掉队》要求的冲突，表现性评价在美国剧烈触礁而后搁浅。许多州终止了它们在20世纪90年代开发的需要写作、研究以及解决拓展性问题的评价方法，代之以选择题和简答题考试，又一次陷入了"为测验而教学"的境地。[②]

美国表现性评价的回归，是2010年颁布《共同核心州立标准》(Common Core State Standards，CCSS)之后。为构建更好的评价体系来评估该标准，美国联邦政府随即资助了大学及职业准备评价合作伙伴(Partnership for Assessment of Readiness for College and Careers，PARCC)和智慧平衡评价联盟(Smarter Balanced Assessment Consortium，SBAC)，要求两大联盟开发落实共同核心标准的评价。这两个联盟的评价体系在2014~2015年启动，增加了建构性应答题和表现性任务，鼓励教学侧重于帮助学生通过更简单的方式获得和使用知识。相关的研究也在跟进，大量研究表明，在提高教学、学习和信息质量方面，表现性评价可以带给学生、教师和决策者显著的收获；表现性评价还可以用于学校内部、学校系统和州之间横向的比较。[③]

---

① K·蒙哥马利.真实性评价——小学教师实践指南[M]."促进教师发展与学生成长的评价研究"项目组，译.北京:中国轻工业出版社，2004:11.

② 琳达·达令-哈蒙德，弗兰克·亚当森.超越标准化考试:表现性评价如何促进21世纪学习[M].陈芳，译.长沙:湖南教育出版社，2020:4-6.

③ 琳达·达令-哈蒙德.新一代测评:超越标准化考试，促进21世纪学习[M].韩芳，译.长沙:湖南教育出版社，2020:7-11.

这里主要概述了表现性评价在美国"开发—放弃—回归"的历程。其实,表现性评价在英国、澳大利亚等国家也得到了相当程度的重视。

三、我国表现性评价的现状、领域与方向

回顾历史,是为了更好地前行。梳理中西方表现性评价史之后,有必要分析我国相关评价研究和实践的现状,把握发展的领域与方向,以此获得对教学、学习和评价的整体改革推进,应对日益智能化的社会需求、日益激烈的国际竞争。

(一)研究现状

表现性评价 20 世纪 90 年代在欧美兴起,20 世纪初进入我国。我国对域外研究专著的译介,主要有两套"译丛"。一是董奇主编的"新课程与教育评价改革译丛"(2003～2005 年,中国轻工业出版社),呈现表现性评价的概念、特征、类型和运用程序等知识,既有学理的研究,又有实践的案例,对中国研究者至今仍有启蒙作用。二是杨向东主编的"21 世纪学习与测评译丛"(2020 年,湖南教育出版社),着眼于 21 世纪学习的背景,对表现性评价在学校、学区乃至国家层面的运用做了诸多新的探索。

国内学者撰写的相关专著还不多,主要有《基于标准的学生学业成就评价》(崔允漷)、《中小学表现性评价的理论与技术》(周文叶)、《表现性评价在语文综合性学习中的应用》(申宣成)、《评分规则的理论与技术》(邵朝友)等。其中既有国外研究的介绍、表现性评价学理的分析,又有实践操作的局部开展,表现出我国学者对"表现性评价"探索的最高水平。

从总体看,国内学者的这些专著还带有强烈的启蒙性质,对实践有较好的指导作用。但遗憾的是,这四位作者都属于华东师范大学崔允漷教授团队,全国性的、多层面多视角的研究还很缺乏。

再从研究论文看,在 ERIC 资源数据库,设定 1990～2021 年时间段,以关键词"表现性评价"的 performance assessment 搜索,搜到 10866 条结果,以 performance evaluation 搜索,搜到 4999 条结果。在中国知网,以"表现性评价"搜索,其外文文献有 12576 条结果(1902 年至 2022 年 2 月 6 日)。两相参照,有关"表现性评价"的文献总量,可谓浩如烟海。

用同样的方法,在中国知网搜到中文文献 1186 条。借助知网分析工具,我们可以清晰地看到 2003～2021 年 12 月间 1181 条中文文献的年度分布,呈现总体持续上扬的趋势,如图 1-1 所示。

这些研究从"学科分布"看,位列前三的依次是中等教育(609 篇,45.9%)、初等教育(203 篇,15.3%)和教育理论与教育管理(137 篇,10.3%);从"作者分布"看,发表最多的是华东师范大学的周文叶(10 篇),发表 3～6 篇的总计 12 人(6 人为师范大学教师、6 人为教研员与一线教师);从"研究层次"看,主要是应用

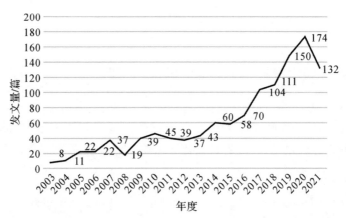

图1-1 "表现性评价"发文量年度趋势分析

研究、开发研究、学科教育教学。

借助以上论文数据结合我们的观察所得，我们认为，现有研究更多关注的是中小学的学科教学实践，由关注基础教育的师范大学教师引领（较多论文与专著一样具有启蒙性），具有探索精神的中小学教师紧跟其后（其论文具有尝试性），总体来说，表现性评价研究还属于学步阶段。

本土研究也关注表现性评价在大规模、高利害考试中的运用，但相对于学科教学的融合研究，这样的研究还不多。如冯生尧的《表现性评价在高考中的运用》[①]、孙晓敏和张厚粲的《表现性评价中评分者信度估计方法的比较研究：从相关法、百分比法到概化理论》[②]等。

（二）实践现状

从国内学者的论著、知网文献的分析数据看，表现性评价的实践更多集中于中小学学科实践。邵朝友《评分规则的理论与技术》一书，意在推进职业院校的表现性评价，但其实践案例相当部分还是中小学的。

中小学的学科实践，主要是将表现性评价镶嵌于教学、学习之中。从知网的中文文献看，这类实践多限于操作性比较强的学科（如艺术、技术）或技能领域（如实验、调查、制作、演讲、写作），着眼于解释和验证表现性评价的学理，而非基于广泛而扎实的实践需求，因而其实践是局部性的、案例性的，大规模、系统性的实践，还有待于国家政策层面对表现性评价的倡导。此外，我们注意到在教学运用中，较为普遍地存在着百分制偏好、维度厘定随意、工具通用性差、表现特征描

① 冯生尧.表现性评价纳入高考制度的必要性和可行性[J].全球教育展望,2007(9)：22-26.

② 孙晓敏,张厚粲.表现性评价中评分者信度估计方法的比较研究：从相关法、百分比法到概化理论[J].心理科学杂志,2005(3)：646-649.

述笼统、规则封闭僵化、过多使用表现清单、使用频率过高、缺乏样例支撑、忽视学生参与等误区,极大地影响了表现性评价性能的发挥。①

表现性评价既可镶嵌于教学、学习之中,还可以用于大规模、高利害的考试。如英国,以表现性评价形式进行的中心评审课程作业(center-assessment coursework)就是其高考的一大特色。② 我国也有这方面的实践,如香港会考的中国语文科考试。该考试从 2007 年始引入表现性评价,在传统的"阅读卷""写作卷"之外,增加"聆听卷""说话卷"和"综合卷"。其中说话能力占 18%,考试时间约 35 分钟,分为朗读和口语沟通。在口语沟通部分,考生以 6 人为一组,准备 10 分钟,其间会要求学生看一些资料,如图片、报刊、统计图、网络留言板等,用以引发学生思考,然后再让学生讨论 18 分钟。学生或发表自己的想法,或达成共识,主要考核考生的表达、应对、沟通能力。③

近年来,全国各地的中考也有类似的尝试,比如浙江省嘉兴市、舟山市的联合中考,2019 年首开情境化考查的先河,2021 年的中考卷又以项目化学习方式构建表现性评价,着力探索与推进表现性评价与大规模考试的融合。④

(三)领域与方向

在当今基于标准的课程与教学背景下,表现性评价是否必要的问题无需讨论,关键是如何培育良好的土壤,走出中国特色的表现性评价之路。前文已提及,我国的表现性评价走过了论著译介、学理阐释、局部实践等阶段,未来的理想路径应是宏观设计、学理发展、系统实践,具体表现在四大领域。

领域一:宏观设计

宏观设计,即国家层面的设计。宏观设计意在使表现性评价成为其教育系统的必要组成部分,营造良好的表现性评价研究与实践的生态。

　　• 修订并落实《基础教育课程改革纲要》。现有的"试行稿"由教育部 2001 年颁布,修订中应吸收国际、国内表现性评价的经验。

　　• 完善课程标准,增加表现性评价的典型案例,从而更好地支持评价决策,为教材编写、教学、评估和考试命题提供明确的方向与路径。

　　• 建立表现性评价研究中心和在线资源平台,推进表现性评价的

① 林荣凑.语文教学中表现性评价运用的误区[J].语文建设,2021(11):64-68.

② 洪宗礼,柳士镇,倪文锦.母语教材研究(6)[M].南京:江苏教育出版社,2007:45.

③ 张燕华,岑绍基.香港初中语文课程中的听说能力培养[J].中学语文教学,2010(4):76-78.

④ 诸定国.以项目化学习构建表现性评价:2021 年浙江嘉兴中考命题的探索及其启示[J].语文建设,2021(8):51-54.

开发、管理、评分、反馈和资源支持，使之成为教育系统的重要组成部分。

· 确定表现性评价相应的专业学习、课程与资源支持，加强师资培训，教师理解和参与表现性评价，为学理研究、教学和考试融合提供扎实的群众基础。

领域二：学理发展

理论来自实践经验的总结和提炼，也引导实践的发展。表现性评价源于实践，基础学理移译于国外，如何形成系统的中国化表现性评价理论，还有很长的路要走，还有极大的发展空间。

· 表现性评价概念和术语系统有待进一步明确。现有表现性评价的内涵不甚清晰，外延不太确定，中外术语对应关系还没有理顺。有必要厘定评价方式、方法和系统，特别是表现性评价的术语系统。

· 表现性评价的基础理论研究有待加强。现有的理论研究比较滞后，更多的是经验的介绍和案例的呈现。

· 加强表现性评价的教学研究。大学研究者走向教学一线，加强实证的、归纳的研究，让广大教师进入到设计、测评和讨论表现性评价中来。

· 加强表现性评价质量控制、机器评分等方面的研究。

领域三：教学融合

这是表现性评价最广阔的实践领域，也是表现性评价产生最终成效的地方。将表现性评价镶嵌于教学—学习过程之中，以此促进教学生态的改变。

· 开展基于核心素养的课程与教学，发挥表现性评价在"核心素养—课程标准(学科素养/跨学科素养)—单元设计—学习评价"这一连串环环相扣的链条中的杠杆作用。

· 坚持逆向设计理念，将学习活动当作表现性任务来设计，以目标和评估(特别是表现性评价)引领教学设计，提高学生学习的质量和效率。

· 明确学科/课程核心素养、知识层级，根据不同的知识类型选择教、学、评的方式，以表现性评价导向深度学习。

· 充分发挥教学创造性，根据学科需要，开发除纸笔测试外的各种"课程作业"(口试、实验操作、论文、调查报告等)，积累、交流相关的案例，不断丰富表现性评价融入教学过程的经验。

领域四:考试探索

驱动表现性评价的重要途径是大规模、高利害的考试。充分发挥考试的指挥棒作用,以此影响和改进教学,如 W. 詹姆斯·波帕姆(W. James Popham)所说"如果在高利害评价中合理使用表现性评价,教师教学活动的中心将会发生积极的转变"[①]。

· 为全面的评价系统建立一个清晰的框架,包括表现性评价在内的评价系统能够满足提供信息和问责需求的多种测量方式,以顺应核心素养的国际趋势,推进课程与教学的改革。

· 加强大规模、高利害考试的研究,建立科学可行的评价体系,逐步加大表现性评价在中考、高考中的分量,寻找传统纸笔测试和新型表现性评价的平衡点。

· 总结和吸收国际、国内大规模表现性评价的多元化经验,根据学科核心素养测试需要,平衡运用建构—应答题、表现性任务和档案袋评价。

· 加强表现性评价的试题编制、计分方式及其解释、考试结果的利用、评价信息的反馈等方面的研究和实践,帮助评价相关人更好地理解表现性评价的意义和价值。

这四大领域的课题和方向,彼此是有交叉的。其实,四大领域之中,"宏观设计"是前提,"学理发展"是基础,缺少这两个领域,表现性评价的教学和测试实践,将会裹足不前,无以为继。

至此,我们对国际、国内表现性评价的发展历史做了宏观的回顾,并据此定位了我国表现性评价未来发展的四大领域。

本书锁定"教学融合"领域,聚焦"中小学语文"。其中,吸收了国际母语教育表现性评价的研究成果和实践经验,并力求本土化,融入了著者自 2006 年以来个人和所带团队的实践成果,并力求系统化。

如前所述,国内表现性评价的专著为数不多,系统而深入地探讨某一学科表现性评价的专著更是空白。由此而言,本书可谓是中小学语文学科第一本系统实践"表现性评价"的专著。感谢读者的选择,并期待读者坚毅的前行——为了建设具有中国特色的表现性评价体系!

---

① W. 詹姆斯·波帕姆. 促进教学的课堂评价[M]. "促进教师发展与学生成长的评价研究"项目组,译. 北京:中国轻工业出版社,2003:137.

第二节 镶嵌于学习过程中的评价

教育评价、课程评价、学业评价，是一组外延不断缩小的概念，这里不展开讨论。传统视域下的"学业评价"，仅将其等同于课时、单元、学期乃至学段学习结束之后的"作业""测试""考试"，且这种评价常常是去情境化的，似乎是与令人厌烦的重复操练（当前称为"刷题"）密切相关的。

《普通高中语文课程标准（2017年版）》对此实施了"纠偏"，在"评价建议"中明确强调"评价的过程即学生学习的过程"，"应围绕阅读与鉴赏、表达与交流、梳理与探究等学习活动，在具体的语文学习情境和活动任务中，全面考查学生核心素养的发展情况"。

"评价的过程即学生学习的过程"，并未排除"学习过程"之外的评价。因而对此的正确理解是，"学业评价"不仅发生于学习之后，而且还镶嵌于学习过程之中。如何理解后者呢？且从教学的基本模型开始说起。

一、教学四要素模型

基于不同的学理、视角和侧重点，学者所建构的教学模型各不同。笔者从课程元素和有效教学的视角，提出教学四要素模型，如图1-2[①] 所示。

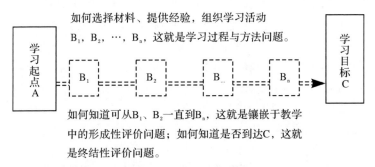

图 1-2 教学四要素模型

"教学四要素"，就是教学要思考的四个基本问题。语文教师喜欢说语文教学是"条条大路通罗马"，如以此为喻，四个问题可表述为：

---

① 林荣凑.基于标准的语文教学[M].重庆:西南师范大学出版社,2020:29.

• 从哪里去罗马——你的学生从哪里出发——学习起点问题；

• 罗马在哪里——你把学生带到哪里——学习目标问题；

• 如何去罗马——你怎样把学生带到那里——学习过程与方法问题；

• 是否到达罗马(罗马是什么样子)——如何确信你已经把学生带到那里——学习结果评估问题。

美国著名学者琳达·达林-哈蒙德(Linda Darling-Hammond)认为,教学要注意若干关键问题:什么类型的情境值得学生花费他们的时间学习,学习的目标是什么,学习评价是否与目标一致,教授对象是谁,教学技术如何为具有不同先进技能和知识的学生而改变。[①] 这与我们所说的四个基本问题是相通的。

在传统教学的背景下,语文教师站在教育者的角度,经常思考的两个问题是"教什么""怎么教",很少追问"为什么教"(学习目标),更少追问"我教了,学生会了吗"(学习评价)。在课程标准的背景下,教师要能以学习者的视角,一致性地追问图 1-2 中的关键问题。

二、评价的一般分类

图 1-2 的教学模型,抽离"时间"元素,故而适用于课时、单元、学期乃至学段等教学"单位"。从学习起点 A,须经由 B_1、B_2、B_3 等环节(或活动),即所谓的"教学过程"或"学习过程",才能到达学习目标 C。

教师对"学习过程"(如学习环节、学习方法等)的设计和实施,需要兼顾"形成性评价";经由"学习过程"的实施,究竟是否到达 C,有多少学生到达 C,则需考虑"终结性评价"的问题。为此,教师需要增进评价分类的知识。

分类是一种深入认识事物和概念的有效方法。评价因其不同的分类标准,有多种分类方法,如表 1-1 所示。

---

① 琳达·达林-哈蒙德,布里基·巴伦,P.大卫·皮尔森,等.高效学习:我们所知道的理解性教学[M].冯锐,等,译.上海:华东师范大学出版社,2010:6.

表 1-1　评价的一般分类

依据	分类
组织者	1. 外部评价(中考、高考) 2. 内部评价(教师自己在学校、课堂层面实施)
评价者	1. 教师评价 2. 学生评价(自评、互评)① 3. 家长或他人评价
采用基准	1. 相对评价(常模参照) 2. 绝对评价(标准/目标参照) 3. 自身评价(对自身的纵向评价)
使用节点	1. 诊断性评价(教学前) 2. 形成性评价(教学中) 3. 终结性(总结性)评价(教学后)
呈现结果	1. 定量(量性)评价 2. 定性(质性)评价
评价目的	1. 关于学习的评价(assessment of learning) 2. 为了学习的评价(assessment for learning) 3. 作为学习的评价(assessment as learning)
评价方法	1. 选择式反应评价(如选择题、判断题、匹配题和填空题) 2. 论述式评价(如简答题、论述题) 3. 表现性评价(如大声朗读，或论文、成果展览) 4. 交流式评价(如课堂回答、面谈、倾听和口头测验)

　　前5种分类方法(组织者、评价者、采用基准、使用节点、呈现结果)不做介绍。第6种依据"评价目的"的分类，是一种新分类，要理解它，需要从评价的功能出发。美国学者洛克希德(Lockheed M. E.)认为，学生学业成就评价有六个最普遍的目标：选拔、认证、监测趋向、项目或政策评估、问责和诊断学生需要。②这六个目标中的前五个，均出于报告学生现有学业水平的目的，是一种"关于学习的评价"(assessment of learning)，这是传统的评价范式。当前教育评价领域关注最多的还是基于"诊断学生需要"的"促进学习的评价"(assessment for learning)和"作为学习的评价"(assessment as learning)，它意在提高成绩，改善和支持后续学习，它常使用评分规则、学生自我评价、描述性反馈等手段。

----

　　①　新西兰约翰·哈蒂曾对800多项学业成就做了元分析：在138项影响学业成就的因素中，"自评成绩"效应量1.44，排第一位；"提供形成性评价"0.90，排第三位。参见：约翰·哈蒂.可见的学习：对800多项关于学业成就的元分析的综合报告[M].彭正梅，邓莉，高原等，译.北京：教育科学出版社，2015：347.

　　②　崔允漷，王少非，夏雪梅.基于标准的学生学业成就评价[M].上海：华东师范大学出版社，2008：189.

第 7 种评价方法的分类,是美国评价专家理查德·J. 斯蒂金斯(Richard J. Stiggins)提出的,后文再行介绍。借助这些知识,也许不难读懂链接 1-1 的表述。

链接 1-1 课程标准中的"评价建议"(摘录)

语文课程评价要综合发挥检查、诊断、反馈、激励、甄别、选拔等多种功能,不宜片面强调评价的甄别和选拔功能。评价不仅要关注学生外在的学习结果,更要关注内在的学习品质。注意通过评价引导学生学会学习,自觉提升语文学科核心素养。

倡导评价主体多元化。……鼓励学生、家长、教师、教学管理人员等参与课程评价。

选用恰当的评价方式。语文教师应根据实际需要,整合诊断性评价、形成性评价、终结性评价等多种评价方式,考查学生核心素养的发展情况。每种评价方式都有自身的优势和局限,教师应根据特定的评价目的选择使用。可采用纸笔测试、现场观察、对话交流、小组分享、自我反思等多种评价方法,提高评价效率,增强评价的科学性和可靠性。

教师要注意搜集学生在语文实践活动中产生的各类材料,如测试试卷、读书笔记、文学作品、小组研讨成果、调查报告、体验性表演活动和个人反思日志等。通过这些材料了解学生在任务群学习中表现出的个性品质和精神态度,建立完整的学习档案,全面记录学生核心素养的发展轨迹。有条件的地方,可以运用信息技术,丰富学生的表现性评价,形成多样化的学生成长记录,全面而科学地衡量学生的发展。

来源:中华人民共和国教育部. 普通高中语文课程标准(2017 年版,2020 年修订)[S]. 北京:人民教育出版社,2020:44-46.

三、评价方式的连续体

我们需要换一个视角来认识"评价",从而走近"表现性评价"。

前述传统常常将学业评价等同于测试、考试,且常安排于教学过程之后。事实上,不管你是否在意,评价就在教学过程之中天然地存在着,比如课堂中的观察、对话、口头提问。斯蒂金斯曾揭示一个不被我们注意的课堂现象:教师要花费三分之一至一半的专业时间用于评价以及与评价相关的活动,并认为"任何课堂教学的质量都取决于那里所运用的评估的质量"[①]。

正是基于这种认知,格兰特·威金斯和杰伊·麦克泰格(Grant Wiggins &

---

① 这两个观点均是斯蒂金斯提出的,引自:崔允漷,王少非,夏雪梅. 基于标准的学生学业成就评价[M]. 上海:华东师范大学出版社,2008:202,209.

Jay McTighe)提出了"评估连续统"①。笔者以此为基础,整合了斯蒂金斯的评价方法分类,形成如图 1-3 所示的评价方式连续体。

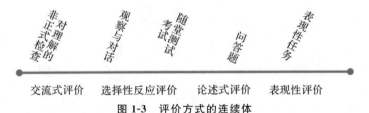

图 1-3　评价方式的连续体

线段之上,从左到右显示了评价在规模(从简单到复杂)、时间范围(从短期到长期)、情境(从非真实到真实)以及框架(从高度结构化到非结构化)等方面各不相同。线段之下,是斯蒂金斯的评价方法分类,参照威金斯的连续体重新排序,以显示彼此大致的对应关系。

各种评价方式的特点,如表 1-2 所示。

表 1-2　各种评价方式的特点

	格兰特·威金斯等	斯蒂金斯
非正式检查 观察与对话	• 教学过程的一部分,为师生提供反馈 • 包括教师提问、观察、对话、检查作业和发声思维等 • 通常无需打分或评定等级	交流式评价
随堂测试与考试	• 对事实性信息、概念和零散技能的评估 • 采用选择题、判断题和配对题或简答题 • 是趋同的,通常有唯一正确答案 • 通常是保密的(即学生之前不知道题目)	选择性反应评价
问答题	• 问题通常是劣构的,涉及分析、综合、评价,需要学生进行批判性思考和建构性反应 • 答案是开放式的,无唯一答案或最好策略,通常需要对回答给出解释或辩护 • 在学校和考试环境下运用,需要根据指标和表现标准,人为判断给分 • 可能保密也可能不保密	论述式评价
表现性任务	• 涉及真实或拟真的情境,任务有长短或项目多级,包括一个或多个实体作品以及具体表现 • 通常要求学生扮演一个身份确定的角色,基于与服务对象相关的具体目的 • 让学生有更多的机会将此任务个性化 • 不保密,预先知道任务、评价指标和表现标准,并用这些内容来指导学生学习	表现性评价

①　格兰特·威金斯,杰伊·麦克泰格.追求理解的教学设计(第 2 版)[M].闫寒冰,等,译.上海:华东师范大学出版社,2017:171.

有关表 1-2,有三方面需要说明。

一是"简答题",威金斯列入"随堂测试",而斯蒂金斯将之包含在"论述式评价"中(见表 1-1),基于不同标准的分类,有些交叉在所难免。

二是威金斯所说的"非正式检查""观察与对话""随堂测试",一般是就单课时层面而言的,自然是"镶嵌于学习过程中的评价"。"论述题""表现性任务/评价"可用于多课时、单元或学期乃至学段层面,从而成为"镶嵌于学习过程中的评价"。

三是斯蒂金斯的"选择性反应评价""论述式评价(简答题、论述题)",既可镶嵌于学习过程中,又可运用于大规模、高利害的测试中,如我国的中考、高考,这不难理解。其实"交流式评价""表现性评价"可用于大规模、高利害的测试,且有相关方面的探索和实践,只是运行成本较高。有关"表现性评价"的大规模运用,本书第三章第四节"项目式学习"将简单涉及。

第三节　表现性评价的基础知识

从评价方式的连续体，我们可以清晰地看到表现性评价的地位。如前所述，我国先秦《学记》、汉代选官及隋唐以来的科举制度就有表现性评价。现如今学校的艺术、体育、技术等学科，以及演讲、辩论、展览等活动，也常用这种方式。但就中小学语文教学来说，将表现性评价有意识、合规矩地镶嵌于教学过程中的表现还很有限，更别说有系统了。要正确理解并运用表现性评价，尚要增进有关的基础知识。

一、表现与表现性评价

"表现性评价"术语是舶来品，英文单词是 performance assessment。performance 一词经常被理解为"绩效""业绩表现"或"行为表现"。在学校教育领域，performance assessment 或译为"表现性评定""表现性测验""基于表现的评价"，台湾学者将其译为"实作评估"或"实作评量"。[①]

(一)何谓"表现"

"表现"一词的日常意义，《现代汉语词典(第 7 版)》提供了"表示出来""故意显示自己(含贬义)"两义项，《国语辞典》解释为"把思想、感情、生活经历等内情显露出来"。

将"表现"的词典解释，推演到教育教学领域，通俗地说，所谓"表现"，指的是将认知、情感和心智技能等内在的素养，以一定的方式(体态、动作、图画、语言、符号等)表达出来，为他人所观测。"表现"可以是学生学习(知识、能力和态度等)的过程，也可以是学习呈现出来的结果。

格兰特·威金斯在《教育性评价》一书中列举了智力表现的三种类型：口头的、书面的与展示的。[②] 可借此分析课程标准明确的三类语文实践活动——"阅读与鉴赏""表达与交流""梳理与探究"，如表 1-3 所示。

---

① 　与表现性评价相关的概念，还有备择/替代性评价(alternative assessment)、真实性评价(authentic assessment)、档案袋评价(portfolio assessment)，这些概念的所指各有侧重，内涵或与表现性评价有交叉，这里不做辨析。感兴趣读者可参见：周文叶.中小学表现性评价的理论与技术[M].上海：华东师范大学出版社，2014：37-44.

② 　格兰特·威金斯.教育性评价[M]."促进教师发展与学生成长的评价研究"项目组，译.北京：中国轻工业出版社，2005：117.

表1-3　语文实践活动与表现种类

实践＼表现	阅读与鉴赏	表达与交流	梳理与探究
口头的	能用于朗读、复述、回答问题、发声思维、口头报告，较难观察深度学习	能广泛运用，如背诵、讨论、演讲、辩论、劝告、报告	口头报告梳理与探究的过程与成果，较难观察深度学习
书面的	能用于找出信息、填空文本、写出新的文本，任务设计得当则能观察深度学习	能广泛运用，如文类写作、创意写作与新媒体写作	能广泛运用，如计划、总结、日志、小论文、研究报告
展示的	能用于创造性阅读与鉴赏，实现阅读与成果的形式转换，如演剧、制作导图	需依托其他活动而展开，如图表、海报、电子媒介或艺术的表现媒介	以档案袋、表演、模型、各种媒介呈现过程与成果，但受限于相关技能

表1-3仅是一种学理的分析，其实践运用需要依托具体的学习目标、学习情境和任务，且常常是综合的。其表现类型的选择、评价工具的开发，还有许多研究空白，本书第三章"领域实践"将进一步探讨。

（二）何谓"表现性评价"

绝大多数介绍表现性评价的书，作者都会给出自己的定义。然而，至今没有一个公认的。斯蒂金斯曾先后三次（1987年、1997年[①]、2005年[②]）为表现性评价下过定义。先看其1987年的定义：

> 表现性评价为测量学习者运用先前所获得的知识解决新异问题或完成具体任务能力的一系列尝试。在表现性评价中，常常运用真实的生活或模拟的评价练习来引发最初的反应，而这些反应可直接由高水平的评价者按照一定的标准进行观察、评判，其形式包括建构反应题、书面报告、作文、演说、操作、实验、资料收集、作品展示。

该定义强调测试任务的新异、情境的真实或模拟、反应形式的建构特征，更多基于对学习的评价（assessment of learning），而非促进学习的评价（assessment for learning），即偏重于对终结性评价的运用。

---

① Richard J. Stiggins. *Design and Development of Performance Assessments* [J]. EducationalMeasurement:IssuesandPractice,1987(6). 转引自：崔允漷，王少非，夏雪梅. 基于标准的学生学业成就评价[M].上海：华东师范大学出版社,2008:141.

② 理查德·J.斯蒂金斯.促进学习的学生参与式课堂评价（第4版）[M]."促进教师发展与学生成长的评价研究"项目组,译.北京：中国轻工业出版社,2005:155.

十年之后（1997 年），斯蒂金斯给出一个新的界定："表现性评价是基于对展示技能的过程的观察，或基于对创造的成果的评价。"该定义，强调表现性评价的内容指向——"展示技能的过程"和"创造的成果"，表现性评价的终结性特质不再被强调。

斯蒂金斯第三次为表现性评价下定义，是基于"促进学习的学生参与式课堂评价"（student-involved assessment for learning）语境的：

> 表现性评价就是让学生参与一些活动，要求他们实际表现出某种特定的表现性技能，或者创建出符合某种特定标准的成果或作品。简言之，就是我们在学生执行具体的操作时直接观察和评价他们的表现。

"让学生参与一些活动"，这些活动并非要求是新异的，它可能是一个日常生活中常见的任务，完成它可以代表对知识掌握和能力运用的水平。"创建出符合某种特定标准的成果或作品"，也就允许学生有多次机会调整和改进其表现，最后达到巅峰的评价事件或表现。如此便凸显表现性评价促进学习的功能，更多赋予其形成性评价的特质，可以实现评价与教学的融合。

由此出发，语文教学中的表现性评价，就是指在阅读与鉴赏、表达与交流、梳理与探究等语文实践活动或问题解决、任务完成中，运用评价工具观察学生言语活动的过程及产生的成果，以此评价学生语文素养发展状况的方法。

也许，这一定义还是费脑的。注意其关键点，它是强调"做"的（兼顾"做"的过程和结果），而不仅仅是"知"。于是，就有了笔者至今所知最简明、最突出关键点的定义——通过观察"所做的"来评价"能做的"[①]。

大量的证据表明，表现性评价更适合检测高水平的、复杂的思维能力，且更有可能促进这些能力的获得；同时能支持更具诊断性的教学实践，促进课程与教学。就语文课程来说，作为一种评价方式或方法，表现性评价适用于评价表现性技能（如朗读、复述等）和复杂的表现性任务（如写作、演讲等）。

二、表现性评价的特质

论者甚多，崔允漷教授的归纳最为清晰：

> • 呈现有意义的真实性任务，这些任务是作为实地现场的表现而设计的；

---

① 鲍勃·伦兹，贾斯汀·威尔士，莎利·金斯敦.变革学校：项目式学习、表现性评价和共同核心标准[M].周文叶，盛慧晓，译.长沙：湖南教育出版社，2020：38.

- 强调高水平的思维和更复杂的学习;
- 有清楚明了的评价标准,因此学生都知道他们将被怎样评价;
- 评价牢固地镶嵌于课程之中,不能与教学区分;
- 要求尽可能地为具体的对象展示学生的工作;
- 不仅涉及对学习结果的评价,同样还要评价学习的过程。[①]

这些特质中,最应被强调的是"强调高水平的思维和更复杂的学习"。笔者认为"适宜评价高阶认知"是表现性评价最大的特质,这可从两方面去认识。

(一)与知识层次的对应关系

学习科学通过对专家与新手的比较研究发现,真正有意义且能应用的知识是有组织的,专家依靠高度组织化的知识解决他们专长领域中的问题。专家的知识是围绕核心概念或"大概念"(big ideas,或译为大观点)组织的,这些概念和观点引导他们去思考自己的领域。[②]

以此出发思考我们的教学,学生所需学习的知识是分层次的。格兰特·威金斯等以三个嵌套的椭圆显示知识的层次性:最大的椭圆表示需要熟悉的知识,中间的椭圆表示需要掌握和完成的重要内容,最内层的椭圆表示大概念和核心任务。评价方法无所谓优劣,关键是与知识层次保持一致,如图1-4[③]所示。

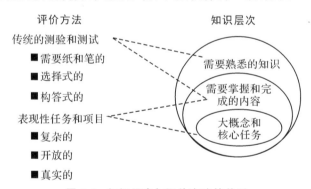

图1-4 知识层次与评价方法的关系

图1-4的对应关系,告诉我们应将表现性评价运用于最核心的或中间层的知识,即用于评价开放复杂的、需要持久理解的、整合多种智能的建构性表现。

① 崔允漷,王少菲,夏雪梅.基于标准的学生学业成就评价[M].上海:华东师范大学出版社,2008:142.

② 约翰·D·布兰思福特,安·L·布朗,罗德尼·R·科金,等.人是如何学习的:大脑、心理、经验及学校(扩展版)[M].程可拉,等,译.上海:华东师范大学出版社,2013:33,37.

③ 格兰特·威金斯,杰伊·麦克泰格.追求理解的教学设计(第2版)[M].闫寒冰,等,译.上海:华东师范大学出版社,2017:189.

相较于其他的评价方式，表现性评价的成本较高，如用于外层的知识，则无异于"杀鸡用牛刀"。这是表现性评价的本质要求。

尽管"大概念和核心任务"和"表现性评价"处于核心的地位，但在实际运用中并非只有核心知识的学习和评价，而要遵循学习的规律并经教学优先的考量，保持各种知识学习和评价方法的均衡。

（二）与选择性反应评价的比较

选择性反应评价，要求学生从一套预先确定的答案中进行选择，这些答案主要侧重于低阶认知。表现性评价要求学生创造他们自己对问题的回答，主要侧重于高阶认知，如批判性思维、分析、综合和对内容的评价。

我们依然可以借助图 1-4 来理解"评价高阶认知"这一特质，为加深读者的认知，补充连续体的另一种建构，如图 1-5[①] 所示。

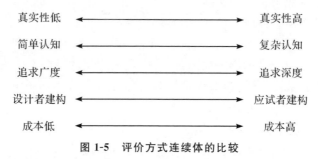

图 1-5　评价方式连续体的比较

读者对传统的纸笔测试（由判断、选择、填空、简答、论述题等构成）都有切身的体验与认知（如命题、阅卷、试卷分析），当然不难读懂图 1-5，理解表现性评价（如写作题）的特质——适宜评价高阶认知。

三、表现性评价的核心要素

欲了解表现性评价的核心要素，从"评价八问"入手，不失为一种途径。

评价是基于证据的推理，任何评价都需要借助任务（题目/表现性任务）引出证据（答案/表现）。个中离不开"评价八问"，表现性评价亦然，如图 1-6 所示。

1. 主体：谁来评？ 评价的主体，包括但不限于学生、教师、家长。
2. 用户：谁需要使用评价？ 用户包括但不限于学生、教师、家长。
3. 目标：为什么要进行评价？ 每次评价，都要有清晰可行的目标，当评价镶

① Bishop J. M., Bristow L. J., Coriell B. P., et al. *Assessing Outside the Bubble*：*Performance Assessment for Common Core State Standards*［EB/OL］.［2021-07-01］. https://files. eric. ed. gov/fulltext/ED536327. pdf,2011:10.

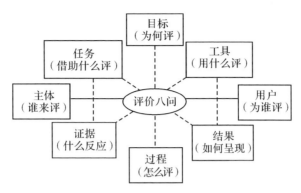

图 1-6 评价八问(八元素)

嵌于教学时,评价目标也是教学目标。

4. 任务:借助什么载体引发表现? 广义的任务,包括用于获得选择反应的题目,也包括用于获得建构反应的表现性任务。

5. 工具:用什么工具来评价表现? 不同的评价任务(题目/表现性任务),会使用不同的工具,如判断题、选择题是选择性反应评价的工具。

6. 证据:学生完成任务(题目/表现性任务)有怎样的反应(答案/表现)? 这些反应便是推断学生知能掌握、意义理解或迁移水平的证据。表现性评价要获得怎样的建构反应证据,取决于目标的指引和任务的要求。

7. 过程:评价要经过怎样的流程? 不同的评价,其命制或设计、实施、分析与统计等等,均有其不同的流程要求。

8. 结果:评价结果如何处理? 不同的评价,其呈现、反馈方式有其特殊性,如选择性反应的结果是简单的对错,而建构反应则没有那么简单。

"评价八问"即评价的八个元素。依据表现性评价的特质——适宜评价高阶认知,可以推知表现性评价的"核心要素"(图 1-6 中处于横线之上):

· 目标:预期学习者应达成的学习结果,应指向那些开放复杂的、需要持久理解的、整合多种智能的表现性目标。

· 表现性任务:设置尽可能基于真实情境的复杂性任务,以引出指向表现性目标的成果、作品或表现(过程和结果)。

· 工具:测查学生成果、作品或表现(过程和结果)的手段,包括核查表、表现清单和评分规则,而非二元对错的评分方式。

与选择性反应评价相比,表现性评价的"证据""过程""结果"(图 1-6 中处于横线之下)有其不同的呈现,但相对于"核心要素",这些都是非核心的。

参考教学设计迪克-凯瑞模型（W·迪克、L·凯瑞等，2007），综合多家论述和我们的实践经验，构建了表现性评价的设计与实施流程，如图 2-1 所示。

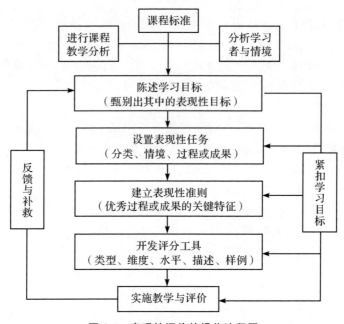

图 2-1 表现性评价的操作流程图

图 2-1 隐含了若干理念：（1）倡导"基于标准的语文教学"，而非基于教科书的教学；（2）学习目标源自课程标准，教学是由目标引导的系列学习过程；（3）评价设计，应先于教学活动设计（逆向设计）；（4）实现教学与评价的融合，将评价镶嵌于教学之中。

本章将依据流程图，介绍表现性评价的关键操作。

第一节 目标的陈述和甄别

约翰·杜威说:"有目的的行动和明智的行动是一件事。预见一个行动的终点,就是有一个进行观察、选择以及处理对象和调动我们自己能力的基础。"①评价是人类有目的、有计划的活动,运用表现性评价,首先要清晰地陈述学习目标。

学习目标是预期的学生某一阶段学习结束后"应知""能会"的具体化描述。这些描述,来自课程标准与教学分析、学习者及情境分析的结论,具有可操作性特质。分析学习目标,区分选择反应与建构反应,甄别出其中的表现性目标,为的是确定与之相匹配的表现性评价。

一、目标陈述的基础知识②

教育目的、培养目标、课程目标、学习目标是一组从一般到具体连续的目标概念。学习目标(习惯上用"教学目标",在学习者中心语境下,称"学习目标"为宜),也有不同的层级:由学年/学期目标到单元目标,再到课时目标。

(一)目标的来源

1.纵向来源:上位目标

上位目标决定下位目标,在确定学习目标时,教师必须弄清楚它的上位目标是什么,才能准确定位下位目标。学习目标最重要的来源是课程标准。溯源于课程标准,如《普通高中语文课程标准(2017年版)》"学科核心素养与课程目标""课程内容""学业质量"。当然,并非要求简单地搬用课程标准的相关表述。

课标的表述是宏观而概括的,需经具体化处理。不管哪个层面——学年/学期、单元还是课时,哪个领域——识字与写字、阅读与鉴赏、表达与交流、梳理与探究,你都需要找出课程标准的相关表述,再经过多重转换:课程标准(学科核心素养、学段/学习任务群目标)→学年/学期目标→单元目标→课时目标。

2.横向来源:教材、文本、学生、教师、教育环境等

同一文本(如朱自清的《荷塘月色》),在不同教材中的教学价值是不同的,即使同一文本、同一教材,学习目标的确定还受学生、教师和教育环境的制约。如

---

① 约翰·杜威.民主主义与教育[M].王承绪,译.北京:人民教育出版社,2001:114.
② 林荣凑.基于标准的语文教学[M].重庆:西南师范大学出版社,2020:26-51.

此,学习目标的来源,除了纵向的上位目标外,还有横向的教材、文本、学生状况、教师经验、教育环境等,如图 2-2 所示。

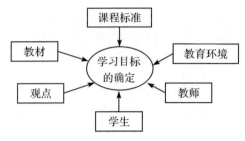

图 2-2　学习目标的来源

(二)目标的陈述通则

在学习目标的陈述上,经常出现主体错位、过于概括等问题,如"培养……习惯""学会……写作技巧"。为此,了解学习目标的陈述通则是必要的。

- 应陈述预期的学生学习的结果;
- 行为主体是学生,不是教师;
- 目标的陈述应有助于导学、导教、测评;
- 应选择适当的分类框架设置;
- 用经过心理学界定的动词和名词陈述目标;
- 力求明确、具体,可操作、观察与测量。

每一通则,各有其学理依据,下面仅介绍"分类框架",其他从略。

(三)选择适当的分类框架

经由第八次课程改革的熏陶,中小学教师最熟悉的框架,莫过于"三维目标"(知识和能力、过程和方法、情感态度和价值观),它被称为"新三维",是相对于之前"旧三维"(知识目标、能力目标、德育目标)说的。《普通高中语文课程标准(2017 年版)》颁布后,分类框架又升级为"学科核心素养"——语言建构与运用、思维发展与提升、审美鉴赏与创造、文化传承与理解。《义务教育语文课程标准(2022 年版)》凝练为文化自信、语言运用、思维能力、审美创造。

学习目标的陈述,不应选用课程标准的分类框架。"三维目标""四大学科素养"仅仅是学理的分类(且不说学者异议甚多),语文课程标准自身也没有机械地采用这些学理框架来陈述目标。那么,有适合于中小学语文的学习目标分类框架吗？自然是有的,比如布卢姆、加涅、马扎诺等的诸多建构,但以笔者所见,均有"水土不服"的毛病,不如从素养的内涵出发,另辟蹊径。

Stein 等人(2001)提出 $C=(K+S)A$ 的公式,用以说明素养(Competence,C)包括知识(Knowledge,K)、技能(Skill,S)与态度(Attitude,A),且态度是使用乘法来连接知识与技能的。[①]

据此,我们不妨把知识、技能(语文习惯用"能力")、态度作为分类框架。这一框架,国内外均有类似的倡导[②]。国内,前有上海程红兵、胡根林等的实践(知识目标、行为技能目标、学习经历与文化素养目标)[③],后有杭州曹宝龙的学理论证[④]。这一框架,也经笔者与身边同仁的实践,证明是切实可行的,如统编版语文教材一年级《小壁虎借尾巴》的学习目标:

    1. 认识 12 个生字和户字头、车字旁两个偏旁,正确书写 7 个生字;

    2. 通过多种方法猜生字字音、字义,正确流利地朗读课文;

    3. 借助连环画课文特点,读懂故事内容,说说故事主要情节;

    4. 了解壁虎、鱼、牛、燕子尾巴的不同作用。

目标(1)是知识目标,目标(2)(3)是行为技能目标,目标(4)是学习经历与文化素养目标,陈述简明、清晰,有助于导学、导教、测评。陈述的目标,考虑了课程标准第一阶段领域目标的"识字与写字"[(1)(2)]、"阅读与鉴赏"[(2)(4)]、"表达与交流"(3),其中"猜生字字音、字义"顾及统编本无注音的编写情况。

据此分类框架,可以设置语文学年/学期→单元→课时等层面的学习目标。当然,各层面对这三方面的概括性要求是不同的。

二、选择适当的方式[⑤],陈述学习目标

美国斯坦福大学埃利奥特·W. 艾斯纳(Elliot W. Eisner)提出,设计和评价课程时,应该准备三类课程目标:行为目标、问题解决目标、表现性目标。

(一)行为目标

这是国内外最流行的陈述方式,指可以观察和可以测量的、用预期学生学习后的行为变化来陈述的目标。行为目标又有多种结构式,以我们多年的实践看,

---

① 林崇德.21 世纪学生发展核心素养研究[M].北京:北京师范大学出版社,2016:27.

② 罗恩·伯杰(Ron Berger)认为"知识、技能和推理的框架是学习目标的三种类型",可参见:罗恩·伯杰,利娅·鲁根,莉比·伍德芬.做学习的主人:学校变革中的学生参与式评价[M].张雨强,译.长沙:湖南教育出版社,2020:32.

③ 程红兵,胡根林.高中语文质量目标手册[M].桂林:漓江出版社,2013.

④ 曹宝龙.基于素养发展的课堂教学目标体系[J].课程·教材·教法,2018(1):49-53.

⑤ 林荣凑.语文教学目标叙写的三种模式[J].语文教学与研究,2013(2):35-37.

对于语文教学目标的陈述,比较适合的是马杰陈述式、布卢姆—安德森陈述式、格伦兰陈述式。试呈现其一般结构,并各举一例。

1. 马杰陈述式,其结构为"行为动词＋行为条件＋行为标准":

学生(行为主体)在默诵或朗诵《荷塘月色》的基础上(行为条件),能依据课文的自然顺序列出(行为动词)作者抒发的主要感情,其中应有"幻想""沉醉""现实"等关键词(行为标准)。

2. 布卢姆—安德森陈述式,其结构为"动词(认知过程)＋名词(知识)":

学生能找出(动词)《荷塘月色》第四、五段中运用比喻、通感的句子和精心选用的动词、叠词(名词),赏析(动词)其细腻传神的表达效果(名词)。

3. 格伦兰陈述式,其结构为"概括性教学目标＋行为实例":

品味《荷塘月色》的语言(概括性教学目标),找出第四、五段中运用比喻、通感的句子和精心选用的动词、叠词(行为实例),赏析其细腻传神的表达效果(行为实例)。

行为目标,避免了传统教学目标表述的含糊性,使教师的教、学生的学有了明确的指向和路径,为获取教学评估的证据提供了参照。然而,行为目标有较大的限制性,如上述三例虽提供了阅读的支架,但也限制个性化阅读的实现。且用行为目标来"陈述创造性写作、诗歌和艺术理解的目标可能是困难的"[①]。

(二)问题解决目标

问题解决目标,是指用预期要解决的问题来陈述目标,其基本陈述结构为"问题情境＋问题＋解决标准",如:

散文创作十分讲究文眼的设置,《荷塘月色》的文眼是什么?为什么?(问题)请结合文本,从结构营建、景物描写、情感抒发等方面予以分析说明(解决标准)。

其中,"问题情境"可以暗含,但"问题""解决标准"必须清晰表达。本例的"问题情境"就是《荷塘月色》课文,"问题"是找出文眼、分析说明"为什么",并从三个方面规定"解决标准"。注意,这里的"问题"可以是辐合的(求固定答案)、发

---

① L.W.安德森,D.R.克拉斯沃尔,P.W.艾雷辛.学习、教学和评估的分类学:布卢姆教育目标分类学修订版[M].皮连生,主译.上海:华东师范大学出版社,2008:20.

散的(求多样答案)。能引发文学作品个性和多元解读的"问题",最好是发散的,即结构不良的、答案开放的问题,问题要有足够的思维含量,足以引发学生的知识学习和运用。"解决标准",可以是要求运用的知识,也可以是问题解决的方法,还可以是问题解决的满意程度。

(三)表现性目标(或表现性活动)

艾斯纳认为,目标未必先于活动,它们可以在行动过程中被规划,目标陈述的重要任务是设置表现性活动,让学生参与到那些活动中去,以求产生大量有效的以及具有教育价值的成果。艾斯纳以"表现性活动"命名,我们称之为"表现性目标",其构成方式为"表现性活动+活动要求",如:

> • 《荷塘月色》堪称"白话美文的经典之作",那么"美"在何处呢?在阅读全文的基础上,自选一个你认为最"美"的点,写一篇500字左右的鉴赏小品。
> • 做一个小视频或PPT,用声像和文字表现朱自清笔下"荷塘月色"的意境,在班级交流分享,时间不超过五分钟。

这三种陈述方式并非彼此排斥的,因其各有所长,当视为互为补充的关系。就一般而言,若重点放在掌握基础知识、低阶能力上,行为目标比较有效;若要关注知识的运用和高阶能力的培养,问题解决目标比较有效;若要组织具有综合性、实践性的语文活动,表现性目标最为适合。

三、甄别目标的表现性

并非所有的学习目标,都要用表现性评价来评定。根据学习目标选择评价方法,是运用评价的重要原则。为此,我们需要对已陈述的学习目标进行甄别,以确定哪些目标可以用表现性评价。

(一)从目标的陈述方式去甄别

如前所述,学习目标的陈述方式有三种:行为目标、问题解决目标、表现性目标。如果说陈述方式的选用与表达都是恰当的,甄别就比较简单,如表2-1所示。

表 2-1　陈述方式与评价方法的对应关系

陈述方式	可选用的方法	举例
行为目标	选择性反应评价	认识 12 个生字
	简答题	说说故事主要情节（口头简答）
	表现性评价	正确流利地朗读课文
问题解决目标	简答题	《小壁虎借尾巴》讲述了什么？（求固定答案）
	表现性评价	《荷塘月色》的文眼是什么？为什么？请结合文本，从结构营建、景物描写、情感抒发等方面予以分析说明。（求多样答案）
表现性目标	表现性评价	写一篇 500 字左右的鉴赏小品 做一个小视频或 PPT

　　所有的表现性目标，都适用表现性评价。而行为目标、问题解决目标，则需要分析。先看问题解决目标，表 2-1 中，问题"《小壁虎借尾巴》讲述了什么"太过琐碎，其实是不宜作为问题解决目标来表述的。正如前文所说，作为问题解决目标的"问题"，最好是发散的，即结构不良的、答案开放的问题，问题要有足够的思维含量，足以引发学生对知识的学习和运用。这意味着"问题解决目标"不在于提问的形式，而在于实质，理查德·I. 阿兰兹（Richard I. Arends）的观点可印证。他认为，一个好的问题情境，至少满足五条重要标准：第一，问题应该是真实的，问题应该与学生现实世界的经验紧密联系在一起；第二，问题应该比较模糊；第三，问题对学生来说是有意义的；第四，问题范围应该足够宽泛；第五，问题应该能使学生从团体的努力中获益，而不是受到团体的阻碍。[①]

　　从目标的陈述方式去甄别表现性目标、问题解决目标，只是一种形式上的甄别。只要两种方式的使用是恰当的，这种甄别便是简单可行的。

　　对于行为目标，则需另加深究，以确定能否使用表现性评价。

（二）对行为目标的甄别

　　以我们的经验，对行为目标的甄别，可从行为动词入手。一般来说，凡涉及运用、分析、评价、创造等高阶能力的，一般都能用表现性评价。

　　比如，上文谈及的《小壁虎借尾巴》目标，第 2、3 条都是行为技能目标，但建构性表现程度是有区别的。第 3 条（读懂故事内容，说说故事主要情节）可以通过选择性反应评价（选择题、判断题、填空题、匹配题）、简答题或课堂问答，以检测学生是否达成目标。

---

　　① 　理查德·I. 阿兰兹. 学会教学（第 6 版）[M]. 丛立新，等，译. 上海：华东师范大学出版社，2007：345.

第 2 条,有两套"动词＋名词"。第一套"通过多种方法猜生字字音、字义",最好的检测方式是课堂问答,即让学生读生字、说字义(有的具体概念可以做动作,如"摇"尾巴、"甩"尾巴和"摆"尾巴),并可让学生说猜想的理由(哪种方法),没有必要用表现性评价。

第二套"正确流利地朗读课文",是不能用简答题及选择题检测的,只有让学生表现("读")出来,他人才能判断其"正确""流利"与否。这便可以用表现性评价,即借助评分规则判断学生关于"正确""流利"的表现水平。

总之,一个"行为目标"是否适用表现性评价,可以从行为动词所预期的建构性表现程度去判断;也可以用"排除法",凡是能用简答题及选择题检测的,就不宜选用表现性评价。

(三)斯蒂金斯的匹配法

此刻,你是否明白:评价方法没有最好的,只有最合适的。它的合适与否取决于评价方法与评价目的、学习目标的匹配程度。

为理解这一原则,这里介绍斯蒂金斯的目标与方法匹配矩阵。斯蒂金斯从课堂评价的视角,将学业目标分成五类[①]:

> • 知识——掌握学科的实际内容,要求了解和理解这些内容。比如"阅读"中了解和理解文中的词汇、知识背景;"写作"中表达所需要的词汇、语法以及关于题目的背景知识等。
>
> • 推理——根据学到的知识和对知识的理解去思考和解决问题,包括分析、综合、比较、归类、归纳、演绎、评判等推理。比如"阅读"中细读文章,领会其含义;"写作"中选择能够达意的词和句子。
>
> • 表现性技能——做事熟练程度的发展水平。比如"阅读"中流利地朗读,"写作"中的构词成句、构句成段、组段成篇。
>
> • 成果——能够创造出实际的作品。比如"阅读"中用图表展示对文章的理解,"写作"中创造原创性的文章。
>
> • 情感倾向——特定的情感,如态度、兴趣和动机目的的发展。比如"我喜欢阅读""我能写好作文"等情感态度。

斯蒂金斯认为,表现性评价并不适合五类学业目标的全部,如表 2-2[②] 所示。

---

① 理查德·J.斯蒂金斯.促进学习的学生参与式课堂评价(第 4 版)[M]."促进教师发展与学生成长的评价研究"项目组,译.北京:中国轻工业出版社,2005:68.

② 理查德·J.斯蒂金斯.促进学习的学生参与式课堂评价(第 4 版)[M]."促进教师发展与学生成长的评价研究"项目组,译.北京:中国轻工业出版社,2005:162.

表 2-2 表现性评价：对学业目标的评价

要评价的目标	表现性评价
知识和观点	不太适合评价这种目标——其他三种评价方法更好
推理能力	可以通过观察学生解决一些问题，或者通过审视他们的成果来推断他们的推理能力
表现性技能	在学生实际操作的同时观察和评估他们的技能
创建成果的能力	可以评价：(1)执行某种成果创建过程的能力；(2)成果本身的特点
情感倾向	可以通过行为和成果推断学生的情感倾向

表 2-2 中"三种评价方法"是指与表现性评价并列的选择式反应评价、论述式评价、交流式评价（见图 1-3）。中小学语文学习目标，除"知识和观点"外，其他学业目标（推理能力、表现性技能、创建成果的能力、情感倾向）都是适用表现性评价的。

> **链接 2-1 没有最好的，只有最合适的**
>
> 你在课堂上使用什么评价方法？选择题？匹配题？正/误判断题？论文题？表现性评价？讨论法？观察法？所有这些评价方法可以大体分为两类：(1)选择性反应/简答；(2)建构性反应。……哪种课堂评价方法最好——选择性反应评价还是建构性反应评价？答案：两种评价方法都好！我们提倡使用一种均衡的评价体系，教师应该根据期望达到的成绩目标和不同的评估目的，综合使用不同的评价方法（选择题、简答题、论文题、表现性评价）。
>
> 来源：朱迪思·阿特，杰伊·麦克塔尔.课堂教学评分规则：用表现性评价准则提高学生成绩[M]."促进教师发展与学生成长的评价研究"项目组，译.北京：中国轻工业出版社,2005：2-3.

第二节　表现性任务的设置

陈述学年/学期、单元或课时学习目标,确认哪些目标具有表现性——可采用表现性评价,这是运用表现性评价的前提条件。

目标不能直接被评价。要运用表现性评价,必须让学生有"表现"的机会,布置学生"作业",即明确地告诉学生"需要做些什么",以引发学生建构反应的任务,即表现性任务。同时,要让学生明确"怎样的任务完成(表现)是好的",即依据课程标准、学习目标与任务性质等,建立表现性准则。

一、表现性任务的特性

"表现性任务"至今也未有公认的界定,对此我们不多纠缠。琳达·达令-哈蒙德、弗兰克·亚当森等人有个简单的辨析:在传统的纸笔测试中所谓的"题目"(items,也译为"项目"),在表现性评价中称为"任务"(tasks)。[①] 且借助一个实例(链接 2-2)来了解其特性吧。

> **链接 2-2　学生的读书磁带(任务部分)**
>
> 上完一个学期的阅读课,学过戏剧单元(关注人物行为和心情的戏剧),学过如何使用惊叹号和问号之后,我要求班上的学生制作一份读书磁带,这将成为班级读书磁带收藏的一部分。
>
> 每个学生要做到:
>
> 1. 选择一本适合自己独立阅读水平的书。
>
> 2. 参加由我和一位家长引导的面试,学生能陈述自己在所选课文的朗读中使用表情的理由,比如人物心情的变化、所用字母大小的变化、标点符号的类型。
>
> 3. 写出孩子们在读书时的语调变化(使用表示情绪的词)。
>
> 4. 录制读书磁带,听两遍,检查是否有错误,如果有必要重新录制。
>
> 来源:格兰特·威金斯.教育性评价[M]."促进教师发展与学生成长的评价研究"项目组,译.北京:中国轻工业出版社,2005:50.

链接 2-2 是美国纽约某学区一位小学教师的评价活动。她不仅设计了一个真实性评价任务,还要求学生听这份磁带,对自己的朗读做出自我评价和自我调

---

① 琳达·达令-哈蒙德,弗兰克·亚当森.超越标准化考试:表现性评价如何促进 21 世纪学习[M].陈芳,译.长沙:湖南教育出版社,2020:18.

整。这里先呈现该实例的前半部分，看这位小学语文老师设计的表现性任务。

从总体看，其中"每个学生要做到……"清晰地呈现了四项表现性任务：（1）选书；（2）朗读面试＋陈述表情处理的理由；（3）听同学朗读＋用表示情绪的词记录语调变化；（4）录制读书磁带。这些任务足以揭示表现性任务的特性。

1.表现性

看到学生各自所选的书，教师可就是否适合做出评价；在面试的现场，能观察和评价到学生的朗读、陈述的理由，还有笔记；收到读书磁带，借助"机器"观察并做出评价。

2.真实性

试着比较以下三个任务：（1）阅读教师选择的文本；（2）在课堂上阅读自选的文章；（3）制作一盘故事的录音带，供图书馆使用。读者自然明白，（3）是最真实的语文实践活动，由此不难体会实例中"制作一份读书磁带，这将成为班级读书磁带收藏的一部分"之妙！此外，"有表情朗读的面试""用表示情绪的词记录语调变化"，都是很适合小学生的真实任务。

3.评价与学习兼行

任务被安排在一学期阅读课之后，带有"关于学习的评价"（of learning）的性质。允许学生录制磁带时"听两遍，检查是否有错误，如果有必要重新录制"，融入了自评和修正，又是"促进学习的评价"（for learning）。让学生参与面试的同时，记录同学的语调变化，则是"作为学习的评价"（as learning），又为"录制磁带"提供了学习的机会。

4.指向高阶认知

"选书"看似简单，其中包含识别、分析、比较、综合、评价等认知技能，涉及解决问题、做出决策的思维能力。借助这些任务，同时评价学生"应知"（表情设计的理由）与"能会"（有表情的朗读）、"表现性技能"（面试）与"作品或成果"（磁带）。这样的任务设置，既有吸引力，又足以让学生面对的挑战性。

当然，不同的表现性任务，其真实性程度、自由—限制程度、表现方式（表达、操作或动作）、完成任务的时间跨度、完成任务的人数、侧重点（过程或结果）是不同的，因而才有所谓的"表现性任务分类"的探讨，此从略①。

二、表现性任务的构成要素

"表现性任务"不会孤立地呈现，其真实性、表现性等特质，就意味着它总是伴随着"情境"。有去情境化的选择题，但没有去情境化的"表现性任务"。因而，

---

① 周文叶.中小学表现性评价的理论与技术[M].上海：华东师范大学出版社，2014：85.

一个完整的、结构化的表现性任务,必须包含"情境"的元素。基于此,"核心素养"背景下的课程标准,总是将"情境""任务"相提并论,如"考试、测评题目应以具体的情境为载体,以典型任务为主要内容"。

　　语言文字是人类社会最重要的交际工具和信息载体,语文学科的"情境"总是与"交际语境"天然地联系着,包含着背景(时间、空间、材料等)、角色、对象、目的等元素。在"表现性评价"的语境下,就可以构建出"情境—任务—评估的关联模型",如图 2-3① 所示。

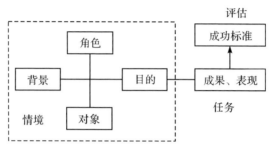

图 2-3　情境—任务—评估的关联模型

　　以此来分析链接 2-2 的实例,对实例或有进一步的认识。该实例是由四个单项任务构成的一项表现性评价,这里只选择"录制读书磁带"做分析,如表 2-3 所示。

表 2-3　"录制读书磁带"的任务分析

情境与任务元素		实例中的表述
情境	背景	上完一个学期的阅读课,学过戏剧单元(关注人物行为和心情的戏剧),学过如何使用叹号和问号之后
	角色	我要求班上的学生(班级成员)
	对象	班级读书磁带收藏(班级资料库)
	目的	这将成为班级读书磁带收藏的一部分
任务	指令/问题	制作一张读书磁带,与前置的"选书""面试""记录语调变化"构成问题的链条
	应答规定	录制读书磁带,听两遍,检查是否有错误,如果有必要重新录制(另见于实例的后半部分"评价")
	应答支架	"面试""记录语调变化"构成录制读书磁带的支架
评估	成功标准	(见链接 2-3,实例后半部分"评价")

---

① 林荣凑.大单元设计的操作步骤和技术要领[J].教学月刊(中学版),2020(30):9-14.

一个原本不起眼的表现性任务，原来"藏"着那么多的"秘密"。这确乎是个成功的表现性任务，且告诉我们，表现性任务并不神秘。

三、GRASPS 任务设计模板

表现性评价是那么诱人，但表现性任务设计并不容易，它似乎依仗才情，还需要灵感的光临。有很多相关的探讨，格兰特·威金斯等人开发的 GRASPS 任务设计模板[①]，也许是最具有操作性的。GRASPS 指目标（Goal）、角色（Role）、对象（Audience）、情境（Situation）、表现或作品（Performance/Product）和标准（Standards），每一个字母对应一个任务元素。具体情况如图 2-4 所示。

目标

· 你的任务是：＿＿＿＿＿＿＿＿＿＿＿＿＿＿＿＿＿＿＿＿＿＿。

· 目标是：＿＿＿＿＿＿＿＿＿＿＿＿＿＿＿＿＿＿＿＿＿＿＿＿。

· 困难与挑战是：＿＿＿＿＿＿＿＿＿＿＿＿＿＿＿＿＿＿＿＿。

· 需要克服的障碍是：＿＿＿＿＿＿＿＿＿＿＿＿＿＿＿＿＿＿。

角色

· 你是：＿＿＿＿＿＿＿＿＿＿被要求去＿＿＿＿＿＿＿＿＿＿＿。

· 你的工作是：＿＿＿＿＿＿＿＿＿＿＿＿＿＿＿＿＿＿＿＿＿＿。

对象

· 你的客户是：＿＿＿＿＿＿＿＿＿＿＿＿＿＿＿＿＿＿＿＿＿＿。

· 要服务的对象是：＿＿＿＿＿＿＿＿＿＿＿＿＿＿＿＿＿＿＿＿。

· 你需要说服：＿＿＿＿＿＿＿＿＿＿＿＿＿＿＿＿＿＿＿＿＿＿。

情境

· 你发现你所处的情境是：＿＿＿＿＿＿＿＿＿＿＿＿＿＿＿＿＿。

· 挑战包括处理：＿＿＿＿＿＿＿＿＿＿＿＿＿＿＿＿＿＿＿＿＿。

作品、表现和目的

· 你将创建一个＿＿＿＿＿＿＿＿为了＿＿＿＿＿＿＿＿＿＿＿＿。

· 你需要开发＿＿＿＿＿＿＿＿以使＿＿＿＿＿＿＿＿＿＿＿＿＿。

成功标志与指标

· 你的表现需要：＿＿＿＿＿＿＿＿＿＿＿＿＿＿＿＿＿＿＿＿＿。

· 你的工作通过＿＿＿＿＿＿＿＿＿＿＿＿＿＿＿来评判。

· 你的作品必须符合以下要求：＿＿＿＿＿＿＿＿＿＿＿＿＿＿。

图 2-4 GRASPS 任务设计提示

---

① 格兰特·威金斯，杰伊·麦克泰格.追求理解的教学设计（第 2 版）[M].闫寒冰，等，译.上海：华东师范大学出版社，2017：178.

图 2-4 的每个元素,此不赘述。有两个问题当稍做讨论。

一是匹配目标的问题。表现性任务必须明确指向表现性的学习目标,不能为任务而任务。它与学习/评价目标的对应,可以有一对一、一对多、多对一等关系,不管何种关系,都是为了让学生有机会展现出与学习目标匹配的能力。这样的表现性任务才是有效的、可靠的。

二是真实性的问题。表现性任务应尽可能真实,呈现给学生的是复杂、模糊、开放性的问题或是整合知识和技能的任务,以反映学生在真实情境中解决问题或创造成果的表现。如同文学作品所说的"真实"并非"现实"一样,教学与测试语境所谓的"真实的语言运用情境",也并非"现实的语言运用情境"。

比利时易克萨维耶·罗日叶教授从两个角度来考察情境与真实生活的关系:任务需求是现实存在的还是模仿现实虚构的?问题解决是真正的解决还是模拟解决?由这两个维度,罗日叶细分出四种情境,如表 2-4[①] 所示。

表 2-4　罗日叶区分的情境类型

情境类别	真正的解决	模拟的解决
自然的情境	回应某个真实的需要、某个真实的订购,为某人缝制一件衣服(厂或店缝纫员工)	回应某个真实的订购,但是以练习和训练为目的,缝制一件衣服(员工试做样品)
建构的情境	回应为学习的目的创造的一个需要,为某人缝制一件衣服(学徒试做,用以赠人)	回应按照一组学习确定的特征,缝制一件衣服(学徒试做)

三是用户友好的问题。表现性任务应该是可行的、适宜的(充分考虑学情),能引人注目、循循善诱且提供丰富的反馈信息。否则,学生无法从任务完成的过程中获得进步与发展,教师也无从获得学习目标是否达成的证据。为充分考虑学情,下面的两点提示也许是必要的。

首先,提供必要的支架。嵌于教学的表现性评价,是促进学习的评价或将评价视为学习。支架是提供给学生的支持、指导和建议,包括过程提示、知识辅助、思维支持、资源提供等,要保持教师指导与学生自主之间的均衡。

其次,控制任务的难度与数量等。学生的知识、能力、经验与时间,都将影响任务的执行、过程与成果的表现。表现性评价是一种耗费人力的评价方法,需要评价的任务难度越大、数量越多,学生所花的时间成本就越高。此外,还要确保所有的学生在使用成功表现时所需的资源和设备,否则是不公平的。

---

① 易克萨维耶·罗日叶.为了整合学业获得:情境的设计和开发(第 2 版)[M].汪凌,译.上海:华东师范大学出版社,2010:44.

四、建立表现性准则

(一)表现性准则揭示优秀表现的关键特征

表现性评价准则，是指衡量学生表现或成果水平的原则，它界定了优秀表现的关键特征，回答了"怎样的任务完成(表现)是好的"的问题。

且以"有效讲话"为例，看表现性准则的特质。

讲话是一种两人或两人以上参与的口语交际行为。许多擅长讲话的人会做适当的眼神交流，并且适时地变换他们的语调。但只不过是为达到预期的效果而出现的适用行为或技巧，还未揭示"有效讲话"的关键特征。讲话既有讲者，又有听者，该从哪个角度寻找关键特征？ 如果从听者角度，又有不同的关注：听懂，吸引人，还是说服力或感染力？

经由这些询问，你是否感觉到，要制订准则太不容易了。格兰特·威金斯认为，有效讲话的准则是"在分配的时间内吸引听众，并提供有效的信息"[①]。如此，满足该准则的其他表现，诸如"眼神的交流""恰当地调整语音语调""善用适合于听众和情境的故事和幽默"以及"文雅地解答听众的提问"等，只是体现该准则的一些指标，可用于评分工具的开发。

也许，读者会疑问：为什么不直接开发评分工具呢？

那么请看美国教育进步评价协会(National Assessment of Educational Progress，NAEP)在成长记录袋评价中"给故事评分"的六点量表，下面只选取两个水平的描述[②]：

> 5 级　完全发展的故事。文章描述了一系列的故事情节，几乎囊括了所有的故事要素，并在结尾提供了问题的简单解决方案或达成了目的。可能存在 1 或 2 个问题，或包含了过多的细节。
>
> 6 级　极其精彩的故事。文章描述了一系列的故事情节，几乎完好地发展了所有的故事要素(即背景、情节、人物的目的、待解决的问题)。故事的最后详细描述了问题或目标的解决方案。事件是以一种精细的、连贯的方式组织的。

隐含于评分工具之中的准则是什么：要素完整，有头有尾，还是组织连贯精

---

① 格兰特·威金斯.教育性评价[M]."促进教师发展与学生成长的评价研究"项目组，译.北京：中国轻工业出版社，2005：113.

② 格兰特·威金斯.教育性评价[M]."促进教师发展与学生成长的评价研究"项目组，译.北京：中国轻工业出版社，2005：158.

细？如果是这样，那么"学生可能编写一个全世界最无聊最无趣的故事，却仍能拿到 6 分的好成绩"。因而，格兰特·威金斯说："这套准则是限制学生想象力的准则。这一评分规则不是在评价创造性，只是在评价写作技巧。"①

误把指标当作准则，或未抓住关键特征，将产生错误的准则设计，从而导致糟糕的评价。如此看来，在表现性任务确定之后、评分工具开发之前，推敲"关键特征"、拟定"表现性准则"有多重要了。

（二）表现性准则的类型

建立表现性准则，格兰特·威金斯的准则类型是重要的抓手。他区分了五种准则类型：表现效果准则、工作质量和技巧准则、方法和行为准则、内容效度准则、专业熟练程度准则。五种不同类型准则的示例，如表 2-5② 所示。

表 2-5　五种不同种类准则的实例

准则类型	实例
取得成功效果的表现是	有效的答案，使顾客满意的，解决问题的，感动听众的，情况稳定的，为读者提供信息的，说服读者的，工作有重大价值的，令人满意的工作，有道德的行为，新奇的工作，创造知识的，冠军地位的，赢得提案的，赢得评判的
工作是高质量的，因为它是	良好计划的，清晰的，精心计划的，文雅的，聪明的，优美的，精美制作的，有组织的，完整的，连贯的，技术合理的，真实的声音，简洁的，精练的，时髦的
有足够的方法和行为，当表现者及其行为是	有目的的，有效率的，适应的，自我规范的，坚持不懈的，有进取心的，自我批判的，深思的，仔细的，做出相应的，好奇的，有方法的，认真研究的，良好推理的，促进协作的，提供便利的，合作的
有效的内容或材料是指	精确的，正确的，准确的，合理的，证实的，真实的，适宜的，注目的，被要求的，要求荣誉的，符合规则的
知识是精细的，只有当其是	深入的，专业的，有洞察力的，流畅的，丰富的，熟练的，有技巧的，有能力的，掌握的

（三）表现性准则的提取路径

表 2-5 确乎是一个很好的知识与思维支架，但只是凭借这一支架，开发出来的准则，很可能是孤立的、非学科化的。表现性准则，不是"拍脑袋"就能简单获得的，而需借助图 2-5 所示的路径，细加研究方能提取。

---

① 格兰特·威金斯. 教育性评价[M]."促进教师发展与学生成长的评价研究"项目组，译. 北京：中国轻工业出版社，2005：158.

② 格兰特·威金斯. 教育性评价[M]."促进教师发展与学生成长的评价研究"项目组，译. 北京：中国轻工业出版社，2005：114-115.

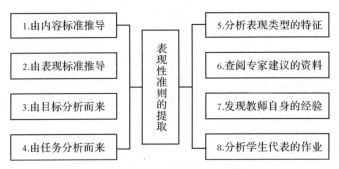

图 2-5　表现性准则提取的支架

1.由内容标准推导

从图 2-2"学习目标的来源"，我们知道学习目标的最上位来源是课程标准。《义务教育语文课程标准》中提到"用普通话正确、流利、有感情地朗读课文"是第一、二、三学段朗读评价的总要求，也是朗读表现性评价的准则。只是根据阶段目标，各学段的要求在评分工具上有所侧重罢了。

2.由表现标准推导

内容标准规定学生的"应知""能会"，表现标准规定学生学得怎么样才算达到了内容标准，《普通高中语文课程标准（2017 年版）》课程标准的"学业质量"就是表现标准，与普通高中有关的表现特征，可从不同水平的"质量描述"中寻找。

3.由目标分析而来

镶嵌于教学过程的形成性评价，其学习目标就是评价目标，如《小壁虎借尾巴》的学习目标"正确流利地朗读课文"，"正确""流利"便可视为评价学生朗读的准则。

4.由任务分析而来

教师希望学生完成的任务、作业和展示出来的表现，往往隐含着准则的元素。分析你希望学生的优秀表现是什么，可获得相关信息。

5.分析表现类型的特征

任务总是从属于一定的表现类型。阅读与鉴赏、表达与交流、梳理与探究等表现性领域，以及领域内的各种表现性技能，都隐含着优秀表现的特征，重要的是教师能对不同表达的关键特征进行分析和提炼。

6.查阅专家建议的资料

查阅与要评价的技能或知识的高水平表现有关的资料，看"专家"在这些方面的建议是什么，他们是怎样做的，从中提取关键特征。

7.发现教师自身的经验

富有经验的教师,他或许一时不能做准则的成文表达,但其缄默的经验会直觉地判断怎样的朗读、辩论与作文是好的。在建立表现性准则时,如果你对某种技能或成果非常熟悉,可直接列出你所知道的关键因素。

8.分析学生代表的作业

挑选一些有代表性的学生作业,从中分析不同水平的差异发生在哪些方面,其中最关键的是什么。这"最关键的",很可能是准则的一种表现,只是这种分析的结果是不充分的。

表现性准则是评价的关键,它的变动不仅能改变评价,而且能改变教学。假设为我们设定的写作准则是"学生必须写出一些可发表的作品,且至少有一篇在期刊上公开发表"。根据这一准则,我们的教学与评价任务,就必须要求学生学习真正的写作模式和公开发表的指导原则,有效地获取并运用反馈,向真正的编辑学习他们如何评估交流,并且学会反复地修改文章。

如果设定的写作准则仅是学写某类文体,围绕这一准则的教学和评价任务,乃至围绕任务的活动,都将落实到"学写"某类文体上。如此,任务难度、对教学和评价的要求将大大降低。

这就是表现性准则的支点作用!

第三节　评价工具的开发

有了学习目标，并将目标转换成为表现性任务（需要做些什么），明确表现性准则（怎样判断任务完成得好不好），接下来的步骤是要设计表现性评价工具，以回答"如何判断任务完成得好与不好"的问题。

一、评价工具的类型

表现性准则与表现性工具的关系，可以度量衡为喻。测量对象的长短、容积还是轻重，这是"准则"的事。设若"准则"确定为计量对象的长短，我们就要选择计量长短的工具或手段（比如尺）。表现性评价工具，就是用以测查学生成果或表现的手段。先看"学生的读书磁带"实例的后半部分（链接 2-3）。

> **链接 2-3　学生的读书磁带（评价部分）**
>
> 评价分三个范畴衡量：选的书是否适合学生的阅读水平、面试提问、读书磁带。每个范畴实行三分制。我评价第一个和第二个范畴。孩子、家长和我共同评价第三个范畴。
>
> ·所选择的书是否适合学生的阅读水平？
>
> 3＝合适　　1＝不合适
>
> ·对面试提问做出的回答：回答时提出一个合理的理由就给 1 分。
>
> ·读书磁带按照下面的标准评分：
>
> 3　学生朗读时有适当的表情，使用了他曾学过的语调变化；能流畅地阅读，没有破坏故事的连贯性；能注意按标点停顿；能使人听起来觉得这本书有趣味、吸引人。
>
> 2　学生朗读时能有一定的表情，使用他曾学过的语调变化；能比较流畅地阅读；能注意到按某些标点符号停顿；这本书听一遍觉得比较有趣。
>
> 1　学生很少使用表情；阅读不连贯；很少注意按标点符号停顿；不能使别人听起来感觉这本书很有趣。
>
> 0 分　学生不能做到上面任何一点。
>
> 来源：格兰特·威金斯.教育性评价[M]."促进教师发展与学生成长的评价研究"项目组，译.北京：中国轻工业出版社，2005：50.

用于表现性评价的工具，包括核查表、表现清单和评分规则，它们都是表现性准则具体化的结果。"学生的读书磁带"实例中的"评价"，内含了表现性评价工具的全部类型，只不过不太典型而已。

（一）核查表（check lists）

核查表，或称检核表，是最简单的表现性评分工具。它通常会列出某件成果或某种表现所必须具备的项目（维度、指标、要素），使用时只对项目做"有/无"或"是/否"的判断，如图 2-6 所示。

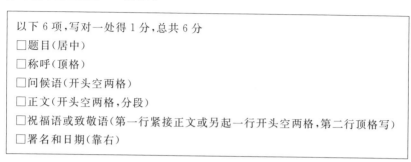

以下 6 项，写对一处得 1 分，总共 6 分
□ 题目（居中）
□ 称呼（顶格）
□ 问候语（开头空两格）
□ 正文（开头空两格，分段）
□ 祝福语或致敬语（第一行紧接正文或另起一行开头空两格，第二行顶格写）
□ 署名和日期（靠右）

图 2-6 感谢信格式的核查

核查表的使用简单方便，它最适用于基础的表现性技能获得情况，如识字与写字、书面表达的行文格式、口语交流的基本规范等。不过，它只适用于仅需判断"有/无"或"是/否"的情况，不能提供针对不同水平的详细说明。如图 2-6 只能用于格式上的检查，而不能检查感谢信的内容组织、情感表达的不同水平，乃至标点使用是否正确等。

回看实例，"回答时提出一个合理的理由就给 1 分"，只要有"一个合理的"（是）就"给 1 分"，"不合理（否）"就不给分，这类似"核查表"，但没有列举"合理的理由"须具备的成分。它又像是"简答题"（列出所需要的合格答案和关键点，即所谓"采分点"），却未准备"合格答案和关键点"。因而，权且视之为非典型的"核查表"，"合理的"成分在评价者"我"的心中。

（二）表现清单（Performance lists）

表现清单，或称等级量表，是比核查表要稍微精细一点的表现性评价工具。它列出要评价的各个项目、内容和分值（权重），如表 2-6① 所示。这是一份来自美国的表现清单，是针对"写一份人物分析"这一表现性任务而制定的，从观点、结构、展开、写作常规等四个项目来评价。

比起核查表，表现清单提供每个项目实质性的要求，如"观点"包括"独创性""对人物特点的多角度描绘""生动的心理描写"，为学生的完成任务、教师的指导评分提供指南，而不同分值设置为赋分提供了多种选择。有的表现清单不出现分值，而替以"优秀、良好、一般"，或者"1、2、3"的等级或水平。

----

① 该表现清单，根据 2006 年 6 月浙江省新课程培训资料中名为"表现性评定"的 PPT 改编，对中小学语文教师颇有启发。PPT 无署名，也无法查知译者和原表出处，深以为歉。

表 2-6　人物分析的表现清单

项目	内容	分值	自评	师评
观点	独创性	5		
	对人物特点的多角度描绘	10		
	生动的心理描写	5		
结构	论题陈述的逻辑性	2		
	清晰的结构模式	5		
	结论源于细节	3		
展开	所有细节切题	10		
	多种文学手法的使用	5		
	句式多样	5		
写作语法	常规	3		
	拼写	2		
	标点	3		
	字迹	2		
总分		60		

表现清单有一个主要的不足，就是缺乏对不同表现性水平的详细说明。清单的不同使用者对同一表现或成果，评分评等将会有很大的差异，评价信度就无法得到保证。如同核查工具，表现清单有其存在的价值，它适用于对某些相对简单的成果和表现做出评价。实例对"选书"的评价，就是简略的表现清单。

　　评价分三个范畴衡量：选的书是否适合学生的阅读水平、面试提问、读书磁带。每个范畴实行三分制。我评价第一个和第二个范畴。
　　•所选择的书是否适合学生的阅读水平？
　　3＝合适　　1＝不合适

它区分了"选书是否适合"等级，使赋分有了选择的空间，这比核查表只需判断"有/无"或"是/否"显然进了一步。但是，它没有提供据以判断的项目（如内容、结构、语言和长度等）。运用时，如果教师和学生对"适合学生的阅读水平"有相同或相近的认知，或实例中的"我"能自始至终坚持同一认知评价，这里的表现清单运用便是恰到好处的。

(三)评分规则(Scoring rubric)

如果师生对"适合学生的阅读水平""合理的理由"的标准并不一致,面试时就可能出现尴尬:教师给某生的选书评 1 分,学生不接受;学生认为自己说了三条"合理的"理由,教师却认为只有一条是"合理的"。

对此,教师不得不就"怎样的选书才算适合学生的阅读水平""怎样的理由才算是合理的"做出口头解释,解释能达成师生之间对标准的共识,方能消除这一尴尬——这种情况,想必我们中小学语文教师都碰到过。

这种口头解释,写出来便是成文的评分规则。

"学生的读书磁带"实例,第三个评分工具,就是评分规则。它对怎样的"读书磁带"可以得 3、2、1 乃至 0,做了详细的说明与规定。尽管对其中的描述,师生可能存在理解上的偏差,但相比于表现清单,对于复杂的表现性任务或成果的评价,评分规则是表现性评价最好的工具了。

试想,评分规则详细描述了各评分点的规定,并在布置"表现性任务"时一并告知学生,学生在完成"录制读书磁带"时,就会利用评分规则检查自己的朗读——表情、语调、连贯性、停顿、吸引人等,充分利用"听两遍,检查是否有错误,如果有必要重新录制"的便利,展示自己短时间内最好的表现,这正是评分规则的魅力。

为便于认识评分规则的结构,我们将"学生的读书磁带"的评分规则用表 2-7 呈现。

表 2-7 读书磁带的评分规则

等级	描述	表现样例
3	学生朗读时有适当的表情,使用了他曾学过的语调变化;能流畅地阅读,没有破坏故事的连贯性;能注意按标点停顿;能使人听起来觉得这本书有趣味、吸引人	
2	学生朗读时能有一定的表情,使用他曾学过的语调变化;能比较流畅地阅读;能注意到按某些标点符号停顿;这本书听一遍觉得比较有趣	
1	学生很少使用表情;阅读不连贯;很少注意按标点符号停顿;不能使磁带听起来很有趣	
0	学生不能做到上面任何一点	

表 2-7 呈现了评分规则最基本的构成,由三部分组成:

1.等级/水平

用数字(如 5 分制或百分制)、字母(如 A、B、C、D、E)或如高、中、低之类文字描述的等级或水平,表 2-7 用了 0～3 的数字等级。

2.描述符

用语言陈述的、达到某一等级或水平的具体表现。如"学生阅读时有适当的表情"描述了读书磁带最高水平的具体表现。描述符应当反映某一水平表现的重要特质，以便于使用者识别、判断和确定水平表现。

3.表现样例

一个完整的评分规则通常还会提供表现样例，即符合评分规则某一等级描述的实例，如学生在具体评价任务中的表现或者学生作品（如代表不同水平的读书磁带）。有具体样例的评分规则，能够为评分规则的目标用户（如学生、教师等）理解和运用评分规则提供支持。

一个完整的评分规则，除了等级/水平、描述符和表现样例，还有表现维度（或称项目、要素、指标）。表 2-7 是一个整体评分规则，其"描述"隐含表情、语调、连贯性、停顿、吸引人等维度。

二、评分规则的类型

评分规则多种多样，按不同的标准就有不同的分类。按评价方式分整体评分规则、分项评分规则；按适用范围分通用评分规则、专用评分规则；按适用跨度的长短，分阶段性评分规则、发展性评分规则。

（一）整体评分规则与分项评分规则

整体评分规则是对学生作业进行整体评价，并在此基础上给出一个总分。它实际上就是把学生表现或成果的重要因素综合起来，给出一个整体的评价。表 2-7 读书磁带的评价量表，就是整体评分规则的例子。

使用整体评分规则，评价者要综合考虑规则中的各因素，对这些因素进行总体的权衡，最后再给出一个最能概括整体表现水平的总分。它能快速获得对总体水平或整体成绩的评定，获取"印象分"，因而可以在大范围（如高考、中考或统考）测评中使用，对大批学生的表现做出快速的评估。

但是，整体评分规则也存在不足之处。运用整体评分规则时，两个学生可能由于完全不同的原因得到一样的分数。由于缺乏对成果或表现的优点和缺点的详细分析，无法提供详尽的反馈以指导学生下一步的行动。

分项评分规则能克服整体评分规则的这些不足。现在，我们将表 2-7 改为分项评分规则，如表 2-8 所示。

表 2-8 读书磁带的分项评分规则

等级 维度	3	2	1	0
表情	学生朗读时有适当的表情	学生朗读时能有一定的表情	学生很少使用表情	学生不能做到左列任何一点
语调	使用了他曾学过的语调变化	使用他曾学过的语调变化	很少使用他曾学过的语调变化	
连贯性	能流畅地阅读,没有破坏故事的连贯性	能比较流畅地阅读	阅读不连贯	
停顿	能注意按标点停顿	能注意到按某些标点符号停顿	很少注意按标点符号停顿	
吸引人	能使人听起来觉得这本书有趣味、吸引人	这本书听一遍觉得比较有趣	不能使别人听起来感觉这本书很有趣	

　　分项评分规则,是把成果或表现分解成基本的维度或要素,对它们分别做出评价,对每一项要素进行单独评分。分项评分规则能评价复杂的技能、产品或表现,借助这些细分的项目,评分者可以更准确地找出评分的关键因素,并能提供更有针对性的信息或反馈,使学生、教师和家长了解学生表现中的优点和缺点。但是分项评分规则的评价效率低,学习评分规则也需要更长的时间。

　　总之,整体评分规则和分项评分规则各有优点和不足,我们要根据表现性任务和实际面临的问题进行选择。

(二)通用评分规则与专用评分规则

　　通用评分规则,在相似的任务中是通用的。如美国"写作分析的 6＋1 要素评分规则"就可以用于评定多种文章而不必考虑具体的写作要求。

　　专用评分规则或称之为"指向特定任务的评分规则",只能应用于某一项特定任务的评分。它常常用于大规模的评价中,针对性强,评价者经过训练后可以既快又简单地对特定的表现取得比较一致的评分,如中考、高考阅卷采用的评分规则便是。在平时的教学中,如果想知道学生是否掌握了特定的方法和技能,也可以特别开发专用评分规则,为这些特定因素做出解释和描述。

　　两相比较会发现,如果我们的主要目标是评分(给一个分数),专用评分规则可能使用起来更顺手,评分的一致性程度也高。但是专用评分规则有其不足:不能提前告诉学生(会"泄露"答案);要为每项任务制订一个新的评分规则,既耗时又影响质量;只是根据规则评分,易使评分者失去思考力;那些超越规则的独创性表现,或将被评分者忽略。

　　从教学的运用看,通用评分规则更有效:于教师来说,无需为每项任务都制订评分规则;对于学生来说,反复运用通用评分规则,有助于他们理解合格的标准并更好地接近，有助于他们把在某项任务中了解到的规则应用到下一项任务中，而且完成得更好——发展迁移能力。

(三)阶段性评分规则与发展性评分规则

阶段性评分规则是指那些仅适用于某一年级、学段的评分规则，它所谓的最佳表现(最高水平)，是基于某一年级或学段的最佳样本而言的。

发展性评分规则，威金斯亦称为"纵向性评分规则"[1]，是指跨年级或跨学段的，乃至是技能或能力表现在某一领域从新手到专家的标准。如"写作分析的6＋1要素评分规则"，有成人版和学生版，其中的学生版适用于三至八年级。

中小学语文教师与课程专家、学科专家合作，建立一些发展性评分规则，让学生和教师清晰地知晓某一核心技能(如阅读与鉴赏、表达与交流等)的纵向发展序列，从而鼓励学生展现出超越所处年级或学段评分规则的表现或水平，这是必要的。美国已有类似的评分规则，如"阅读能力发展量表"(分项，一至五年级适用)、"NWREL新闻类文章阅读"(分项，三至十二年级适用)、"小组讨论评分规则"(分项，五至十二年级适用)。[2]

(四)各种评分规则综合运用的理想模型

格兰特·威金斯曾说："良好的评价，倾向于使用由分项评分规则组成的通用评分规则。我们用来评判表现的标准比任何特定任务的设计更为重要(在逻辑上也更为优先)。"[3]评分规则的各种类型各有其优劣，重要的是用在适当的场合与时机。要各扬其长，形成一种理想的组合，如图 2-7 所示。

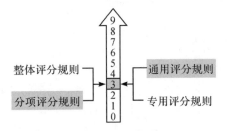

图 2-7　各种评分规则的组合运用

---

① 格兰特·威金斯.教育性评价[M]."促进教师发展与学生成长的评价研究"项目组，译.北京：中国轻工业出版社，2005：9,161.

② 朱迪思·阿特，杰伊·麦克塔尔.课堂教学评分规则：用表现性评价准则提高学生成绩[M]."促进教师发展与学生成长的评价研究"项目组，译.北京：中国轻工业出版社，2005：106,110,142.

③ 格兰特·威金斯.教育性评价[M]."促进教师发展与学生成长的评价研究"项目组，译.北京：中国轻工业出版社，2005：155.

为培养学生的学科核心素养,基于图 1-4 最内层椭圆的"大概念和核心任务"和中间椭圆的"需要掌握和完成的重要内容",建立连续的、纵向的发展性评分规则,这是可能的。在教学设计与实施中:(1)依据发展性评分规则,开发由分项评分规则组成的通用评分规则;(2)根据需要,开发专用评分规则(用于特定任务的评价)或整体评分规则(用于对大批学生的表现做出快速评估的场合);(3)经由专用评分规则的使用,"修改通用的或者具体的评分规则,或者重新设计任务,以确保它们的确是在评价我们计划要评价的学科知识和过程,这可能会重复多次以保证学科领域、任务与评分准则之间保持紧密联系"[①],如此循环完善。

基于现有课程标准"学业质量"规定,开发能用于教学现场的评分规则,确保从一个水平阶段到另一个水平阶段(从小学、初中到高中)的流畅性和梯度,从而在素养培养的发展性、评价准则的一致性、开发运用的有效性等方面形成规模效应。只要各方达成共识、协作推进,这应该不是奢望。

三、评分规则的开发

一般来说,能开发评分规则就能开发核查表、表现清单。这里只介绍评分规则的开发,读者习得相关技术后,可迁移用于核查表和表现清单的开发。

(一)三种路径

格兰特·威金斯提出:"评分规则不是单凭想象和讨论就能设计出来的。评分规则来源于标准,来源于对已有的不同质量的表现样本的分析。"[②]一语道出设计的两条基本路径:一种是演绎的,一种是归纳的。当然还可以是综合的。

1. 演绎的方法:自上而下

借助图 2-5"表现性准则提取的支架",可以很好地区分这两条路径。自上而下的方法是从 1~7 的任一条(或几条)来源,或者从表现性准则开始的设计方法。其之后的基本步骤为:

- 确定评分的维度(要素/指标)与等级(水平);
- 选择评分规则的类型(整体—分项、通用—专用、阶段性—发展性);
- 描述各维度不同等级的表现特征;
- 为每个质量等级配置表现样例,每个水平至少两个;
- 试用,完善评分规则。

---

① 琳达·达令-哈蒙德,弗兰克·亚当森.超越标准化考试:表现性评价如何促进 21 世纪学习[M].陈芳,译.长沙:湖南教育出版社,2020:129.

② 格兰特·威金斯.教育性评价[M]."促进教师发展与学生成长的评价研究"项目组,译.北京:中国轻工业出版社,2005:161.

自上而下的方法，最适合有较好专业理论素养的个人或团队使用。开发的评分规则，具有较好的连贯性与一致性，但在实用性与可行性上或有欠缺。

2.归纳的方法：自下而上

自下而上的方法，是从图 2-5 中第 8 条来源（分析学生代表作业）开始的设计方法。其基本步骤，如朱迪思·阿特(Judith Arter)的建议[①]：

- 选取有代表性的学生作业为样例；
- 把选出的学生作业分成不同的水平组，并说明分组的依据；
- 把分组依据总结为表现的"维度"或重要方面；
- 给每个维度下一个客观的定义；
- 找出与每个维度的各个评分点相对应的学生表现做样例；
- 不断改进评分规则。

自下而上的方法，经常被用于评价新手（教师、学生）的培训。它可能需要比较长的时间，但对于评分规则的理解与运用，付出时间是值得的。其短处是评分规则在专业学理上易偏于一隅，整体性、连贯性与一致性可能欠缺。

3.综合的方法

综合的方法，就是上述两条路径（自上而下、自下而上）的综合运用。朱迪思·阿特同样做了清晰的表述[②]。

- 查阅在"X"方面很成功的那些人的著作（"X"指你要评定的技能或知识，如写作、批判性思维、合作技能、科研能力、数学问题解决能力）。这会让你对专家和新手的差别有所认识，反过来也会使你发现那些区分不同水平的最重要的因素。（自上而下）
- 索取、借用和直接使用现有的评分规则。别人对表现的不同水平的看法会给你灵感。（借鉴）
- 选取有代表性的学生作业并把它们分成不同的水平组。说明你分组的依据。这有助于你对不同表现水平的标准有更清晰的认识。坚

---

① 朱迪思·阿特，杰伊·麦克塔尔.课堂教学评分规则：用表现性评价准则提高学生成绩[M]."促进教师发展与学生成长的评价研究"项目组，译.北京：中国轻工业出版社，2005：35-40.

② 朱迪思·阿特，杰伊·麦克塔尔.课堂教学评分规则：用表现性评价准则提高学生成绩[M]."促进教师发展与学生成长的评价研究"项目组，译.北京：中国轻工业出版社，2005：42.

持这样做,它会使你制订的评分规则真正实用。(自下而上)

· 评定那些被选为样例的学生作业。争取在不同的评分者之间达成一致的意见。坚持这样做,它能够使评分规则更详细,不同的表现水平之间更有区分性。(样例试评,完善评分规则)

综合的方法,各取演绎、归纳之长,又去彼此之短。

(二)维度(要素、指标)的厘定

评分规则要评价的是复杂的技能或成果表现,复杂就意味着不能只从某一个方面去观察、评价。不管是演绎的方法,还是归纳的方法,总要合逻辑地呈现若干维度,以保证评分规则的实际运用。

维度呈现的是评价对象的核心表现,可借助图 2-5"表现性准则提取的支架"。如果已建立合宜的表现性准则,这一分解会比较方便。比如,依据"论述的准则"(陈述一个观点或立场,有原因/或解释支持某人的观点,以及试图驳斥或拒绝相反的立场),可以导出观点、支持、反驳、语言等四个维度。

若从课程标准导出维度,则视标准表述的可操作性程度而异。如美国宾夕法尼亚州六年级写作的州立标准"(学生会)写一篇具有说服力的文章,其中包括明确的立场陈述或观点表达,以及对观点提供支持的细节内容,并能在需要的时候引用相关资料"[①],其操作性强,可从中导出三个指标:明确陈述的立场或观点;提供有支持性的细节;(需要时)引用合适的资料。

教育标准大致包括内容标准、表现标准和任务(作业—设计)标准。我国现有课程标准的主体为内容标准,现行的课程标准虽有"学业质量"命名的表现标准,但只能表达宏大且行文比较抽象,直接导出比较困难。但毕竟这是一条良好的路径,可用来启发和指导评价标准的制订。

维度的厘定,还需考虑这些要求:(1)彼此区别,即各维度之间能清晰地加以区别;(2)共同指向,即所有维度相加能描述对象;(3)均被利用,即每个维度都能被用于描述不同水平;(4)用户理解,即师生对维度的理解一致;(5)维度数量最好不超过 5 个[②],其排序也要合逻辑,便于用户理解与实际操作。

---

① 格兰特·威金斯,杰伊·麦克泰格.追求理解的教学设计(第 2 版)[M].闫寒冰,等,译.上海:华东师范大学出版社,2017:197.

② 这一观点是笔者从实践经验、信息传输理论中提炼出来的,最近得到国外研究的印证。鲍勃·伦兹等人提出"核心表现的数量要控制,最好不超过 5 个",并从实践、教育学角度解释了原因。参见:鲍勃·伦兹,贾斯汀·威尔士,莎莉·金斯敦.变革学校:项目式学习、表现性评价和共同核心标准[M].周文叶,盛慧晓,译.长沙:湖南教育出版社,2020:42.

（三）等级或分值的确定

一个评分规则，设置几个等级（水平）为好？这没有定则，关键是能满足对评价对象的所有不同水平的区分。大多数评分规则使用的是 3～6 个等级。有人主张采用奇数等级："使用偶数等级要比奇数等级稍微麻烦一点，因为在奇数等级的评价表中，很容易就能找到平均分（例如五级制中的第三级）。"①某些发展性评分规则会采用 11 等级（如美国的 K-5 写作发展量表），但不是常例。

有的评分规则还会配上分值（权重），以更清晰地呈现表现或成果的特征，这自然是可以的。但不宜用百分制，而宜用小数值。格兰特·威金斯的解释很精彩："使用小数值的量表有两个原因：第一，量表中的每个分数的设定都不是随意的（正如常模测试的评分），它是为了对应于一个特定的指标或工作质量；第二，使用离散数字过多的量表会降低评分信度。"②

等级（水平）的命名有多种方式，可以是数字（1、2、3）、字母（A、B、C）或文字（低、中、高）。文字的，又有多种选择：合格、良好、优秀；基础、达标、高级；新手、学徒、高手；仍需改进、满意、良好、模范；刚刚起步、形成阶段、实践阶段、熟练阶段；等等。

采用哪一种，没有定则，主要是考虑要评价的表现以及规则的使用者，低年级学生甚至可用表情包。有时可以使用切合特定任务的等级命名。例如，在评价学生壁画工作方面，可使用"新手、学徒、老手、师父"显示等级差异；有关埃及的社会研究计划，可使用"农夫、工匠、贵族、法老"等级词。③

（四）规则类型的选择

如前所述，表现性评价工具有核查表、表现清单、评分规则之分，评分规则又有整体与分项、通用与专用、阶段性与发展性之别，且各种评分规则各有理想的运用场合。选择的依据，主要是表现或成果的类型、开发者经验。

如果对表现或成果的认识还不够深入，可用表现清单，以对评价标准做粗线条的描述，待积累了一定的认识后，尝试用评分规则，且多选择分项的、通用的评分规则，以梳理、巩固对表现或成果的认识。如"论述"先开发和试用分项分等的通用评分规则，再根据需要开发基于任一维度（观点、支持、反对、语言）的评分规则，以进一步推进对某一维度的理解。

---

① 巴克教育研究所.项目学习教师指南：21 世纪的中学教学法（第 2 版）[M].任伟，译.北京：教育科学出版社，2008：65.

② 格兰特·威金斯，杰伊·麦克泰格.追求理解的教学设计（第 2 版）[M].闫寒冰，等，译.上海：华东师范大学出版社，2017：389.

③ K·蒙哥马利.真实性评价——小学教师实践指南[M]."促进教师发展与学生成长的评价研究"项目组，译.北京：中国轻工业出版社，2004：109.

(五)表现特征的描述

表现特征的描述,就是用学生能理解的语言,准确地描述各维度不同等级表现的关键特征,显示各个维度不同水平在特征上的清晰差异,继而构成一个表现的连续体,这是评分规则开发的重点,也是难点。

这里需要解决三个问题:一是怎样描述特征,二是用怎样的方式显示等级(水平)之间的差异,三是从哪个等级(水平)开始描述。

且借下面的评分规则(表 2-9)[①],简要探讨这三个问题。

表 2-9 信息加工标准的评分规则

A. 有效地解释和综合信息

    4 准确且深刻地解释任务中包含的信息,并对信息进行有创造性的、独特的综合
    3 准确解释任务中包含的信息,并对信息进行简单的综合
    2 在解释任务所包含的信息时有明显的错误或对信息进行不精确的、拙劣的综合
    1 完全曲解任务所包含的信息或不能对信息进行综合

B. 有效运用多种信息收集技术和信息来源

    4 运用重要的信息收集技术和必要的信息来源完成任务。能发现独特的信息来源或运用独特的信息收集技术
    3 运用重要的信息收集技术和必要的信息来源完成任务
    2 不能运用部分重要的信息收集技术和必要的信息来源完成任务
    1 不能运用最重要的信息收集技术和必要的信息来源完成任务

C. 准确评估信息的价值

    4 从细节上分析信息,准确并深刻地确定信息是否可靠,是否与特定任务有关
    3 准确地确定信息是否可靠和是否与特定任务有关
    2 在确定信息的可靠性及与特定任务的相关性时,存在明显错误
    1 很少或根本没有去确定信息的可靠性及其与特定任务的相关性,或者做出了完全错误的评估

D. 识别任务是何时以及如何受益于额外信息的

    4 深刻地确定有益于任务的信息类型,并有效地选出这些信息
    3 准确地评估任务,找出任务中需要额外信息来澄清和支持的地方,并能选出所需的信息
    2 不能准确评估任务中需要的信息或不能选出需要的信息
    1 极少或没有意图去评估任务是否将受益于额外信息

---

① 朱迪思·阿特,杰伊·麦克塔尔.课堂教学评分规则:用表现性评价准则提高学生成绩[M]."促进教师发展与学生成长的评价研究"项目组,译.北京:中国轻工业出版社,2005:163.

表 2-9 是分项分等评分规则，四维度四等级，用列举式（非表格）呈现。所评价的表现性能力是"信息加工"。信息加工是一个跨学科能力，也是语文学习应加以关注的能力，因为"语言文字是人类社会最重要的交际工具和信息载体"。语文学习的各领域都有着培养学生获取信息、处理信息、应用信息能力的任务，特别是在"跨媒介阅读与交流""跨学科学习"等综合性、探究性学习的场合。

该评分规则呈现了四个维度。这四个维度呈现的顺序是什么？观察各维度的表述和每一个等级"3"的描述语，如按信息加工的自然顺序，应该是"识别/评估任务需要怎样的额外信息"（D）—"运用信息收集技术和信息来源"（B）—"解释和综合信息"（A）—"评估信息的价值"（C）。

那么，规则的制作者为何要变更顺序呢？前文说到维度的"排序也要合逻辑，便于用户理解与实际操作"，我们推想该评分规则维度排序，是基于评价者（学生、教师）对成果（比如综述、报告、小论文等）评价操作的。

进一步观察该评分规则，我们发现，各维度的等级"3"是如何向"4""2""1"发展的，隐约能找到它们与"3"的距离分别是：+1、−1、−2。

那么，是怎样实现"+1""−1""−2"的呢？比如维度 A，4 等用"深刻地""有创造性的、独特的"等修饰或限制词，2 等用"有明显的错误""不精确的、拙劣的"，1 等用"完全曲解""不能"，姑且将这种方法称为"加减法"。除了这种方法，不同水平的表现差异，还可以从广度、深度、创新度、熟练度等定性角度描述[①]，有时会通过数量、时间等可定量的角度反映出来，如写作的字数、段落数，论文引用文献的数量，等等，但要看是否是表现性特征所在。

再推测该评分规则的制作，我们大致可以确认，制作者是从"3 等"（第二水平）开始描述的。现有研究的普适性结论是：描述特征时，可以从最高等级开始描述（如"录制读书磁带"）或第二水平开始描述，但一般不从低水平开始描述。如果从最高等级开始描述，建议：（1）根据最好（具有示范性、代表性）的学生表现；（2）参考相关专业人士的成果或工作表现。

最后一个问题，用怎样的句式来描述特征？外显的标志是用动词＋名词的陈述句，类似于"行为目标"的表述方式。布卢姆-安德森目标分类学，不仅可用于学习目标的陈述，也可用于开发评分规则。不过，重要的是对表现或成果的本体有本质的认识和深入的研究，本书第三章"领域实践"为此而设计，此从略。相对于本体层面，作为形式层面的特征描述，应揭示表现或成果的关键指标，应避免使用模糊的词语，否则还得猜测某件事是否发生；评价要聚焦被感知的项目结果上，例如不用"学生在解决问题中表现出洞察力"[②]这样的表述。

---

① 邵朝友.评分规则的理论与技术［M］.杭州：浙江大学出版社，2018：52-56.

② 巴克教育研究所.项目学习教师指南：21 世纪的中学教学法（第 2 版）［M］.任伟，译.北京：教育科学出版社，2008：68.

顺便说一句,朱迪思·阿特、斯蒂金斯都有关于"怎样的评分规则是好的"的探讨,各自建立评价四维度,前者是"内容/覆盖面、清晰度/详细度、实用性、技术合理性",后者是"内容(有重要的内容)、清晰度(每个人都能理解)、实用性(操作简单)、可信度(公正的)",两者还是比较接近的。

四、表现样例的制作

表现样例,又称为示例、实例、范例、样本、例子、锚。它是一个良好评分规则的重要组成部分。表现性评价(特别是评分规则)的运用,离不开表现样例的支持。有必要明白样例的价值,学会配置合适的样例并能适时运用。

(一)表现样例的价值

先看一组简要的场景,都是读者工作中常见的。

> 场景1:体育老师讲授一项新技能,如跳马、背越式跳高,他/她一定会先示范,然后讲解动作要领,让学生在练习中掌握。
>
> 场景2:有一类短篇小说的结尾,情节会发生既在意料之外,又在情理之中的突转。老师说,这叫"欧·亨利式结尾"。对第一次接触这一概念的学生,老师都会介绍美国短篇小说家欧·亨利(O Henry)和他的代表作品。
>
> 场景3:大规模考试的作文阅卷,阅卷组会提前调阅一定量的考场作文,根据评分标准,从中抽取具有代表性的作文,作为各等级水平的标杆(简称标杆文)。每篇标杆文都有评分及分析,发给阅卷老师作为评分的参考。
>
> 场景4:老师讲评作业与试卷,一般都会分别呈现好、中、差等各水平的表现,以此说明怎样做是好的,怎样做是不好的。

类似的场景,生活中也比比皆是。对于语言描述不足以让听众或读者理解的概念、规定和原理,样例被广泛地使用。试想,如果不借助大量的样例,本书将无法让读者明白何谓表现性评价、如何运用表现性评价。

在表现性评价(评分规则)中,表现样例将出现于下述时机。

1. 自下而上开发评分规则时

需要选取代表性的学生作业作为样例,并通过样例的分组,提取表现的"要素"或重要方面;厘定维度或要素后,还需要二次使用样例,为每个等级水平的表现配置样例,以说明表现的特征。

2.自上而下开发评分规则时

在描述各维度、各等级的表现特征时，可安排学生试做，或以往届学生的作品乃至成人作品作为表现样例的印证。

3.评分规则运用于教学时

"造成学生作业质量不高的原因很简单——他们没有看过高质量的作业模板。无论这个作业是一篇很有说服力的论文、几何证明还是一个历史报告，大多数学生都没有分析过一个真正好的作业模板是什么样的。"[①]通过提供看得见、摸得着的样例，评分规则的说明不再含糊不清，每个人都能清楚各水平的表现是怎样的。样例设定了我们希望学生达到的标准，是一种表现的示范，如同场景1。有了它，教师的教学可以事半功倍，学生就会试着使自己的表现达到样例呈现的标准或规范。

4.评分规则运用于评价时

格兰特·威金斯说："所有的评分规则及其评判性的语言表述都是不够的。例如，仅仅知道弹奏必须'无误''流畅'和'优美'，并不能告诉我们是如何的流畅、如何的优美，也不能精确说明什么算作或不算作'错误'。……无论是表现性测试还是传统测试，我们可以通过以下两种方式来确定表现标准：一是共同认可达到某个有效（专家公认的）的具体表现样本，而不管大多数学生是否能达到这一标准；二是具体说明评判表现的某些准则。"[②]给作品或表现评分时，表现样例不仅能帮助使用者理解表现特征，还能帮助评分者进行尽可能一致的评分，场景3即是如此。

5.作业反馈时

如同场景4使用表现样例，教师可以俭省地解释最佳表现与最差表现的特征。更主要的是带样例的反馈，有助于学生将自己的表现结果与样例比较，进行更准确、更有效的自我评价，利用反馈来修订自己的作业与表现，从而实施有效的补救学习，产生更优秀的作品或表现。

(二)如何制作表现样例

表现样例既有如此广泛的运用，那么又该怎样制作与使用呢？

---

① 罗恩·伯杰，利娅·鲁根，莉比·伍德芬.做学习的主人：学校变革中的学生参与式评价[M].张雨强，译.长沙：湖南教育出版社，2020：13.

② 格兰特·威金斯.教育性评价[M]."促进教师发展与学生成长的评价研究"项目组，译.北京：中国轻工业出版社，2005：95.

1.表现样例的载体

载体因不同的表现类型——口头的、书面的、展示的而异。口头的和展示的，可以是现场的表现，也可以是音频、视频。书面的，可以随评分规则一并发送给使用者，还可以单独制作评过分的样例册。

2.作为评分规则一部分的样例

每个水平样例不能少于两个。朱迪思·阿特曾举例说，有个班级的每篇作文都是"我看到你在那儿……"这样开头的，因为教师只给学生展示了一篇优秀作文做样例，而它的开头就是"我看到你在那儿，伊文·布莱克（Evan Blake）"。这种情况，读者想必也遇到过。单个的样例会导致纯粹的模仿，从而抑制学生的创造性。

3.视为典范的样例

不能只限于学生的最好表现，不能仅仅根据学生的最好成果样本来制订评分规则，而不考虑其他人（成人的优秀作品）的最好表现，那么我们制订的评分规则可能只是出自对平庸表现的分析。

4.表现样例应有相应的说明

样例隐含体现的评价标准，使用者未必能全部准确地识别、理解。要视使用者的水平，提供已经评分的作品样例和用来解释所给分数的书面说明（链接 2-4）。

> **链接 2-4　用样例来说明表现标准**
>
> 美国初中学科能力表现标准，英语标准包括：阅读，写作，说、听和观察，英语语言的规则、语法和用法，文学。高中阶段另加公文、实用性文件。每条标准都附上学生作业实例及评注，用来说明设置的能力表现标准。
>
> ［标准］学生阅读和理解信息材料，以提高理解力，增进专业知识，并且完成书面或口头的作业。
>
> ［作业要求］
> - 复述或概括信息；
> - 将新的信息同以前的知识和经验加以联系；
> - 拓展思想；
> - 将相关的专题或信息加以联系。
>
> ［样例清单］
> 可以通过以下活动例子表明学生阅读的信息材料：
> - 运用信息来支持或加强一项计划；

· 写一份来自至少两个信息源的信息报告；

· 在演讲或阐明自己对各种问题的立场的论文中引述专家的意见；

· 根据阅读信息材料中获得的信息提出一个建议；

· 写一份报告，分析对一件事件的几份历史记录，并设法理解这几份历史记录的相同之处和不相同之处以及原因。

来源：选自复印资料《美国初中学科能力表现标准：英语、数学、科学、应用学习标准介绍、能力表现说明、作业实例及评注》（原著：美国国家教育和经济中心、匹兹堡大学。组译：上海市教育科学研究院。审校：教育部课程教材研究所）

第四节　评价实施与学生参与

前三节介绍的都是表现性评价的设计,本节介绍表现性评价的实施、评价结果的处理与交流,并将呈现学生参与表现性评价的各种方式。

一、评价与教学的融合

评价与教学的相伴相生,本书开篇的图 1-2 已有清晰的表达。将评价融合于教学,以评价引导教师的教、学生的学,推进学习过程;通过评价,及时反馈学习情况,以改进教学和补救教学,这便是促进学习的形成性评价。

当然,表现性评价也可用于教学的终结性评价。形成性评价与终结性评价是相对的,如单元的终结性评价,相对于学年/学期乃至学段的终结性评价,只是形成性评价。评价与教学融合的模型,如图 2-8 所示。

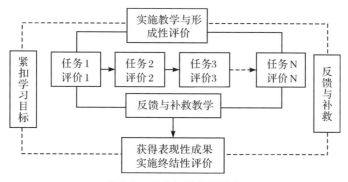

图 2-8　评价与教学的融合

二、表现性评价在不同层面的实施

表现性评价可以运用于课时、单元、学年/学期等不同课程层面,实现教、学、评的一致性。相对来说,它在单元层面更易实施。

(一)课时层面

表现性评价,针对的是复杂的表现。如果只是用于一节课,那是浪费的,还不如用选择性反应评价。表现性评价与教、学的结合,一般需要 2～3 课时或更长的时限,以完成复杂表现的学习、评价、反馈和补救。

当然,这并不排除在一节课,乃至同一类任务或一类学习活动中的运用,但这是基于一个更大背景——连续的表现性评价的运用。比如,你与学生制订了"正确流利朗读"的评分规则,把它运用于一个单元甚至更长时间的螺旋式学习之中。这时,你安排《小壁虎借尾巴》的教学,其中一个学习活动是让学生朗读课文,并运用"正确流利朗读"的评分规则。这是合理的。

有关阅读、写作的表现性评价,更多运用在单元或学期的教学之中,就在于能集中精力发展阅读与鉴赏、表达与交流、梳理与探究领域的某种具体技能。

比如,2017年版初中语文统编教材中七年级上册的单元安排为:

> 第一单元:学习朗读,品味文章的精彩语句,体会汉语之美。
> 第二单元:学习朗读,整体感知课文内容,把握作者思想感情。
> 第三单元:学习默读,一气呵成读完全文,梳理文章的主要内容。
> 第四单元:学习默读,学会圈点勾画,理清作者思路。
> 第五单元:学习默读,学做摘录,概括文章的中心。
> 第七单元:学习快速阅读,展开联想和想象,深入理解文章。

"朗读""默读"等阅读技能的学习,是由若干单元组合承担的。基于这种安排运用表现性评价,开发相关的评分规则并运用,也相当于跨单元操作。只有在这样的背景下,课时内的"朗读""默读"评价,才是现实的,如格兰特·威金斯所说"单课时间太短,不能实现复杂的学习目标","单课计划理应依从单元计划,当一堂课被包含在更大的单元和课程设计中时,通常会更有目的性和连接性"。[①]课时层面的表现性评价,要基于单元或课程的背景。

(二)单元层面

单元(或专题、项目),应该成为运用表现性评价的主要层面。课程标准的"学习任务群"是由学习项目组成的,其学理基础是通过"项目式学习"体现语文课程的综合性、实践性。统编教材与之对应的是单元,基于大概念、大情境和大任务的单元教学,自然离不开指向高阶认知的表现性评价。

现行教学实践中"课时主义"("课文主义"或"单篇教学")盛行,对"单元"的整体效应重视很不够,其危害毋庸赘述。最新的义务教育、普通高中统编教材,正尝试改变这一局面,如单元导语的统摄性表达、"单元学习/研习任务"的设置。我们需要看到这一变化,将现有教材的"内容单位"设计为"学习单位"。将单元视为一个完整的"学习单位"并做整体设计,单元就有了专题学习、项目学习的特质,表现性评价就大有用武之地。

---

① 格兰特·威金斯,杰伊·麦克泰格. 追求理解的教学设计(第2版)[M].闫寒冰,等,译.上海:华东师范大学出版社,2017:9.

　　本书第四部分提供了这样的实例。六年级上册第八单元,设计者范燕萍老师运用了核查表(针对背诵)、表现清单(针对文摘卡、思维导图、摘抄—赏析—仿写、小诗创作)和评分规则(针对手抄报)等表现性评价,并以此安排学习活动,让师生感受与传统很不一样的节奏和收获。

　　立足单元运用表现性评价,那些复杂的、需要持久理解的、整合多种智能的学习目标,才能得到重视和教学,学科核心素养才能得到培育。当今的中小学语文教学,"单元"(或专题、项目)是表现性评价实施最主要的层面。

(三)学年/学期层面

　　在这一层面上,那些更复杂的表现或成果、更综合的表现性任务或作业,均可以运用表现性评价,如小论文写作、课本剧的创作与表演等。在《〈论语〉选读》选修课程教学中,我们设计的小论文写作,运用了表现性评价。

　　基本的操作是:

　　(1)在模块学习之初,通过《学程纲要》告诉学生这一表现性任务。

　　(2)在学习过程中做好铺垫。采用三种铺垫方式:一是写点评,每课学习时,在书上空白处写下点滴思考和联想;二是写感悟,每一课(共15课)学完后,就此课整体内容或选择最有感悟的章节,写一篇300字左右的《论语》感悟;三是写随笔,每一主题(共4个主题)学习后,针对这一主题写一篇不少于500字的随笔。以此训练学生分析材料、提炼和表达观点的能力,加深对《论语》思想观点的认知,为小论文写作积累丰富的材料与经验。

　　(3)模块临近结束时,制作有关小论文写作的学案,其中包括课程标准要求、写作目标、表现性任务、评分量表、写作流程、小论文样例等。其中的评分量表,如表2-10所示。该量表开发于2008年,特征描述还很粗疏。

表 2-10　《论语》小论文的评分规则

等级 维度	A	B	C	D	E
选题理解 5分	选题切合《论语》选读内容,对选题具有自己的理解且是正确的		选题切合《论语》选读内容,对选题有较正确的理解		错误理解选题,或不符合《论语》选读内容
观点提出 15分	能根据选题,基于切实的理解和分析,提出鲜明且有说服力的观点		能根据选题,提出基本正确的观点,有一定的说服力		观点偏离选题,或虽没有偏离但存在比较明显的错误
材料运用 15分	能正确理解和运用《论语》选读的素材及其他材料,观点和理由之间富有逻辑性		能较正确理解和运用《论语》选读的素材,理由基本上能说明观点		对《论语》选读素材的理解有明显的错误,或没有运用

续　表

维度＼等级	A	B	C	D	E
结构安排 10分	阐述观点有条有理,结构安排符合论题要求,层次清晰,过渡自然		阐述观点较有条理,结构安排基本符合论题要求,层次比较清晰		结构安排不符合论题要求,或论文结构不完整,或层次混乱
语言格式 5分	语句通顺,语言有思辨性,格式符合小论文要求		语句基本通顺,用语和格式基本符合小论文要求		有较多语病,用语和格式不符合小论文要求

小论文的满分为 50 分,从五个维度评价作品,权重不一(5 分、10 分、15 分)。等级 B、D 不做描述：等级 B 是 A、C 描述的过渡阶段,D 是 C、E 描述的过渡阶段。等级 A～E 的分数等值递减,为 5～1 分,以此类推。

学生写完论文后输入电脑,再传给语文老师。教师收齐稿子后,抹去姓名打印,将两个班级交换并匿名评分。设定的评分程序为：(1)初评,分小组评阅若干篇,合议形成各篇得分；(2)二评,每大组均衡评分,如有不当,适当调整；(3)三评,由语文科代表、学习委员和三个大组长共 5 人,就全部论文做出最后评分；(4)终评,由语文老师最后确定得分,并公布。

经四轮评分,以教师微调的终评计算为准,105 篇小论文均分为 38 分,获得 40～50 分的篇数为 66 篇,占 63％,与教师通阅印象接近。

以上是模块层面(学习时间 9 周)单个表现性任务及评价的运用,实践的学校为浙江省一级重点中学,学生基础好。但我们坚信,也可以在学期或学年层面设计一个或多个表现性任务及评价。

三、评估结果的处理与交流

教学的意义在于促进学生有效的学习。要使学生有卓越的学习表现,不仅要让他们知道学习的高标准,还要让他们知道学习的结果,提供机会让他们改进不理想的结果,并指导他们改进。

(一)结果的处理

使用适当的评分方法评定学习的表现,它会产生一定的结果,我们的习惯是给出一个分数。然而数字不是表示成绩的唯一方式,我们还可以使用文字(评语)、图片、例子或其他方式(如面谈、展示)来传达结果的信息。

表现性评价,如运用整体评分规则,将呈现一个等级,如 A、B 或 C。这些等级,哪个算"达到"评分规则的要求,哪些算"超过""大部分达到""部分达到"呢？一般需要事先确定,如设 B 为达到,则 A 为超过,C 为大部分达到,D 为部分达到,F 为"近乎没有任何表现"。

运用分项评分规则的,将呈现各分项的等级,则有多个 A、B 或 C(作品上可粘贴该作品各分项等级结果的量表)。这时又该如何转换成为一个总的 A、B 或 C 呢? 最稳妥的方式,是根据评分规则来设定"逻辑规则",如 6 维度三点水平的分项评分规则,可设定:

> 总等级 A 等的下线:3 个 A+2 个 B+1 个 C。
> 总等级 B 等的下线:1 个 A+3 个 B+2 个 C。
> 总等级 C 等的下线:0 个 A+1 个 B+5 个 C。
> 总等级 D 等的下线:0 个 A+0 个 B+6 个 C。

这种处理,其逻辑规则的制订需要有些统计学的知识。如果不考虑"成绩综合"(见后文),其实不需要这样操作。因为经由评分规则的评价,学生可以拥有两个结果:(1)个人作品等级的信息(整体是一个,分项是多个);(2)作品与评分规则(含样例)的距离的信息,它可能是隐含的(只有个人作品与理想表现),也可能有明确的说明(如由同伴、教师乃至学生个人提供的评语)。

(二)结果的反馈

反馈不是多表扬,再来一点批评和建议。表扬能让学生觉得很满足,使学生得到鼓励,但它不能帮助学生改进他们的表现。

那么,什么是反馈呢? 格兰特·威金斯说:"反馈是关于此人做过什么的信息,是根据此人的行动——意图与结果,对现实表现与理想表现进行比较得出的。"[1]在表现性评价中,"现实表现"就是学生的作品(或过程表现),而"理想表现"就是评分规则(广义含学习目标、表现性任务与表现性准则)。

如前所述,当学生明白"作品与评分规则(含样例)的距离"的时候,反馈即为学生获得。比如写作的反馈,就是让学生弄清楚哪些地方需要修改、怎样修改。究其实质,反馈就是提供给学生自我审查的信息。不同反馈类型的效果,如表2-11[2]所示。

---

① 格兰特·威金斯.教育性评价[M]."促进教师发展与学生成长的评价研究"项目组,译.北京:中国轻工业出版社,2005:44.

② 罗伯特·J.马扎诺,詹尼弗·S.诺福德,戴安娜·E.佩恩特,等.有效的课堂教学手册[M].杨永华,周佳萍,译.北京:教育科学出版社,2008:5.

表 2-11　不同反馈类型的效果

来源	课堂评价的反馈特点	研究数量	效应规模	学生成绩得失百分点位
Banger-Drowns，Kulik，Kulik，Morgan(1991)	正/误	6	−0.08	−3
	提供正确答案	39	0.22	8.5
	学生理解和不理解的标准	30	0.41	16
	解释	9	0.53	20
	重复到正确为止	4	0.53	20
Fuchs，Fuchs(1986)	用图表展示结果	89	0.70	26
	用规则评价(阐释)	49	0.91	32

表现性评价的反馈属于"用规则评价（阐释）"，是所有类型中效果最好的。

一般来说，有效的反馈应：(1)针对学习目标；(2)明确学习表现的现状，以及与学业成功的距离；(3)清晰，不仅让学生知道所获得的等级，还应提供关于表现状况的具体清晰的细节；(4)及时，或在表现之后给出，或在评价活动期间给出；(5)持续的，以便达到不断完善与改进的效果；(6)基于学习者的理解水平和改进的可能性，触发学生自我评价和行动。

(三)补救学习(教学)

补救学习，是有效反馈的逻辑发展。有效的反馈，可以让表现者修正他们的表现，以达到标准。一个人也只有知道了自己是如何表现的，自己现有表现与理想表现的距离，才能改进或尝试改进自己的表现。

补救教学，可以提供针对性强的练习，并给予详尽的反馈，以使学生知道怎样在下一次改进自己的表现。如一次朗读、一次写作后，依据反馈信息再做第二次、第三次的练习，以不断接近学习的目标。

但要注意，语文学习受学业基础、天赋能力的限制，不可强求每一位学生都表现得一样出色。无限度的补救教学，将会导致学习负向心态的积聚，反不利于补救，要允许学生与学习目标的差距存在。在达成学习目标的过程中，也要允许学生把握自己的学习进程，允许学生之间有差异。

在补救教学中，要给学生提供分享自己成功经验的机会，以此引发同伴互助、合作学习等学习行为。

(四)成绩的综合与交流

一个阶段学习结束，需要对这一阶段的学习与评价情况进行汇总，生成阶段学习信息的材料——成绩单、报告卡或档案袋。

1.成绩单

传统纸笔测试的综合,可以通过计算总分、平均分和加权处理等方式,最后以成绩单的方式提供给各类用户(学生、家长或招生录取单位)。这种简单分数(真分数)理论,大家都比较熟悉,也无需更多的技术学习。

表现性评价的成绩综合,就需要基于不同分析目的,借助因素分析模型、项目反应模型等[①],处理各次评价的权重。这些都比较繁杂,笔者也并不熟悉,此从略。其实,对于成绩的综合,就是把大量表现性评价的信息一层层地压缩成单独的一个小符号,那些细节性信息都荡然无存了。

与其在学期结束如此繁复地处理,还不如在学期(模块)学习伊始,就约定成绩综合的方式。且看《〈论语〉选读》课程"作业和评价"设计[②]:

> •过程表现与作业。(1)平时学习表现,分 A、B、C、D、E(分别赋 5 分、4 分、3 分、1 分、0 分);(2)篇章背诵,每课(次)5 分;(3)《论语》随笔,4 篇 80 分;(4)小论文,1 篇 50 分。
>
> 模块结束时累计总分,得分率 90% 及以上为 A(优秀),80%~89% 的为 B(良好),70%~79% 的为 C(合格),不足 70% 的为 D(需努力)。
>
> •课程测试。测试内容包括对课本中所选《论语》原文的字词句理解、内容理解和评价、章法技巧的欣赏点评、指定背诵篇章的默写。测试形式为闭卷笔试,题型有选择题、填空题、古文翻译题、简答题,满分 100 分。
>
> •学分认定。过程表现等级合格及以上,且模块测试在 60 分及以上,将获得模块预定学分。否则,须按学校规定补修或补考。

这样操作的前提是,教师需对学期(模块)做总体的规划,规划作业(特别是表现性评价)的总量、分值。

2.报告卡

与成绩单相比,报告卡可提供更详细的学业信息,比如各学习领域的等级、学生个体纵向发展水平的信息等。

报告卡上的项目、内容,各不相同。下面是美国威斯康星州麦迪逊市林肯小学(Lincoln Elementary School,Madison,Wisconsin)的报告卡,有关阅读、语言艺术与写作部分的,如图 2-9[③] 所示。

---

① 马克·威尔逊.基于建构理论的量表设计[M].黄晓婷,译.长沙:湖南教育出版社,2020:73-96.

② 林荣凑.基于标准的语文教学[M].重庆:西南师范大学出版社,2020:188.

③ 理查德·J.斯蒂金斯.促进学习的学生参与式课堂评价(第 4 版)[M]."促进教师发展与学生成长的评价研究"项目组,译.北京:中国轻工业出版社,2005:344.

林肯小学五年级

E＝优秀(Excellent)　　　　　　　　S＝满意(Satisfactory)

P＝有进步(Making Progress)　　　　N＝需要进步(Needs Improvement)

阅读

· 使用的阅读材料

· 理解所读的材料

· 能把读到的内容写下来

· 准确、准时地完成小组阅读

· 显示出对阅读的兴趣

阅读技能

· 解释生词

· 理解生词

独立阅读的水平

(低于　等于　高于)年级水平

语言艺术

· 有效地运用口语

· 认真倾听

· 掌握一周一次的拼写任务

写作技能

· 把写作看作一个过程

· 先列出一个大纲

· 进行有意义的修正

· 写出编辑过程的、可辨认的最终草稿

编辑技能

· 字母大小写

· 标点符号

· 使用完整的句式

· 分出段落

· 会查字典

写作技能水平

(低于　等于　高于)年级水平

图 2-9　林肯小学的报告卡(部分)

其中包括更小的学习领域,每个领域都有几条评价标准,教师根据从 E(优秀)到 N(需要进步)这样的等级来评定学生的学业水平。

就语文来说,我们设计的报告卡,可将语文学习分解为写字与识字、阅读与鉴赏、表达与交流、梳理与探究等领域,再基于年级的课程目标建立评价项目和标准。报告卡应对学生语文能力和各学习领域的水平进行描述,这种描述能在教师、学生、家长之间获得一致的理解。

3. 档案袋

艺术家制作他们的作品档案袋时,会把他们创作的艺术成果汇集在一起。新闻记者收集他们的文章样本时,也是把他们的作品汇编成一个统一的整体。因其不同的选录标准,档案袋包括珍品档案袋、成长档案袋、学习计划档案袋、现状报告档案袋等类型。

对档案袋做出评价,是表现性评价的一种形式。在有关评价的专业著作中,"档案袋(评价)"和"表现性评价"两个概念常被放在一起讨论,《普通高中语文课程标准(2017 年版)》正是如此,见链接 1-1。

将档案袋和表现性评价结合使用,可以相互促进、相得益彰。通常的做法是,让学生或教师自己,把学生的作业样例(特别是表现性评价的成果)收集在一起,到一定时间,就建成了一个成长档案袋,一个学生的作业和表现的合集,可以代表学生的学业成绩,可以从中看到学生的不断进步。

借助档案袋,学生能始终保持对自己不断变化的学业的了解,不断走向一个又一个的学业上的进步。这也就是促进学习的评价。

四、表现性评价的学生参与

传统的观点,评价权只是管理学校和课堂的成人(教师、校长等)才拥有的。然而,2001 年颁布的《义务教育语文课程标准》即已提出"应注意教师的评价、学生的自我评价与学生间互相评价相结合"。如何让课标的期待落地,让学生参与到表现性评价中来,是评价实践的重要课题。

让学生参与评价,并不只是让学生交换作业相互评分这一种方式。斯克里文(Scriven)区分了学生在评价中的不同参与程度。从表面的参与水平开始,向各个水平递进描述了学生的参与情况①:

- 参加测验,得分;
- 在教师的要求下提出改进测验的建议;
- 建议可能的评价方法;
- 实际制订评价方案;
- 帮助教师修订评分规则;
- 创建自己的评分规则;
- 应用评估规则来评估自己的表现;
- 开始理解评价和评估是怎样影响自己的学业成就的;
- 开始理解自己的自我评价与教师的评价以及自己的学业成就之间的关系。

在传统的评价中,绝大部分学生的参与程度停留在第一级水平,偶尔可以达到第二级水平,达到第三级水平的就比较稀少了。在表现性评价(评分规则的运用)中,学生的参与程度最起码可达到第七级水平,在高质量的表现性评价中,甚至可以达到第八、九级水平。下面介绍四种让学生参与评价的方式。

1. 让学生使用规则给作品评分

评分规则包括表现维度、各等级的表现特征描述和作业样例,学生清楚"成功"的标准,便可以让学生运用评分规则来给作品评分,操作步骤如下。

(1)提供评分规则(包括样例),引导学生阅读、理解。

(2)给学生 5～10 份作业,最好是教师业已评价的,能代表各等级水平的,但

① 理查德·J.斯蒂金斯.促进学习的学生参与式课堂评价(第 4 版)[M]."促进教师发展与学生成长的评价研究"项目组,译.北京:中国轻工业出版社,2005:34.

要抹去上面的分数与评语。

（3）让学生个人或小组给这些作业评分，评后交流评分及理由，获得对评分的基本认同，并理解评分规则。

（4）给自己的作业评分。

（5）修改自己的作业并完善作业。

操作中，要给有学习障碍的学生更多指导，保证他们在当前的学习水平上，有自己的体悟，并力所能及地完善作业。

2. 让学生参与规则的制订

这种方式，让学生的参与强度更进一步。让学生参与到自下而上的评分规则制订中去，让学生理解不同能力水平的关键特征，操作步骤如下。

（1）教师做好作业准备，并对要制订的规则有自己的思考。

（2）提供一组匿名的、不同等级水平的作业，如果是书面的作业，最好是打印稿，以免受外在文面的影响（除非是将文面纳入评价的）。

（3）让学生个人或小组给这些作业分组。

（4）让小组讨论分组的依据，罗列出表现的维度、特征。

（5）教师出示自己的评分规则，并与学生的分析结果进行对照。

（6）小组合作制订评分规则，从作业中确定样例。

（7）必要时，可选取另一组作业试评，再修订规则。

这是一种深度参与评价的方式，尽管比较费时，但"物有所值"，学生也会乐于参加到规则的制订中，如链接 2-5 所示。

3. 让学生自己制订规则并评分

经由上两种方式的训练，一段时间后，便可采用这种方式，操作步骤如下。

（1）布置学生一个作业或任务，让学生按照自己的理解去完成。

（2）让学生互相交换作品，并制订评分规则。要预测学生的制订水平，有时只需列出评价的维度并说明理由。

（3）让学生使用自己制订的评分规则，给小组其他成员的作品评分。

（4）小组或全班组织讨论，形成对该项作业或任务的评分规则的共识。

（5）根据共识修订自己的作业或任务。

这种方式，制订评分规则并非目标所在，重要的是培育对作业或任务完成水平的反省认知，丰富学生的元认知策略，将评价作为一项学习内容。

4. 让学生编制任务与评分规则

在斯蒂金斯看来，无论是选择性反应评价、论述式评价，还是表现性评价、交流式评价，都可以让学生参与到作业、任务或提问的编制中来。

表面上看，这是一种设计评价的活动，实际上是一种学习。传统纸笔测试中，早有教师让学生命题的实践，表现性评价亦应该可行。就表现性评价来说，应当从让学生明确学习目标、表现范围开始,再来编制针对学习目标的、足以反映表现水平的任务,设计表现性准则与评分规则。此后的操作视学情而定,可将学生拟制的任务与规则,投放到真实的教学中去,让学生参与教学的设计(链接2-5)。

链接 2-5　教学生像作家一样说话和思考

朱迪思·阿特提出把写作六要素教给学生的七条策略。下面介绍第一条策略"教学生像作家一样说话和思考"(第一天该怎么做)。

1. 问问学生在读过的书里,他们都喜欢什么内容? 是什么原因使他们愿意去看这本书? 在黑板上列出所有提到的特点。

2. 给学生朗读基本适合他们年龄的(简短的)书,每读完一本书就问他们:这本书是否让他们对什么是优秀的作品了解得更多? 把这些也写在黑板上。

3. 朗读几篇匿名的往年的学生作文,或者使用另两篇文章(《红杉林》和《狐狸》)。让学生分组讨论哪篇文章更好,让他们列出选择的理由,把这些评价也列在黑板上。

4. 告诉学生,他们已经有了一个很好的要素清单,问他们是否想看看老师认为写作的哪些要素是重要的。

5. 向学生展示老师的评价列表,看看与学生列出的要素清单有什么相似之处。学生通常会惊异于这种很高的相似程度,对许多学生来说,这也是他们第一次走进合格表现的神秘之地。

6. 告诉学生,今年你将要教给他们老师在评价作文时所使用的写作的表现性准则。

来源:朱迪思·阿特,杰伊·麦克塔尔.课堂教学评分规则:用表现性评价准则提高学生成绩[M]."促进教师发展与学生成长的评价研究"项目组,译.北京:中国轻工业出版社,2005:80-87.

第一、二章的重心，是"表现性评价"。尽管我们尽可能以语文学习为例阐释了表现性评价的学理和技术，但还不足以呈现"中小学语文"表现性评价的整体。本章将以课程标准厘定的语文学习领域为经，以各领域表现性评价的路径和方法为纬，粗线条勾勒"领域实践"的面貌。

图 3-1 套用了 James Jenkins"学习四面体模型"。其中的"教学与学习活动"四种类型，正是课程标准厘定的四类语文学习或实践活动（普通高中只强调后三类）。鉴于我们缺少对"识字与写字"领域表现性评价的研究，又深觉"项目式学习"可整合各领域且具有时代价值，故而本章讨论"中小学语文"表现性评价的领域涉及阅读与鉴赏、表达与交流、梳理与探究、项目式学习。

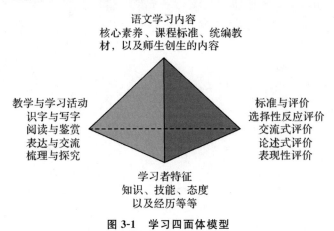

语文学习内容
核心素养、课程标准、统编教
材，以及师生创生的内容

教学与学习活动
识字与写字
阅读与鉴赏
表达与交流
梳理与探究

标准与评价
选择性反应评价
交流式评价
论述式评价
表现性评价

学习者特征
知识、技能、态度
以及经历等等

图 3-1　学习四面体模型

从图 3-1 看，用以评价各领域的方法有多种。表现性评价只针对复杂的技能表现和高阶认知，且需考虑语文学习不同内容和学习者不同的特征，这样的表现性评价才是有效的。故而，这一模型也是任一领域评价实践的思维支架。

第一节 阅读与鉴赏

最早将"阅读与鉴赏、表达与交流、梳理与探究"三类语文学习活动并列表达的是《普通高中语文课程标准(2017年版)》。新颁布的《义务教育语文课程标准(2022年版)》添加"识字与写字"形成四类并列。普通高中阶段依然有"识字与写字"的学习任务,只不过与义务教育阶段相比,没有那么突出而已。

"阅读与鉴赏"是最重要的语文学习领域,却又是评价操作最困难的领域。叶圣陶先生说:"写作程度有迹象可寻,而阅读程度比较难以捉摸,有迹象可寻的被注意了,比较难捉摸的被忽视了。"[①]美国评价专家格兰特·威金斯也说:"不论使用何种测试的方法,它都难以评价阅读的理解力。"[②]

本节将从阅读的基本原理谈起,分析课程标准的相关表述,提供"阅读与鉴赏"领域表现性评价的三条路径,最后就"论述题"的评分做些讨论。

一、阅读的基本原理

(一)阅读运行的一般机制

如前所述,阅读的运行机制远未揭示清晰,但有关的探索一直在推进中。王荣生依据"从稍微狭窄一点的意义上来说,阅读意味着它是对某一特定文本进行解码和解释的具体而自愿的行为"(《作为话语的新闻》)这一表达,提炼了一个阅读图[③],我稍加改造,形成图3-2。

图3-2 阅读一般机制示意图

学生(特殊的读者)面对某一特定的文本,运用他已经具有的阅读能力和百科知识(社会经验)对文本进行解码和解释,获得不同水平的理解与表达(口头的、书面的或展示的)。作为评价(含测试),就是通过设置的阅读试题或任务,引

---

① 章熊.中国当代写作与阅读测试[M].成都:四川教育出版社,2000:279.

② 格兰特·威金斯.教育性评价[M]."促进教师发展与学生成长的评价研究"项目组,译.北京:中国轻工业出版社,2005:72.(另第28、116页有类似的表达)

③ 王荣生.依据文本体式确定教学内容[J].语文学习,2009(10):33.

出学生的"表达"（反应、表现），从而反推学生阅读过程和行为，即：某一特定文本→试题或任务→学生反应→（推知）学生阅读过程和行为。

国外也不乏对阅读本质的探索。美国的"阅读指导体系"（Guided Reading，简称 GR）采纳了玛丽·克莱（Clay M.）的观点，认为阅读的过程是一种信息处理过程，是获得和处理各种不同类型的信息、得出结论的过程，如图 3-3① 所示。

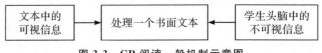

图 3-3　GR 阅读一般机制示意图

"文本中的可视信息"包括：

- 视觉符号知识，如字、词等；
- 印刷的知识，如从左至右的书写规则，排列、布局，斜体、黑体等字体形式的运用等；
- 文本工具知识，如组织工具（序言、目录、索引、标题）和信息工具（题注、词汇表、附录）等；
- 文本审美方面的知识，如插图的欣赏、各种图表信息的识别、文本整体的艺术欣赏等。

"学生头脑中的不可视信息"包括：

- 语言知识，如语音、词法、句法、词汇、语义等方面的知识；
- 内容知识，如事实、概念、信息类型、形象等；
- 个人体验方面的知识，如情绪体验，关于人物、事件等的各种相关记忆，感官影像，文化知识，等等；
- 文本的知识，如各种类型文本的结构，如何整合文字和插图信息，各种文体的知识，等等。

如此看来，阅读过程是读者所能看到的文本内容与形式方面的所有信息和读者头脑中潜在的各种信息之间交互作用、形成意义的过程。对同一特定的文本，不同阅读发展水平的学生，其获得和处理信息的广度、速度、深度是很不相同的。相比图 3-2，图 3-3 更细致地揭示了阅读的一般机制，告诉我们：镶嵌于阅读过程中的表现性评价，就在于通过评价、发展学生"头脑中的不可视信息"，使学生对"文本中的可视信息"的解码和解释更有效、更高效。

---

① 转引自：叶丽新. 读写测评：理论与工具［M］. 上海：上海教育出版社，2020：88.

(二)阅读教学和评价的思考支架

单是了解阅读的一般机制是不够的,我们还需要发展出有关阅读教学与评价等方面的知识,这样才能更好地实践表现性评价。

按林恩·埃里克森(H. Lynn Erickson)等的观点,语文学科与视觉、表演艺术等学科类似,属于"过程驱动的学科",当然它并不排除"知识"(如同数学、历史学科),即"知识的结构和过程的结构是互为共生的"[①]。

为此,建构阅读教学和评价的思考框架,不应从知识(如 GR 提及的)着眼,而应从阅读能力出发,寻找发展和评价阅读能力的各种表征。按阅读教学最基本的四个向度,表 3-1 示例性地列举一般认识和普通高中课程标准的表述(对义务教育课程标准的分析,读者可参照该表进行)。

表 3-1 阅读教学和评价的思考支架

思考向度	一般认识	普高课标
文本类型	我国古今均十分重视体式。当今国际著名的阅读测评也关注体式且有不同分类:①虚构类—非虚构类,如 GR;②文学类—信息类,如 PIRLS、NAEP;③连续性—非连续性,如 PISA[②]	实用类、文学类、论述类;单文本、多文本、整本书;跨媒介、非连续性文本
技能方法	中国式的阅读技能或方法,如朗读、默读、略读、浏览、跳读、精读;圈点、批注、复述、知人论世、以意逆志……	精读、略读、浏览;笔记、评点
方式类型	有不同的建构,如复述性理解、解释性理解、评价性理解、探究(思辨/创造)性理解[③]	思辨性阅读、探究性阅读、创造性阅读
认知过程	相比我国重体式、轻认知过程,西方阅读更重后者,如 PISA 大致分阅读前(预测)、阅读中(信息定位、文本理解、评价反思)和阅读后(元认知)[④]	提取、加工、评价、应用;感悟、联想与想象、鉴赏评价、探究

---

① 林恩·埃里克森,洛伊斯·兰宁. 以概念为本的课程与教学:培养核心素养的绝佳实践[M].鲁效孔,译. 上海:华东师范大学出版社,2018:19,37.

② 这里列出的是大类,大类下还有亚类. 详见:叶丽新. 读写测评:理论与工具[M]. 上海:上海教育出版社,2020:20,92,164.

③ 这是为更好设计表现性任务的分类,参考了章熊《中国当代写作与阅读测试》第 314 页的分类。另可分基础性阅读、理解性阅读、信息性阅读、体验性阅读、探究/思辨性阅读,参见:林荣凑. 基于标准的语文教学[M]. 重庆:西南师范大学出版社,2020:67. 靳彤分基础性阅读、理解性阅读、检视性阅读、鉴赏性阅读、研究性阅读、批判性阅读,参见:靳彤. 阅读方法的整体设计与炼制[J].语文建设,2019(13):23-29.

④ 参见:代顺丽. 中西方阅读方法比较与互鉴[J].语文建设,2021(9):19-22. 识英文者可检索:OECD. *PISA 2018 Assessment and Analytical Frameworks*[EB/OL]. [2020-01-18]. http://www. oecd. org/pisa/pisaproducts/PISA-2018-draftframeworks. pdf. 2018:33.

表 3-1 列示的四个向度,在阅读教学与评价时均应关联考虑。不同的文本类型,如文学类与信息类,应确定不同的阅读与评价的目标,不同的目标也将影响方式或方法的选择,认知过程的表现也将有不同的呈现。

(三)阅读能力的构成

这是"阅读与鉴赏"领域最多被讨论的,且这种讨论往往是超文本类型的。我们有必要理解相关的研究,并构建自己的理解,因为无论是教学还是评价,阅读的方式类型、认知过程和能力层级,都是试题或任务设计的三大支架。

有关阅读能力的层次,研究者甚众,章熊先生对 2000 年前的研究成果做了梳理,可参见其《中国当代写作与阅读测试》一书[①]。这里,我们吸收多家研究成果,结合我国语文课程标准的表述,构建了阅读能力的层次,如表 3-2[②] 所示。

表 3-2　阅读能力的层次

阅读层次	基本含义	内容概括	评价方式
1. 认读感知 (是什么—初步理解)	对文章的字词句及篇章整体的最初的、直接的理解,属于复述性理解	(1)对词句语义的辨析;(2)迅速捕捉关键性词、句、段,以求获取最基本的信息和一般的理解	1. 选择式反应:选择题、判断题、匹配题和填空题
2. 阐释整合 (为什么—进层理解)	根据一定要求,将读物的内容转化为自己的语言(解码),属于解释性理解	(1)挖掘重要词句含义(表层、深层);(2)解释读物各局部与整体的关系(结构、思路等);(3)概括主旨和观点态度(内容要点、中心意思等);(4)对文中信息的筛选和重组	2. 交流式评价:提问、讨论、朗诵、演讲、辩论
3. 评价鉴赏 (怎么样—深度理解)	在分析基础上对读物的内容、表达形式进行鉴别、欣赏和评价,属于评价性和鉴赏性理解	(1)辨析实用性、论述性文本的文体特征、主要表现手法和语言特色;(2)鉴赏文学文本的形象、语言、表达技巧等;(3)评价文章思想内容和作者的观点态度、价值判断和审美取向	3. 论述式评价:简答题、论述题
4. 探究拓展 (如何用—实践应用)	超越文本,质疑探究并产生新见解,属于探究性、创造理解	(1)对某个问题进行质疑探究;(2)对阅读内容和阅读形式的拓展应用;(3)复制或创作	4. 表现性评价:过程表现与成果

表 3-2 偏重于描述高中学段的阅读能力,但其框架适合中小学语文教学的各个学段、各种文类,当然各学段、文类的重心并不一致。一般来说,"阅读能力的目标,低年级容易具体,高年级比较困难"[③]。从实用的角度来说,依据表 3-2

---

① 章熊.中国当代写作与阅读测试[M].成都:四川教育出版社,2000:279-310.

② 林荣凑.基于标准的语文教学[M].重庆:西南师范大学出版社,2020:66.

③ 章熊.中国当代写作与阅读测试[M].成都:四川教育出版社,2000:280.

的框架,低学段的阅读重心可放在"认读感知""阐释整合"上,陈述的目标可以比较具体,且要更重视阅读技能(如朗读、默读等)的培养,但并不意味着低学段的阅读不需要培养"评价鉴赏""探究应用"等高层次能力。

二、课程标准的相关表述

课程标准有关"阅读与鉴赏"等领域的表述,主要见于课程目标、课程内容与学业质量等部分。这里仅就普通高中课程标准有关该领域的表述做个粗浅分析,且只分析其学业质量水平第 2 与第 4 部分。

表 3-3 普通高中课程标准的"阅读与鉴赏"

维度	水平描述
语言建构与运用	2-1 能凭借语感,结合具体语境理解重要词语的隐含意思,体会词句所表达的情感;能用多种形式整理、记录自己学习、生活中的所得(阐释整合,据表 3-2"阅读层次"注,下同) 4-1 能敏锐地感受文本或交际对象的语言特点和情感特征,迅速判断其表达的正误与恰当程度,察觉其言外之意和隐含的情感倾向(阐释整合,评价鉴赏)
思维发展与提升	2-2 在理解语言时,能区分主要信息和次要信息,理解并准确概括其内容、观点和情感倾向;能对获得的信息及其表述逻辑做出评价;能利用获得的信息分析并解决具体问题(阐释整合,评价鉴赏,探究拓展) 4-2 在理解语言时,能准确、清楚地分析和阐明观点与材料之间的关系;能就文本的内容或形式提出质疑,展开联想,并能找出相关证据材料支持自己的观点,反驳或补充解释文本的观点;能比较、概括多个文本的信息,发现其内容、观点、情感、材料组织与使用等方面的异同,尝试提出需要深入探究的问题;能用文本中提供的事实、观点、程序、策略和方法解决学习和生活实际中遇到的具体问题(阐释整合,探究拓展)
审美鉴赏与创造	2-3 喜欢欣赏文学作品;能整体感受作品的语言、形象和情感,展开合理的联想和想象;能对作品的内容和形式做出自己的评价;在文学鉴赏中,有正确的价值观,有追求高尚审美情趣和审美品位的意愿(评价鉴赏) 4-3 在鉴赏活动中,能结合作品的具体内容,阐释作品的情感、形象、主题和思想内涵;能对作品的表现手法做出自己的评论;能比较两个以上的文学作品在主题、表现形式、作品风格上的异同;能对同一个文学作品的不同阐释提出自己的看法或质疑;在文学鉴赏和语言表达中,追求正确的价值观、高尚的审美情趣和审美品位(评价鉴赏,探究拓展)
文化传承与理解	2-4 能理解语言文学作品中涉及的文化现象和观念;能理解和包容不同的文化观念;能运用所学的知识对学习中遇到的一些文化现象发表自己的看法(阐释整合,评价鉴赏) 4-4 能在阅读和表达交流中探析有关文化现象;能结合具体作品,分析、论述相关的文化现象和观念,比较、分析古今中外各类作品在文化观念上异同;能综合运用所学的知识,对自己感兴趣的某些语言、文学、文化现象及社会热点问题进行专题探究(探究拓展)

课程标准的"学业质量水平"描述，相当于一份宏观的分项分等评分规则。经由表3-3括号内的粗线条标注，我们能感觉到水平2(学考水平)、水平4(高考水平)的层级差异，而标注提示我们，越是高层级表现，越可采用表现性评价。顺便一说的是，这些标注或与课程标准"命题指向"的表述——"阅读与鉴赏"侧重考查整体感知、信息提取、理解阐释、推断探究、赏析评价等内容不太一致，但可参证并明确认知过程与教学评价关联之重要。

三、表现性评价的路径

那么，在语文学习的"阅读与鉴赏"领域，该如何实践表现性评价呢？以我们的研究，有三条思考的路径。

(一)按外在表现方式——口头、书面、展示

"阅读与鉴赏"是一种隐性能力，我们需要通过口头、书面、展示等外在表现方式揭示出来。对此，表1-3已做了勾勒。由于书面表达受写作技能影响较大，故而低年级学生，宜多采用口头、展示的方式，高中学生则宜多采用书面的方式。王蓓伦老师提出，小学表现性评价可以采用让学生"说出来""写出来""画出来""演出来"等形式，下面是文中一个实例[①]：

> 二年级上册《难忘的泼水节》中有这样一个句子："周总理身穿对襟白褂、咖啡色长裤，头上包着一条水红色头巾，笑容满面地来到人群中。"课文中这段对周总理穿着和神情的描写，很值得学生模仿、学习。这篇课文中还有一张精美的插图，画的是周总理身穿傣族服饰与傣族人民共度泼水节的情景。仔细观察图片后，模仿课文中的语句进行说话练习，将对学生以后的看图写话起到积极作用。因此，我设计了"根据插图，能够有顺序地描写人物的穿着和表情"这一评价标准。

文言文的阅读教学，是中学(特别是高中)语文教学的重点和难点。课程标准要求从"阅读浅易文言文"(七至九年级)到"尝试阅读未加标点的文言文。阅读古代典籍，注意精选版本"(普通高中，选修)。从"流畅层"(低阶目标)到"理解层"(高阶目标)[②]，对表现性任务的设计至关重要。

归有光《项脊轩志》收入普通高中选择性必修下册，对于高二的学生，其"流

① 王蓓伦.表现性评价：助力学生言语智慧培养[J].教育视界,2021(5):26-29.

② 阿德丽安·吉尔.阅读力：文学作品的阅读策略[M].岳坤,译.南宁：接力出版社,2017:3.

畅层"阅读难度并不大,但如何进入"理解层",表现性任务和表现性评价显得十分关键。有老师专门设计了"项脊轩重建"任务①:

　　1. 为项脊轩重建做一份选址和格局(环境)说明;

　　2. 如果要重现当年情境,哪几个场景(生活片段)必不可少,提供描述性方案;

　　3. 如果故居中要陈列人物雕塑,会安排哪些人物,对其姿态神情做出描述;

　　4. 写一篇《项脊轩修复记》或《项脊轩开放前言》。

这一设计,基于"项脊轩重建"的情境,将阅读与鉴赏的内在目标转换为具体可行的口头、书面、展示等表现,尽管情境与任务是虚拟的,但足以引导学生的阅读走向深度,且始终保持学习过程中的兴趣。

(二)区分"过程"与"成果"的路径

换一个角度,从表现的"过程—成果"看,又可获得新的路径。

　　•表现过程/技能:阅读习惯、阅读速度;朗读、默读、跳读;网络查询;跨媒介阅读。可较多运用于低年级,用表现清单。
　　•表现作品/结果:圈点勾画、注释评点(可从第二学段起);思维导图;作品评论、鉴赏短文;等等。可用表现清单、评分规则。

本书范燕萍老师的案例,对六年级上册第八单元(鲁迅先生)的阅读与鉴赏设计,将背诵、思维导图、赏析仿写片段、仿写《有的人》小诗等活动或作品,层层推进形成性评价,最后整合成手抄报,以终结性评价来判断学生的掌握程度,就是基于学习过程的表现和成果来设计的。读者可参看第四章。

下面简要描述八年级上册第五单元(事物性说明性文章,内含《中国石拱桥》《苏州园林》《蝉》《梦回繁华》等文本)的单元设计②,看如何将表现过程与成果结合,以表现性评价促进、推进学习。

---

①　陈兴才.从"意图"到"实现":统编高中语文教材使用中思考的几个问题[J].基础教育课程,2020(2):11-16.

②　林荣凑.单元设计的价值、视点与尝试性模板[J].语文建设,2019(13):34-38.

【单元名称】事物性说明文的阅读与写作

【单元目标】

1. 尽可能充分地利用教材的阅读材料，学习说明文阅读的基本技能。

2. 运用比较阅读、探究验证等方式，修正完善"说明文知识导图"，并能运用相关知识写作、修改简单的事物类说明性文章，做到明白清楚。

3. 培育说明性文章阅读与写作的兴趣，在课内外阅读《昆虫记》等读物，分享阅读成果。

【情境与任务】

各位同学小学或许学过《鲸》《松鼠》《新型玻璃》等说明性文章，进入初中，我们还是第一次接触。这里有一份"说明文知识导图"（略），其中有正有误有缺省。现在，让我们每个人扮演一位说明文读写研究的"准专家"，以本单元的阅读材料为例，修订完善这幅导图，并能根据阅读所得，试着写一篇500字左右的说明文章，以表明你是名副其实的"准专家"。

【评估设计】

1. 贯穿整个单元的表现性评价：一是完善"说明文知识导图"，二是完成作文提纲与成文，各课时技能性的表现性评价见各课时设计。

2. 一次单元综合性纸笔测试，涉及字词的音义、语段阅读分析、文段表达与修改等。

3. 对单元学习中阅读、笔记、作业、讨论等的表现做自评。

【学习计划】

第一课时：初识文体特点

[课时目标]比较阅读，初步感受说明性文章的文体特点。

[评价任务]说出三篇文章（《中国石拱桥》及课后《夜宿卢沟观晓月》《中国桥梁史料》节选）的异同，看表述的完整性、具体性、丰富性。

[学习活动]（省略，下同）

第二课时：抓住特征，多方面说明

[课时目标]勾画各段中心句，分析四篇课文，抓住特征、多方面说明特征的写法，画结构提纲。

[评价任务]文中标画的语句；四篇课文的结构提纲。

第三课时：说明方法，拟列提纲

[课时目标]分析四篇课文运用的说明方法，验证知识导图之"说明方法"；确定一个写作题，并尝试拟列提纲。

[评价任务]正确指认四篇课文的说明方法及作用；能指出知识导

图中的问题,并解释与修正;拟列的写作提纲。

第四/五课时:说明的语言,写作行文

[课时目标]分析四篇课文说明语言的运用特点,完善知识导图之"说明文的语言";根据拟列的提纲写出500字左右的说明文。

[评价任务]以四篇课文为例归纳说明语言特点;知识导图之"说明文的语言";说明文习作。

第六/七课时:纸笔测试,单元总结

[课时目标]自评、互评作文;纸笔检测;回顾检测、总结验证,完善知识导图。

[评价任务]自评、互评作文;纸笔检测;完善导图一稿(二稿待八下第二单元完成)。

第七/八课时:《昆虫记》阅读

班级商定阅读方式(全书通读或有选择性地跳读)、时间跨度。根据商定的阅读方式,班级讨论确定过程评价、成果评价的任务。即使课内时间紧张,也要安排1~2课时,用于导读、阅读过程中的检查和讨论,阅读活动的总结,确保共读整本书活动的进行。

(三)引入"学习性写作"

学习性写作,也称为认知性写作、学术性写作,即美国所谓的"写而学""通过写作来学习"。其具体形态如内容提要、续写改写等,从高中课程标准看,散见于除"当代文化参与""跨媒介阅读与交流""思辨性阅读与表达""跨文化专题研讨"外的14个学习任务群中。高中统编教材,也有大量的学习性写作形态。这些具体形态,参考布卢姆—安德森的认知过程维度分类(记忆、理解、运用、分析、评价、创造),按复杂水平由低到高排序,结果如表3-4[1]所示。

表 3-4　普通高中学习性写作的类型

类型	特征	写作形态
阐释型	提供事实和信息;按学习素材性质进行解释、概述、转换;不涉及联系	勾画圈点、词语档案、摘录、梗概、提要(内容提要、摘要)、综述
分析型	不仅提供事实和信息,还要对学习素材进行重组、分类、整合和补充;探索事物之间的联系	思维导图、札记(读书札记、语言札记)、读书报告
评价型	在分析的基础上,生发和阐述自己的观点;对学习素材进行鉴别、赏析和评说	评点(点评)、杂感、心得(阅读、演剧观剧心得)、作品评介、作品推荐、短文

[1]　林荣凑.学习性写作:特征、类型与实施建议[J].语文教学通讯,2020(11):31-35.

续　表

类型	特征	写作形态
创造型	在分析的基础上，对学习素材的某些问题（方面）进行探讨或设计替代方案	续写、扩写、改写（涉及后四十回写梗概）、视频脚本、演出台本

试以普通高中必修上册第二单元为例做简要说明。该单元人文主题是"劳动光荣"，收入三篇人物通讯、一篇新闻评论和两首古代诗歌。按"实用性阅读与交流"任务群的学习要求和教材单元的学习内容，可设计出下面的单元学习活动（括号内为学习性写作形态）。

　　1. 依次通读三篇人物通讯，边读边勾画圈点表现人物精神、作品观点的词句，在书页边概括人物行事。（勾画圈点，评点）

　　2. 制作一份表格，梳理三篇通讯的具体事件、人物精神和作者观点。（思维导图）

　　3. 阅读新闻评论《以工匠精神雕琢时代品质》，圈画表明作者核心观点、行文思路的词句，再用自己的方式画出该文的思维导图。（勾画圈点，评点，思维导图）

　　4. 从近期报纸或新闻网站上选择两三篇新闻评论，与《以工匠精神雕琢时代品质》进行比较浏览，小组合作讨论，拟定"怎样的新闻评论是好的"的若干标准。（拟定标准，是一种复杂的学习性写作。本活动隐含了勾画圈点、评点、思维导图等形态）

　　5. 从本单元三篇人物通讯中任选一篇，基于呈现的事实，选择一个角度，写一篇200～300字的新闻短评，写后用已拟定的标准互评。（短评）

　　6. 选择一份报纸或一个新闻网站，浏览一周的内容，从中选择三四篇自己认为比较优秀的新闻消息、人物通讯，再参与小组合作活动——草拟优秀消息与通讯的标准、撰写优秀消息和通讯推荐书，最后全班展示和交流。（拟定标准，作品推荐）

　　7. 阅读两首古诗，然后选择其中一首，改写为300字左右的新闻消息。可以社区小报通讯员的身份，设想新闻稿将发在社区微信公众号上。（改写）

　　8. 通过观察、访谈等手段了解身边的劳动者，尝试写一篇800字以上的人物通讯。写后进行班级交流，推选优秀作品向校内外媒体投稿，每篇都要附一份推荐书。（作品推荐）

本设计融合勾画圈点、评点、思维导图、短评、拟定标准、作品推荐、改写等学习性写作的七种形态，以此构建了由多堂课、多个活动、多个文本构成的单元学

习教学。表现性评价这种路径,不仅适合单篇教学、单元教学,也适合整本书阅读。比如下面《红楼梦》的阅读任务:

　　1. 脂砚斋对《红楼梦》有过这样的批语:"黛玉一生是聪明所误,宝玉是多事所误。多事者,情之事也,非世事也。……阿凤是机心所误,宝钗是博识所误,湘云是自爱所误,袭人是好胜所误……"请从中选择一个你熟悉的人物,结合具体情节谈一谈你对脂砚斋批语的看法,不超过 250 字。

　　2. 第六十四回描写黛玉悲题《五美吟》。有人说,黛玉的五美吟(吟西施、虞姬、明妃、绿珠、红拂),名为咏古,实为咏己,请说出你的看法。

其实,关于《红楼梦》的高考题,也是这样拟制的,如:

　　【2017 北京高考语文微写作题】请从《红楼梦》中的林黛玉、薛宝钗、史湘云、香菱之中选择一人,用一种花比喻她,并简要陈述这样比喻的理由。要求:依据原著,自圆其说。

　　【2018 北京高考语文微写作题】从《红楼梦》《呐喊》《平凡的世界》中选择一个既可悲又可叹的人物,简述这个人物形象。要求:符合原著故事情节。150～200 字。

不过,需要注意的是,这些评价方式都是有局限的。要求用书面成果表现阅读能力,对那些长于阅读思考而短于表达的学生,将是不公平的。同样,选用口头的表达,则我们可能错误地推断那些安静的学生缺乏文学的技能或理解。格兰特·威金斯说:

　　每个学生只需肤浅地了解全文及其写作背景都能引人注意地、有效地开展活动。如果某一学生只是扮演一位愤愤不平的贵族或剧作家,他或她只需对文本有一个有限的掌握就能扮演这一角色。……仅仅通过这项活动,即便在活动中我们能听到一些学生对文本的评论,但也根本不可能获得适当、足够的证据来说明每个学生对文本的理解。①

_____

　　① 格兰特·威金斯.教育性评价[M]."促进教师发展与学生成长的评价研究"项目组,译.北京:中国轻工业出版社,2005:28.

正是如此,格兰特·威金斯认为阅读"是最难以评价的表现性成就领域,因为对任何单个任务或表现类型的过分依赖都将使结果变得无效"[①]。

这是所有评价的困境,只是阅读评价尤甚。表现性评价对于具有综合性和实践性的语文课程来说,比其他评价方式更重要。但是,人类还不能直接深入大脑以揭示阅读的品质,那些有缺陷的评价方式的价值毋庸置疑。

四、"论述题"评分的讨论

从纸笔测试角度来说,题型不外乎两类:(1)选择性反应题,如选择题、判断题、配对题和填空题(答案唯一);(2)建构性反应题,如填空题(答案不唯一)、简答题、论述题和写作题,语文还有古文断句题、翻译题。

对简答题、翻译题的评分,我国常用"采点给分"的方法(核查表),观察其是否包括了评分的所有要点,这还可以接受。对论述题,提供的"参考答案"多半采用"言之成理即可",这有违论述题命制的宗旨——测试学生阅读高阶认知能力。毕竟,论述题最能考查学生运用知识分析和解决问题的能力,从语文学科来说,最便于训练和测试学生的鉴赏、评价、探究和书面表达能力。

当然也不乏变革的探索。湖南省在高考自主命题阶段,曾尝试测试鉴赏评价能力的论述题,如2006年以方令孺《在山阴道上》素材命制的:

> 从下列题目中任选一个,写300字左右的文章赏析。(16分)
> (1)简析《在山阴道上》谋篇布局的技巧
> (2)简析《在山阴道上》联想的巧妙运用
> (3)简析《在山阴道上》景物描写的特色

这样的论述题,用"采点给分"(核查表)自然是不合适的,可以用表现清单,即将回答分设若干维度,每个维度根据论述的水平在规定区间(如1~5分)内赋分。由此进一步发展,可以制订专用评分规则。之所以如此,是因为每道不同的论述题都有自己特定的回答要求,一定要详细地反映出评分的关键点。上述2006年湖南高考卷"文章赏析",当年为阅卷制作的评分规则与标杆文,是很典型的专用评分规则,值得语文教师和大规模、高利害测试命题者研究。

那么,能否为论述题建立一个通用的评分规则呢?我们来看斯蒂金斯的思考。他拟制了一个三点等级量表[②]:

---

① 格兰特·威金斯.教育性评价[M]."促进教师发展与学生成长的评价研究"项目组,译.北京:中国轻工业出版社,2005:116.

② 理查德·J.斯蒂金斯.促进学习的学生参与式课堂评价(第4版)[M]."促进教师发展与学生成长的评价研究"项目组,译.北京:中国轻工业出版社,2005:147.

3分　回答清晰,重点突出、准确。通过题目提供的背景知识,很好地论证了相关的知识点(希望掌握的知识、内容和希望实施的推理形式)。推断出知识点之间的联系,得出了重要的结论。

2分　回答清晰,有一定的重点,但是不够突出。对知识点的支持性论证是有限的。知识点之间的联系是模糊的,重要的结论很少。

1分　回答不切题,包含错误的信息,或者显然没有掌握所要求的知识内容。知识点不清晰,没有论证,和/或没有得出什么结论。

以上是整体的评分规则,借助它可以对学生的论述,做出一个整体的评估。NAEP也采用这种思路,为问答题设置通用的评分规则[①]:

3=充分的　学生的反应体现出其对文本的理解深入、细致,能依据文本中的多重信息做出恰当反应。

2=基本的　学生的反应体现出其对文本的理解较为可靠,能依据文中的部分信息做出恰当的反应。

1=有偏差的　学生的反应体现出其对文本的理解,但缺少文本信息的支持。

0=不恰当的　学生的反应体现出其对文本理解不够,做出的反应不恰当。

这两个通用的规则,可供借鉴:一是将其转化为分项评分规则,以用于日常教学;二是将两份超学科的评分规则学科化。从语文学科来说,论述题的通用维度可包括:(1)观点或结论的正确性与深刻性;(2)材料的可靠性、关联性与丰富性;(3)推理的合理性与层次性;(4)语言表述的清晰性。可据此具体地描述各水平表现的特征,建立语文论述题四维度评分规则。

除了以上所谈的核查表、表现清单、评分规则外,有关"论述题"我们有必要引入SOLO理论。SOLO是英文Structure of the Observed Learning Outcome的缩写,意为"可观察的学习结果的结构"。SOLO分类评价理论是香港大学约翰 B. 比格斯(John B. Biggs)等人首创的一种学生学业评价方法,是一种以等级描述为特征的质性评价方法,欲进一步了解其操作的读者,可以浏览《学习质量

---

① National Assessment Governing Board. *Reading Assessment and Item Specification for the 2009 National Assessment of Educational Progress*[EB/OL]. [2021-07-15]. https://www.nagb.org/,2011:31.

评价：SOLO 分类理论（可观察的学习成果结构）》[①]。

语文阅读教学与评价，已有这方面的探索。文学类文本阅读"情节"，可以有概括主要内容、梳理情节结构、推断情节发展等表现性评价点。可依据 SOLO 理论，开发如表 3-5 这样的"母表"[②]，再据"母表"开发"子表"——在特定文本的测试与评价中，指向特定任务的评分规则。

表 3-5　SOLO 理论与"情节"的表现性评价（部分）

内容指标	表现等级	表现指标
概括主要内容	前结构水平	内容概括与文本不相关
	单一结构水平	仅关注文本单一信息，概括内容不完整
	多元结构水平	能多角度关注文本信息，概括文本主要内容
	关联水平	能联系若干信息，并进行有机整合，准确概括文本主要内容
	拓展抽象水平	能综合关键信息及其相互关系，应用于新的学习情境
梳理情节结构	前结构水平	没能关注主要情节，对作者意图理解不清楚或有误
	单一结构水平	仅能把握某一主要情节，对作者意图理解不太清楚
	多元结构水平	能整体把握主要情节，基本能理解作者意图
	关联水平	能整体把握主要情节以及与情节间的关系，能准确理解作者意图
	拓展抽象水平	能准确理解作者意图，提炼并评价情节结构特征，并应用到类似情节的文本中

这是一种分层赋分的方法，基本构成要素包括水平层级、水平层级描述和回答样例。其中"水平层级描述"深入思维的内在结构，远胜于"采点给分"的机械处理方式。以 SOLO 理论指导开发评价标准，可以用演绎或归纳的方法。初习者建议用归纳的方法。"通过分析学生对开放性任务的各种反应，揭示不同个体的关键特征和理解方式，归纳为不同类型或等级，作为当前任务的评分标准。"[③]经验丰富者可用演绎的方法，依据学业质量标准和经验制作。

---

① 约翰 B. 比格斯，凯文 F. 科利斯. 学习质量评价：SOLO 分类理论（可观察的学习成果结构）[M]. 高凌飚，张洪岩，主译. 北京：人民教育出版社，2010.
② 钱荃，陈沛. 指向核心素养的文学类文本阅读表现性评价[J]. 语文建设，2021（11）：44-49.
③ 杨向东. 指向学科核心素养的考试命题[J]. 全球教育展望，2018（10）：39-51.

第二节 表达与交流

语文学习活动,是思维活动、情感活动与交际行为的同步与统一,是在具体的语言交际情境中进行的。本节将从交际语境的一般知识出发,分析课程标准的相关表述,然后讨论"表达与交流"领域表现性评价的操作。

一、交际语境的一般知识

经由荣维东等人的倡导,"交际语境写作"如今已颇有影响。

其实,这种写作范式,20 世纪 30 年代已为夏丏尊先生所注意。他曾推介日本文章学家五十岚力氏"六 W 说":(1)为什么作这文?(why)(2)在这文中所要述的是什么?(what)(3)谁在作这文?(who)(4)在什么地方作这文?(where)(5)在什么时候作这文?(when)(6)怎样作这文?(how)

夏丏尊先生说:"'谁对了谁,为了什么,在什么地方,什么时候,用了什么方法,讲什么话',诸君作文时,最好就了这六项逐一自己审究。所谓适当的文字,就只是合乎这六项答案的文字而已。"①

借鉴前贤和时人的研究,我们构建了交际语境的思考支架。

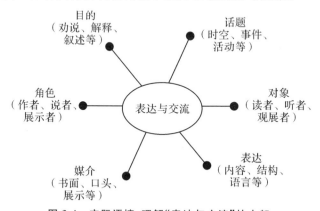

图 3-4 交际语境:理解"表达与交流"的支架

图 3-4 背后的"语境"含义,我们选择中观层面的理解,而非微观语境(上下文或文内语境)、宏观语境(社会文化语境),因而将交际语境分解出角色—对象、

---

① 夏丏尊.夏丏尊教育名篇[M].北京:教育科学出版社,2007:116.

话题—媒介、目的—表达三组六个元素，括号内是对某一元素最简洁的解释。

这里，有必要引入一个新的概念"语篇"。著名语言学家韩礼德认为，"语篇一词在语言学中指任意的语言片段，不管是口头语还是书面语，不论长短，只要他们表达一个完整的意思"，"语篇(Text)指你听到的和阅读的，你所说和所写的全部语言实例"[①]，这里所说的"语篇"包括口头的和书面的。我们认为，从信息传输的媒介看，还应包括"展示语篇"。

那么，有哪些"展示语篇"呢？美国霍邦(C. F. Hoban，1937)给视觉化教材做的分类，由具体到抽象列举了完全实景、实物、模型、电影、立体图形、幻灯、平面图像、地图、图解、词语等形式[②]。近百年来的科技高速发展，媒体形式更见丰富，其中蕴含的"言语"特质，是语文学习的重要内容。

经济合作与发展组织(OECD)的国际学生评价项目(Program for International Student Assessment，PISA)提出了"非连续文本"：

> 大多数非连续文本由许多列表组成。有些是单一的简单列表，但大多数由几个可能相互交叉的简单列表组成。非连续文本对象的示例包括列表、图形、广告、明细表、目录、索引和任务单。这些文本对象可以是固定的，也可以是动态的。[③]

这就不难理解《普通高中语文课程标准(2017年版)》为何设置"跨媒介阅读与交流"任务群了。该任务群提出，应让学生了解常见媒介与语言辅助工具的特点，掌握利用不同媒介获取信息、处理信息、应用信息的能力，学习运用多种媒介，展开有效的表达和交流。如此，增加"展示语篇"，使之与"口头语篇""书面语篇"等并列，既是完整的语文学习内容的需要，也是丰富表现性评价的需要(见表1-3)。

图3-4的交际语境支架，有很强的解释力。比如"读者意识"，NAEP就十分重视，认为读者意识是最重要的写作技巧之一；美国2010年颁布的《各州共同核心标准》(Common Core State Standards)的英语语言艺术标准，也同样强调表达要适合特定的目的、任务和读者。我们的语文教学，在设计表现性任务时(比如写作命题、口语交际活动设计)也要突出"读者意识"或"对象意识"，组织学生在真实情境下学习语文，以发展学生的语文核心素养。

---

① 唐纳德·韩礼德. 韩礼德语言学文集[M]. 长沙：湖南教育出版社，2006：400.

② 祝智庭. 现代教育技术：走向信息化教育[M]. 北京：教育科学出版社，2002：2.

③ OECD. *PISA 2018 Assessment and Analytical Frameworks*[EB/OL]. [2020-01-18]. http://www. oecd. org/pisa/pisaproducts/PISA-2018-draftframeworks. pdf. 2018：40.

二、课程标准的相关表述

我国语文课程标准有关"表达与交流"等领域的表述,主要见于课程目标、课程内容与学业质量等部分。这里,我们也只分析《普通高中语文课程标准（2017年版）》学业质量水平第 2 与 4 部分,读者可仿此分析义务教育课程标准的相关表述,具体如表 3-6 所示。

表 3-6　《普通高中语文课程标准（2017 年版）》的"表达与交流"

维度	水平描述
语言建构与运用	2-1 能发现语言运用中存在的比较明显的问题,并运用自己掌握的语言知识予以纠正 4-1 能敏锐地感受文本或交际对象的语言特点和情感特征,迅速判断其表达的正误与恰当程度,察觉其言外之意和隐含的情感倾向;能根据具体的语境和表达的目的、要求,运用口头和书面语言,文从字顺、准确生动地表达自己的真情实感
思维发展与提升	2-2 在表达时,能注意自己的语言运用,力求概念准确、判断合理、推理有逻辑 4-2 在表达时,讲究逻辑,注重情感,能综合运用多种表达方式,从多个角度、多个方面表达自己的理解和感受,力求做到观点明确,内容丰富,思路清晰,感情真实健康,表达准确、生动
审美鉴赏与创造	2-3 无 4-3 喜欢尝试用不同的语言表现形式表达自己的思想和情感,尝试创作文学作品。在文学鉴赏和语言表达中,追求正确的价值观、高尚的审美情趣和审美品位
文化传承与理解	2-4 能在自己的表达中运用富有文化意蕴的语言材料和语言形式,增强语言的表现力;关注当代语言文化现象,积极参与相关的多种语文实践活动 4-4 有通过语言学习深入理解、探究文化问题的浓厚兴趣和意愿,能在阅读和表达交流中探析有关文化现象;能主动参与语言文化问题的讨论和相关的社会实践活动

从表 3-6 看,《普通高中语文课程标准（2017 年版）》有关"表达与交流"表述的丰富性和系统性逊色于"阅读与鉴赏",且口头语言的强调也不如书面语言。有关"展示"的表述几乎阙如,"综合运用多种表达方式""不同的语言表现形式"或可充数。但从"交际对象""具体的语境和表达的目的"等表述看,是重视交际语境的。

三、写作的表现性评价

"表达与交流"的三种类型,以书面的（写作）最为传统语文教学所重视。运用表现性评价于写作,其历史可追溯到隋唐以来的科举考试,乃至汉代的文官选拔。考官对学子时务策和诗赋、文章等的评价,其实就是表现性评价。这并非说,写作的表现性评价业已成熟,恰恰相反,值得讨论的问题还很多。

(一)写作教学与评价的基本问题

有三个问题，几乎是讨论写作教学与评价的前置性问题，不解决极有可能"鸡同鸭讲"：写作核心素养的要素，文体类型，知识重建。

1. 写作核心素养的要素

国内外对写作的认识，大致有三种：(1)从结果上，把写作看作"写文章"；(2)从过程上，把写作看作"认知过程和问题解决"；(3)从功能上，把写作看作"自我表达和社会交流"。荣维东认为，基于不同的写作观，写作教学经历了"结果—文本"取向的写作→"过程—作者"取向的写作→"交流—读者"取向的写作等三种范式转型。[①]

之后，荣维东又通过其论著发展出写作核心素养指标框架[②]，即所谓的"三维框架"，并据此罗列了相关的核心要素、概念和策略，如表 3-7 所示。

表 3-7　荣维东三维框架的要素

维度	要素
语篇—结果	• 基本概念：主题、材料、内容、结构、构思、语言等 • 写作原理：围绕中心选择材料，详略得当，突出重点、细节，等等 • 语篇知识：词汇积累、词语选择、句式选择与变化、修辞知识、语体知识、段落知识、语篇结构、衔接连贯、表达技巧等 • 文体知识：实用文体、文学文体、日常应用文体及媒体文本等
过程—能力	• 过程知识：构思立意、创生内容、行文、修改和发布等策略 • 思维知识：形象思维、逻辑思维、创造性思维、批判性思维等 • 写作策略知识：头脑风暴、思维导图、自由写作、想象、关联、鱼骨图、列提纲、调查、采访、阅读、基于文献和网络资源等
任务情境	• 读者：关于读者的特点、类型、爱好、需求、禁忌等知识 • 目的：叙述、阐释、劝说、传达、记述、描写、审美、娱乐等 • 话题：自我、家庭、生活、自然、想象、社会、人生、精神、文化、世界、科技、经济、历史、娱乐、文学、教育、科幻等

这是笔者所见最丰富的核心指标列举，为写作教学和评价提供了清晰可行的指南。注意，"三维框架"并非是相互排斥的，而是可以实现良好的整合，即立足于交际的任务情境，发展写作过程的技能和能力，通过教学与评价助力学生达成理想的语篇表达结果。于写作的表现性评价来说，更多的落点可以设置在"过程—能力"和"语篇—结果"上，可参考后文所举的实例。

---

① 荣维东.谈写作课程的三大范式[J].中学语文教与学,2010(9):25-28.

② 参见：荣维东.交际语境写作[M].北京：语文出版社,2016.荣维东.写作核心素养范式发展与框架构建[J].语文建设,2020(5):4-8.

2.文体类型

表 3-7"文体知识"呈现了荣维东的一种建构,他期待写作能突破教三大教学文体,发展为广泛多样的功能性文体,这不无道理。

三大教学文体,即记叙文、说明文、议论文,源于 20 世纪初白话文初创时期。我国古代遗留下来的文体过于繁杂,不便于白话文的写作,夏丏尊、陈望道、梁启超等前辈,将西方"描写"(Description)、"记叙"(Narration)、"说明"(Exposition)、"议论"(Argumentation)四种表达方式转为文体。这在白话文教学的草创阶段功不可没,但其与真实文体(现实中实际存在的文体或文本的类型)有太大的距离,不利于教学与升学、就业和社会生活的接轨。有鉴于此,《义务教育语文课程标准(2011 年版)》即替之以记叙性文章、说明性文章、议论性文章。只是某些学者和一线教师始终偏执于教学文体。

笔者曾提出,写作具有表现、交际和学习三种功能,适用于义务教育到高中教育的写作类型,应包括学习性写作、文类写作、随笔写作三类,如表 3-8[①] 所示。

表 3-8　林荣凑新划分的三大文类

大文类	二、三级文类
学习性写作	阐释型、分析型、评价型、创造型,详见表 3-4
文类写作	·实用类写作:社会交往类、新闻传媒类、知识性读物类 ·论述类写作:感论型(如杂文、杂感、杂论、读后感)、评论型(如时事评论、文艺评论)、研究型(如学术小论文)、论辩型(如辩论词)、建议型(如建议书) ·文学类写作:小说、诗歌、散文、剧本、童话和寓言等[②]
随笔写作	日记日志、观察记录、叙事抒情等,文体和内容不限

表 3-8 的"学习性写作",应用的重心当置于"阅读与鉴赏",穿插于阅读教学和评价的过程中。"文类写作""随笔写作"[③]或有争议,这很可以理解。注意,新划分的三大文类,远比"三大教学文体"具有包容性、开放性。而诸如创意写作、

---

① 林荣凑.基于标准的语文教学[M].重庆:西南师范大学出版社,2020:89.

② 实用类、文学类写作,详见《普通高中语文课程标准(2017 年版)》。论述类写作,参见:林荣凑.论述文写作 16 课[M].杭州:浙江工商大学出版社,2018:4.

③ 有关写作类型,叶黎明老师有四分法——任务驱动型写作(着眼于写作能力的综合运用)、文体写作(着眼于文体写作能力训练)、教学写作(着眼于专项训练)、随笔写作(着眼于语感与风格的养成),见于其 2018 年讲座 PPT《高中写作教学的关键:培养批判性思维》。王荣生老师有三分法——随笔写作、任务写作、创意写作,见于《写作教学教什么》(华东师范大学出版社,2014 年)第 14 页。另,德国《德语高中课程标准》分信息类写作、阐释类和论证类写作、润色写作,其中润色写作,鼓励用传统散文、日记、诗歌、信件等各种形式表达审美感受,与我们的"随笔写作"相近,见叶丽新《读写测评:理论与工具》(上海教育出版社,2020 年)第 210 页。

思辨性写作、新媒体写作等，其实它们只是某一文类的下位文类而已，无非是对某一文类特征的强调，或者是技术影响下的发展而已。

3.知识重建

广义的写作知识，包括但不限于表 3-7。如同其他学科，写作知识也是需要发展、丰富乃至变革的。近二三十年来，我国研究"应试写作"者人数众多，不断推高泛文采、小文人的"高考体"，对写作教学和评价良无益处。真正着眼于宏观体系构建的知识催生者屈指可数。其中，犹以"议论""论证"及"论述类写作"知识的重构最为迫切，因为事关我国教育的批判性思维、创新能力培育能否与新的时代和社会接轨的问题。

"议论文"的提出，可以追溯到 20 世纪初。1914 年傅斯年在《怎样做白话文》中引进西方分类理念，把白话文分为形状文、记叙文、辩议文、解说文四类。1922 年陈望道《作文法讲义》把文章分为记载文、记叙文、解释文、论辩文、诱导文。1924 年叶圣陶《作文论》则分为叙述文、议论文、抒情文、描写文（无"说明文"，后来叶老在《文心》《国文百八课》中弥补了这一缺陷）。1926 年夏丏尊、刘熏宇《文章作法》则分为记事文、叙事文、说明文、议论文和小品文。

且看《作文法讲义》，书中论辩文、诱导文，相当于如今的议论文。其开发的"论辩文"知识，包括界定、旨趣、论题和判断、引论和解释、证明责任和证据、证明法式（演绎法、归纳法、比拟法；直接证明、间接证明/反驳）、性质追求等。篇幅所限，仅引"证据"之内容概要①：

> 直接的证据，就是眼前的事理，约有三种：（1）自己的经验（由观察、试验获得，审定是否夹有主观揣测）；（2）别人的指证（由访问、通信及看报获得，审查说话人、话语本身是否真实）；（3）自己和别人共信的公例、学说、经典之类（由翻阅专门的书报论文等获得，审查是否共信）。
>
> 间接的证据，就是论者从眼前事实加以思忖所得的证据，约有四种：（1）事前证据（用原因去证明结果）；（2）事后证据（用结果去证明原因，与前者一样，均需审查其因果关系）；（3）例证（所举例证须极多，反证须没有或极少；可以代表同类）；（4）类似例（举事物的几个类似点，去证明其余的类似；须是本质的、全面的）。

同是"证据"，当今的教材和教学是粗陋的，造成师生思维僵化，实际写作滑入"观点＋材料"的窠臼。更兼将《作文法讲义》之论题和判断、证据、证明法式压缩为当今的"三要素"（论点、论据、论证），又未能参透形式逻辑之于自然论证的

---

① 陈望道.作文法讲义[M].郑州：文心出版社，2017：73-76.

局限,相关知识极为陈旧。或许有读者会说,写作专著与教科书不能比较。然检索现有的写作专著,谁又能说"我们超越了陈望道等前辈"?

我们主张,应引入非形式逻辑的知识,使之与形式逻辑一并成为重构的学理,探索和丰富自然语言下的论述知识(如图尔敏模式),重回亚里士多德[1],借助原点思维(陈望道等前辈的建构,也正是运用原点思维,着眼研究当时的论述类文本,实现议论文知识系统建构的)和中外现有的研究成果,重构"议论""论证"及"论述类写作"等相关的知识。现有的尝试性建构可参看徐贲、董毓、莎伦·白琳、理查德·保罗等有关论著[2],此不赘述。

我们认为,论述文的写作,就是围绕某个话题,陈述自己的观点,给出支持观点的理由及阐释,并对对立观点(含易混淆的观点)进行反驳(澄清)的书面交际活动。我们选用"阐释"(据《现代汉语词典》"阐述并解释")一词,可用解释、分析、评估、证明、推理、推论、论证、论辩等置换,借助叶黎明建构的"论辩型议论文的构思策略"图,发展出图 3-5。[3]

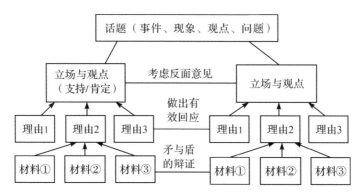

图 3-5　论述文写作知识的支架

正是在此重建知识的基础上,我们推演出论述类文章评价准则:(1)明确地陈述自己的观点;(2)用可靠的材料支持观点,并对材料做出阐释;(3)明确对立/易混淆的观点,并对对立/易混淆观点进行驳斥/澄清;(4)概念界定清晰,判断、推理合乎逻辑,句段之间语义连贯,具有思辨力、说服力。

---

① 其实,亚里士多德的《工具论》不仅提供了分析的方法(后被扩充为逻辑方法),还提供了论辩的方法(关注说服的方式——理性论辩),而其《修辞学》关注的是目标的听众接受,提出了逻辑(logos)、情绪(pathos)和道德(ethos)三种修辞证明。

② 以上列名著作,读者自行查询。另可参看:彼得·范西昂.批判性思维:它是什么,为何重要?.[DB/OL].[2019-08-08].http://www.doc88.com/p-1106634899462.html.

③ 叶黎明.写作教学内容新论[M].上海:上海教育出版社,2012:303.林荣凑.高中论述文写作知识体系的尝试性构建[J].语文教学通讯,2020(1):60-64.林荣凑.论述文写作 16课[M].杭州:浙江工商大学出版社,2018.

(二)写作表现性评价的现实策略

现如今,第八次基础教育课程改革处于关键期,课程标准的修订、统编教材的实施,需要教师不断更新理念,丰富实践体验,增进评价知识。有关评价,我们注意到,自《普通高中语文课程标准(2017 年版)》推出后,国家连续发布《关于新时代推进普通高中育人方式改革的指导意见》(国务院办公厅,2019)、《中国高考评价体系》及说明(教育部考试中心,2020)和《深化新时代教育评价改革总体方案》(中共中央、国务院,2020),评价改革将成为近一时期的重点。

写作的教学与评价,也正处于探索关键期。在基本问题(写作核心素养要素、文体类型、知识重构)讨论的基础上,我们提出评价的若干现实策略:

1. 借鉴和发展现有的有关文体类型的研究,寻找适当的写作文类划分,尽可能实现与阅读文类体系的平衡(尽管阅读文体势必多于写作教学文体的选择),以助力学生建构阶段性和发展性兼顾的文体知识系统;

2. 以教研组为单位,做好对现行课程标准、统编教材的研究,分析本校学情,尝试构建符合本校学情的写作教学和评价体系,为发展学生写作核心素养确立合宜的学习进阶;

3. 建立并强化交际语境意识[①],创造写作学习的具体条件,搭建写作交流的平台,缩短写作教学与真实写作的距离,以此养成和发展学生写作兴趣,培养学生终身受用的写作核心素养;

4. 基于学段的写作目标,选择主要文类,开发通用的评分规则,或整体的,如美国 NAEP 的劝说类写作评分规则[②],或分项的评分规则[③];

5. 根据学段、学年或单元写作需要,依据学情安排教学和评价点,从

---

① 实用文类如书信、通知、留言条、策划书、寻物启事等的写作,传统多采用"拼图式"教学。刘徽提出,应明确并围绕"大概念",将之转换为"滚雪球式"教学。参见:刘徽."大概念"视角下的单元整体教学构型——兼论素养导向的课堂变革[J].教育研究,2020(6):64-77.这里强调的"交际语境意识"便是这样的一个大概念。

② National Assessment Governing Board. *Writing Framework for the 2017 National Assessment of Educational Progress*[EB/OL].[2021-07-15]. https://www. nagb. gov/content/nagb/assets/documents/publications/frameworks/writing/2017-writing-framework. pdf:59-62.

③ 林荣凑.写作教学需要"导航系统":作文评分规则的开发和运用[J].语文教学通讯,2013(10):50-52.(申明:10 年前的实践,其中评分规则实例所依据的文体知识较为陈旧,但其操作之理依然合理,请读者甄别。后面提及的《评分规则:运用于写作教学的全程》也存在同样的问题)

通用评分规则中导出专用评分规则,实施教学与评价;

　　6. 积累写作教学和评价的实践素材,反哺有关写作核心素养、文体类型、知识重构的研究,丰富写作的表现性评价知识。

　　这些"现实策略"是基于中小学语文整体来说的,具有整体性,可供不同学段(如小学低段、高段、初中、高中)安排写作教学与评价的参考。

　　其实,现在这方面的研究和实践已陆续出现。中学语文教材中,写作教学内容往往以技能训练(如学习仿写、论证要合理)或文体训练(如学写故事、学写读后感)的主题呈现。对此,叶黎明提出,教师需要逐级分解单元训练主题,弄清每一个训练主题涉及的核心写作知识或要素,然后对每一项写作知识或要素的能力表现及其水平进行清晰的描述。如"学写故事",教师可以将其分解为视角选择、人物塑造、情节设计、背景描述、结构创设、对话描写等要素,再围绕这些要素,确定具体的教学点,设计基于教学点的表现性评价,开发适合学情的表现清单或评分规则,以此组织写作教学,把评价整合进写作课堂教学中。[①]　这是上述"现实策略"(5)的最好阐释。

　　就单元或课时层面的实践操作,我们提供两种思路与相关的实例。

(三)基于通用评分规则的实践

　　通用的评分规则,有阶段性与发展性、分文体与不分文体之别。在写作教学与评价中,宜采用的通用评分规则,最好是阶段性的、分文体的,这样的指导价值更高。下面的实例,来自笔者 2011 年高二语文教学实践。[②]

　　原苏教版必修一至必修五,共安排 19 次写作实践,说明文写作 1 次,安排于必修五第一专题。该专题的阅读篇目有达尔文的《〈物种起源〉绪论》、杨焕明的《人类基因组计划及其意义》(阐述性说明文),贾祖璋的《南州六月荔枝丹》、周晓枫的《斑纹》(程序性说明文),叶圣陶的《景泰蓝的制作》、俞孔坚的《足下的文化与野草之美》(文艺性说明文)。写作指导短文为《说明要说得清楚明白》,介绍了说明文的种类、说明顺序、说明方法等知识。

　　依据教材知识和学情,教师开发了说明文分项评分规则(讨论稿),如表 3-9 所示。

---

　　①　叶黎明.把评价整合进写作课堂教学中[J].教育研究与评论,2021(2):35-40.
　　②　林荣凑.评分规则:运用于写作教学的全程[J].基础教育课程,2012(4):67-69.为保持案例的真实性,文体表述还是当时"说明文"的提法,按 2017 年版课标属于实用文类的知识性读物类,隶属于"实用性阅读与交流"任务群。

表 3-9　说明文分项评分规则

等级	内容特征 （10分）	说明顺序 （10分）	说明方法 （5分）	说明语言 （5分）	常规 （10分）
完全 符合 （10/5）	说明内容丰富充实，能突出说明对象的特征	说明顺序安排合理，全文条理清晰	选用适当的说明方法，把对象说明清楚	用词准确，语言适合预想中的读者	格式规范，文面清晰，无错别字，无病句，标点正确
比较符合（8/4）					
一般 （6/3）	内容比较充实，能基本体现说明对象的特征	说明顺序比较清楚，有条理	所选用的说明方法，有助于把对象说清楚	用词比较准确，适合预想中的读者	格式规范，文面清楚，有少量错别字、病句和不当标点
不太符合（4/2）					
不符合 （2/1）	说明内容单调空洞，说明对象的特征模糊	说明顺序混乱，无条理	所用的说明方法，无助于把对象说明清楚	有5处以上用词不准确，影响读者的理解	格式、文面存在明显问题，有较多错别字、病句和不当标点

评分规则的运用程序是这样的。

1. 写作准备

提前三天，教师印发指导学案，内容包括：（1）训练目标；（2）作文题；（3）选题要求；（4）评分规则（讨论稿）；（5）样例三个。让学生做好相关准备，特别是理解和质疑讨论稿。

2. 课堂讨论

就"怎么写这篇文章""规则可做哪些修改"两大问题开展小组讨论。"规则"的讨论，一是为了检验规则（讨论稿）是否能为学生所理解，二是让学生明了怎样的作品是好的，且拥有写作的"脚手架"。

3. 写作

课堂讨论的成果是写作的提纲或图表等，写作时学生势必会借助评分规则（包括样例）做出调整。这个环节安排于课外。

4. 学生自改、互改

评分规则和修改程序为学生提供了有针对性的概念和话语体系，可以有效地提高修改的效度和信度。本次训练，是重新分班进入高二的第一次操作，故安排于课内。

5. 教师评改

有明确的训练目标、有效的评分规则，教师评改的重点聚焦于两方面：一是训练目标达成的整体情况，梳理达成、未达成的情况，为讲评选择典型的样例;二是评分规则运用的情况。

本次评改发现,各维度均有 1/5 以上学生存在问题(这是一所省重点中学),最严重的问题是"内容与特征":学生或掌握的资料不足,习作内容空泛,不能让读者"多知";或有很多资料,却不善于围绕抓住特征做出选择,以致读者"印象模糊"。而规则的最大误读,是有的学生以为说明方法越多越好,未注意"选用适当的说明方法"。

6. 教师讲评

要让学生获得及时的反馈,而且反馈要全面、清晰、有启发性。"全面"指的是对目标达成情况、评分规则运用情况都应反馈。

7. 反思和重写

基于同一评分规则,在时间允许的情况下让学生重写和重改(全篇或片段),在持续的反馈与反思中,写作的有效性应能呈现。

下面是当时一位男生的感悟:

写说明文看似容易,其实不易。一是选材,不能写自己不了解的,要写自己熟知的,而我们往往都忽略了一些重要细节,写起来很费劲。二是怎样把对象介绍清楚,列提纲时就要考虑文章结构,既不能太平淡,也不能太花哨。三是详略的把握,有些东西不重要,但事实是所占篇幅很大,要压缩又有困难,所以犹豫不决。四是说明方法的运用,老师讲评后我才意识到说明方法是为文章服务的,说明文不能刻意追求说明方法越多越好。

(四)基于专用评分规则的实践

依据通用的、分文体的评分规则(母表),层层开发专用的(指向特定任务)评分规则(子表),以"子表"组织表现性评价,其针对性、有效性更强,或更适合于义务教育的学校。下面的初一实例,改编自期刊。①

【学习目标】学习如何在具体情境中运用动作描写

【评价方法】动作描写评估量表

【课堂教学环节】

1. 学生试写。写一段文字,把你经常做的一件事或你熟悉的同学

---

① 郑桂华.以评导写,丰富写作教学的样态[J].中学语文教学,2020(1):32-38.内含上海市民办华二初级中学仲彬老师《借助评估量表提高动作描写水平》课堂实录。

做的一件事描述出来，100字以内。

2. 分析习作。一生抄到黑板上：我很喜欢吹萨克斯。今年五月，我参加了萨克斯演奏考级，幸运的是，我在八月份拿到了合格证书，这和我考前的勤奋练习是分不开的。我会一直努力，将这个爱好保持下去。

学生讨论后的结论：感觉不生动，没有吹萨克斯的动作描写。

3. 样例欣赏。引导学生回顾课文中精彩的动作描写，带领学生欣赏《从百草园到三味书屋》中"雪地捕鸟""先生读书"片段。

4. 学生第二次写。描写同学练书法的具体过程，"写其他人也可以"。

5. 师生互动评价。口头方式，评价并修改二写作品（徐羽辰从自己的柜子里拿出一张宣纸，摊开宣纸后，将墨汁倒入墨碟中，又精心挑选了一支比较细的毛笔，蘸上墨汁，将手一挥，写了起来。）教师板书"动作语富"等，为学生理解量表做准备。

6. 教师PPT呈现"动作描写评估量表"，如表3-10所示。

表3-10 动作描写评估量表

序号	评估标准	5	4	3	2	1
1	使用多个动词，准确、生动					
2	用修饰语修饰动作					
3	描写一段过程，顺序合理					
4	动作的力度、幅度、速度有变化					
5	能表现人物个性、心理等					

7. 两人一组，学生用量表给对方的习作评分，说明打分理由。

8. 课后作业：用量表评估自己以前的习作，修改完善这份评估量表，研制出2.0版。

以上实录的精彩之处，郑桂华做了细致的点评。从表现性评价来说，"动作描写评估量表"是一份表现清单，采用自下而上的开发流程，样例来自名家名段、学生习作。记叙性文章的写作，涉及诸多教学和评价点，本实录仅就动作描述进行，借助专用评分规则，让学生从评价的角度理解写作，学会写作。

顺便看一看董蓓菲推荐的"清单写作"[①]。

写作清单就是将本次写作要求，包含写作内容、表达方法、写作策略方面的

---

① 董蓓菲.清单写作教学构想与实践[J].语文建设,2020(1):20-23.

知识和要求,以清单的形式有序排列,供学生在写作全程中自检或互评。写作清单由标题、评价框"□"、条款三部分构成。

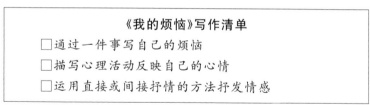

这是一种将教学与评价相融合的方法。运用时,可依据课标、教材和学情,设计或分析表现性任务(过程和成果),开发出写作清单,以此指导写作、修改和讲评,颇具有操作性。但要注意清单"条款"科学性,最好有"母表"作为背景支持。从写作清单的评价框"□"看,用的是表现性评价中的"表现清单"工具。其实,也可以根据清单项目,发展出整体或分项的评分规则,显示不同维度不同水平的描述性特征,对学生写作、评改的指导意义更大。

四、口语交际的表现性评价

人类已然跨入智能时代,时代要求教育提供新的技能,即所谓的 21 世纪技能。"目前最需要的技能是非常规的互动技能,即与他人合作创新并解决问题的能力"[1],有效沟通、有效协作,都离不开口语交际素养的培养。由"听话、说话"到"口语交际",再到"表达与交流",显示了"听""说"由技能、能力到素养的轨迹。但为表达的方便起见,我们还是运用"口语交际"一词。

(一)课程标准中的口语交际

语文核心素养,是需要在真实的语言运用情境中建构、发展和表现出来的,口头表达素养自然也不例外。因而,图 3-4"交际语境"元素(角色、对象,话题、媒介,目的、表达)同样适合于"口语交际"。其中的"媒介"(荣维东称为语式、话语方式[2])在书面表达中的一种具体化是"文体类型",在口语交际中我们称之为"口语形式"。试着从"课程目标"与"口语形式"角度,梳理义务教育到普通高中课程标准中"口语交际"的种类。具体情况,如表 3-11 所示。

---

① 琳达·达令-哈蒙德,弗兰克·亚当森.超越标准化考试:表现性评价如何促进 21 世纪学习[M].陈芳,译.长沙:湖南教育出版社,2020:3.

② 荣维东.交际语境写作[M].北京:语文出版社,2016:141.

表 3-11　课程标准中的"口语交际"

学段	目标	种类
第一学段	学会倾听与表达，初步学会用口头语言文明地进行人际沟通和社会交往	学说普通话，听人讲话，复述，讲述（小故事和见闻），与人交谈，参加讨论
第二学段		用普通话交谈，倾听，听人说话，简要转述，向人请教，与人商讨，讲述见闻和故事，参与文化活动（请教、回应、交流）
第三学段		听人说话，简要转述，与人交流，参与讨论，简单的发言
第四学段		交流，倾听，讲述见闻，复述，转述，即席讲话，有准备的主题演讲，讨论问题
普通高中	根据具体的语言情境和不同的对象，运用口头和书面语言文明得体地进行表达与交流	交流，讨论/研讨，访谈，演讲/演说/陈述/致辞，辩论/论辩，现场记录，诗歌朗诵会，读书报告会，主持集会/演出，等等

可将表中"种类"视为知识、技能/能力的综合[①]，从中可大致看到其由易而难、由简单而复合的螺旋式上升的脉络，可为制订发展性评分规则做参考。

课程标准还表述了"态度"进阶要求，比如第一学段"有表达交流的自信心""认真（听别人讲话）""（与别人交谈）态度自然大方，有礼貌""（积极参加讨论）敢于发表自己的意见"等。普通高中必修学习要求"在口语交际中树立自信，尊重他人，文明得体，仪态大方，善于倾听，敏捷应对。注意口语的特点，能根据不同的交际场合和交际目的，恰当地进行表达"，选择性必修和选修课程学习要求"在实践活动中增强口头应用的能力，能根据交际的需要，选择恰当的时机和场合，提出话题，敏捷应对，注意表达效果"。

(二)口语交际的教学和评价

口语交际的过程就是成果，线性地呈现为"口头语篇"。既如此，我们不能只满足于一次次训练的积累，也有必要像对待"书面语篇"那样，开发出适当的评分工具，以组织促进口语交际的教学和评价。

这里有必要介绍 Hoey 的语篇定义："语篇可定义为作者和读者之间一种有目的的独立互动过程，数量上可以是一对一、一对多、多对多的形式，两者中作者

---

　① 王文彦等人依据课标和教学实践，整理了听讲、诵读、复述（详细复述、简要复述、创造性复述）、答问、讲述故事和见闻、专题演讲、即席发言、讨论或辩论等 8 种。可参见：王文彦，蔡明.语文课程与教学论（第 2 版）[M].北京:高等教育出版社,2006:278.

掌控着互动的节奏,并生产大部分或所有的语言。"①

这一定义,可以帮助我们理解口语交际的鲜明特征——即时的互动性。在口语交际中,交际双方或多方,互为"作者"与"读者",交际方可以即时获得他人的反馈(通过语言和副语言②),从而做出包括语言、副语言的反应。一般来说,口语交际包括三方面能力:(1)接收信息能力,包括语音辨识力、话语记忆力、话语理解力和话语评判力等;(2)输出信息能力,包括内部组码能力、语言编码能力、定向发码能力等;(3)现场互动能力,包括捕捉副语言信息能力、快速敏捷应对能力、稳定情感能力等。

这些能力,都是可学可教的,但未必都需要语文课来教来学的。语文学科口语交际的教学和评价,只求其必学必教的部分。基于这一认识并结合课程标准的表述,可形成口语交际的框架图,如图 3-6 所示,以便我们寻找评分工具的"维度"。

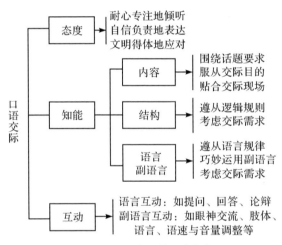

图 3-6 口语交际的思考框架

这三个维度,未必合乎严密的逻辑分类,但可覆盖口语交际的关键表现。这里的"互动"有两层含义:一指交际对象反应(可据此推知交际效果),一指与交际对象的互动表现。制作评分规则时当明确所指。

特别说明的是,"倾听"只列于"态度"维度,但倾听也是一种重要的交际技

① 转引自:荣维东.交际语境写作[M].北京:语文出版社,2016:105.原出处:张维友.英语词汇学[M].北京:外语教学与研究出版社,1997:150.

② 副语言是指不以人工创制的语言为符号,而以其他感官诸如视觉、听觉、味觉、触觉等感知为信息载体的符号系统。狭义的副语言指的是超音段音位学中的韵律特征(如语调、重音等)、突发性特征(如说话时的笑声、哭泣声等)以及次要发音(如鼻化音等)。广义的副语言还包括一些非声特征,如面部表情、视觉接触、体态、手势、谈话时双方的距离等。

能。倾听会出现在多种场合：互动的听，如讨论时；反应的听，如领会一系列讲授时；辨别的听，如听同学朗读辨识正确与否；欣赏的听，如听教师或名家的范读。在义务教育和普通高中课程标准中，倾听始终被强调。

倾听是所有学生都需要的行为。使用倾听量规，有助于学生了解倾听的要求并关注自己的进步水平，远比单纯的"要认真听课"的说教更有意义。小学低段及初中入学伊始，倾听可以作为重要的技能和规则来学习，安排专项训练。下面是美国某小学开发的整体评分规则，如表 3-12[①] 所示。

表 3-12　倾听的评分规则

等级	评估标准
4 优秀	专心倾听，与演讲者保持了目光接触；所回忆的信息准确；为了寻求理解而提问了相关问题；讨论期间进行了相关的交流；依次接受了他人的思想和观点
3 良好	专心倾听，有些时间与演讲者有目光接触；能回忆大多数信息；有提问，但是有些提问与问题无关；有时使用他人的观点，但不能总是让他们完成演讲
2 差	注意力不集中，容易分心，烦躁不安；回忆的信息不多；所做的评论与主题无关，没有提问；其他人讲话时打断别人
0 没有倾听	不试图进行倾听

从课堂观察的角度看，倾听还可从辅助行为（记笔记、查阅、回应）推断，故而表 3-12 还可加入对辅助行为的描述。

注意，利用图 3-6 开发评价工具时，不求维度及指标的面面俱到，要根据四面体模型之教与学的内容、学习者特征"有所为又有所不为"。美国波特兰州立大学的评价办法如下，主要涉及"副语言"[②]。

- 引言有条理地阐述了整个陈述的论题和结构编排
- 保持良好的眼神交流
- 身体语言富于表现力且适当
- 说话足够响亮而缓慢，因此很容易理解
- 适当地控制音质和声调，声音不低沉
- 使用与主题有关的幽默故事让陈述变得更生动
- 操作胶片或投影时没有手忙脚乱
- 胶片或 PPT 投影中的文字不太多

---

① K·蒙哥马利.真实性评价——小学教师实践指南［M］."促进教师发展与学生成长的评价研究"项目组,译.北京:中国轻工业出版社,2004:121.

② 丹奈尔·D.史蒂文森,安东尼娅·J.利维.评价量表:快捷有效的教学评价工具(第2版)［M］.陈定刚,译.广州:华南理工大学出版社,2014:25.

> · 胶片或 PPT 投影的字幕显示了主要议题和主题
> · 讲义非常清晰
> · 讲义显示了主要议题和主题

在工具类型上,最好先有阶段性、通用的表现清单或评分规则,再根据教学与评价的需要开发特定任务的工具,两类结合再以持续性评价指引教与学的过程。阶段性、通用性的评分工具为口语交流的学习提供了整体的行动"地图"。

(三)口语交际评价的实例

语文教学中的口语交际评价,有两种途径:一是专项教学与评价,统编教材(特别是小学的)安排了很多这样的活动;二是以听课、笔记、小组讨论等作为日常学习技能评价,详见本章第四节。

下面以统编教材五年级下册第七单元为例。本单元的人文主题是"足下万里,移步换景,寰宇纷呈万花筒",语文要素是"体会静态描写和动态描写的表达效果"以及"搜集资料,介绍一个地方"。有两篇精读课文(《威尼斯的小艇》《牧场之国》)和一篇略读课文(《金字塔》),还有口语交际《我是小小讲解员》、习作《中国的世界文化遗产》和语文园地等。

教材已设置本次口语交际的程序,整理转述如下:

1. 选题

确定要讲解什么:"学校来了客人,需要你讲解校园里有代表性的地方;亲友到你家做客,需要你介绍一个周边环境;暑假开始了,博物馆需要志愿讲解员……选择一个情境,做一名小小讲解员。"

2. 讲解准备

(1)搜集相关的资料,如果有条件可实地看一看;(2)根据了解到的信息,列一个提纲,还可做一些小卡片(标注关键信息);(3)自己试讲。此处,教材提供的知识补白如下框。

> **怎么做讲解**
> · 讲解的时候,条理要清楚,语气、语速要适当,可以用动作、表情辅助讲解。
> · 可以根据听众的反应调整讲解的内容。如发现听众对某个部分不太感兴趣,可以适当删减内容。

3. 小组内讲解

(1)听的同学可以质疑不明白的地方,并提出改进意见;(2)听取同学的反馈,改进自己的讲解。

4. 小组推举代表在班上讲解

紧随的补白如下。

> • 列提纲，按照一定的顺序讲述。
> • 根据听众的反应，对讲解的内容做调整。

　　教材要适应全国各地城乡，提供三种情境选择的空间并保持开放性，提供了基本的操作程序和讲解要领（框内文字，也可以理解为评价要点）。如果读者有一定的评价素养，这次口语交际活动可以更精彩。

　　比如，由学生提议情境选题，每人1～3个。之后，班级匿名海选产生大家最喜欢的选题若干，供学生选择；或者大家聚焦"家乡一景"，就不至于你说你的我说我的，有了后续"谁的讲解最好"在内容上比较的可能。

　　再比如，围绕"如何讲解"，可以将阅读课文、口语交际、习作统贯起来，阅读课文，学习课文"依照一定的顺序，展开动静结合的描写"的方法，再将阅读习得的方法迁移于"家乡一景"的口语交际和习作。

　　再比如，可以引导学生从态度、内容、结构、语言和副语言、互动等维度制作口语交际的评分量表，如表3-13所示。

表3-13　"最美讲解员"评价表

任务：运用动静结合的方法，讲解"家乡一景"

项目	描述	评价
态度	1. 感情饱满地介绍	
内容	2. 描写家乡的静态景物和动态景物	
	3. 内容具体，给听众充实的感觉	
结构	4. 按照一定的顺序，条理清楚	
语言	5. 语言生动形象，让听众如临其境	
副语言	6. 声音响亮，语气语速适当	
	7. 用动作、表情辅助讲解	
	8. 合理利用提纲或卡片的辅助	
互动	9. 与听众保持目光接触	
	10. 根据听众的反应，对讲解内容进行调整	

　　表3-13中6个项目（可隐去），共10条描述。评价可以设置五星或三等（新手级、良好级、最美级），师生讨论确定最后等第的计算方法。后续"习作"可同样聚焦"家乡一景"，还可以初步比较口语与书面语的语体差异。

如果读者具有大单元设计的知识,你不难感觉上面的一系列"比如"已俨然构成一个由大情境、大任务、大概念构成的大单元设计了。

五、展示的表现性评价

格兰特·威金斯《教育性评价》一书列举了智力表现的种类,其中"展示"一类列举了演示、艺术的表现媒介、艺术的视觉媒介、图解/图表、电子媒介、广告、展览、模型、蓝图等。①

(一)课程标准中的"展示"

依据格兰特·威金斯的示例,我们检索了义务教育、普通高中现行的课程标准"表达与交流"中的有关"展示"的表述。先看普通高中的,据不完全统计,出现了下面的表述:

> ·用自己的语言撰写全书梗概或提要、读书笔记与作品评介,通过口头、书面形式或其他媒介与他人分享。
> ·综合运用多种媒介有效获取信息、表达交流的能力。
> ·撰写文字分析报告,多媒体展示交流。
> ·观察事实、收集数据、贮存资料、分析问题、发表成果要充分利用先进的信息手段,发挥网络等信息工具的优势。
> ·阅读剧本,把握戏剧冲突,并选择片段尝试表演。

其中将"其他媒介"与"口头、书面形式"并列,大致可以判断所谓的"展示",就是除口头(语言)、书面(文字)媒介外的所有媒介形式。按此,课程标准和教学实践出现的"展示"类型,大致包括三种:

> ·图表综合类:表格、图画、照片、展板、文集等。
> ·电子媒介类:音频、视频、PPT、网络(微信、网页)等。
> ·艺术表现类:徽标、广告、演出脚本/台本、表演。

这些展示类型,其语文性"退居"表现形式之后,作为语文表达与交流的辅助工具出现。表1-3"语文实践活动与表现种类"曾指出的"需依托其他活动而展开",即作为"阅读与交流""梳理与探究"的辅助工具而运用。

---

① 格兰特·威金斯.教育性评价[M]."促进教师发展与学生成长的评价研究"项目组,译.北京:中国轻工业出版社,2005:117.

(二)"展示"的表现性评价

表达与交流的"展示"，可以设置哪些评价维度呢？我们依然可以借助图 3-4 交际语境支架来思考，除"(展示者)角色"外，均可考虑：

- 话题：明确表现性任务的要求，围绕话题选择材料。
- 目的：满足特定的目的要求，达到预定的交流效果。
- 对象：充分考虑对象(观展者)的身份、认知等特征。
- 媒介：了解媒介信息存储、呈现与传递的特点，合理选择、恰当运用媒介来完成特定的任务，体现媒介的审美价值。
- 表达：(1)内容正确，满足任务的要求；(2)结构清晰，切合特定媒体的内在结构特征；(3)语言适当，符合任务、特定媒体的要求。

此外，表达与交流的"展示"，还可以考虑：

- 展示(成果)的时长或容量。
- 如是合作的，考虑合作的质量。
- 有时需要考虑过程性成果，作为展示评价的辅助。

当然，亦如口语交际的评价，用于实践操作的工具，强调某一或某几方面即可，且学习和评价相伴而行。小学海报评价表，如表 3-14 所示。[①]

表 3-14　小学海报的表现清单

项　目	表现得非常充分	表现充分	表现得差
1. 呈现的信息准确			
2. 呈现的信息易于理解			
3. 呈现信息的方式引人注目			
4. 呈现信息时使用了正确的技巧和结构			

具体反馈和评论：

---

① K·蒙哥马利.真实性评价——小学教师实践指南[M]."促进教师发展与学生成长的评价研究"项目组,译.北京:中国轻工业出版社,2004:116.

表 3-15① 宣传短片的维度设计很有特色,读者可揣摩。

表 3-15 宣传短片的评分规则

指标和权重	不满意	合格	非常好
时间管理 20%	片长远远少于 120 秒,或感觉被中断了	片长略少于 120 秒	片长正好 120 秒
内容 40%	内容表达不清晰,不符合主题	内容表达准确、便于记忆,符合主题	内容表达清晰、便于记忆,准确表达主题。人物表演也很有创意,具有娱乐性
宣传手段 20%	手段单一	采用多种手段,能打动观众	采用多种手段,对观众很有说服力
人物表现 20%	演员未经过排练	演员排练很好,表演中失误很少	演员排练很好,表演很默契,没有失误

(三)“展示”表现性评价的实例

这方面的实例,本书“案例分享”均有涉及,如小学单元案例的“手抄报”,初中《昆虫记》阅读的“地图”“昆虫档案”,普通高中全班合作编辑一本“诗集”,请读者参考。这里另举一例。

普通高中统编教材必修上册第七单元,人文主题是“自然情怀”,收录的文本包括郁达夫《故都的秋》、朱自清《荷塘月色》、史铁生《我与地坛(节选)》、苏轼《赤壁赋》和姚鼐《登泰山记》等写景抒情散文。文本之后,“单元学习任务”提供了这样的一个任务:

> 这几篇文章都有融情于景、情景交融的特点,字里行间蕴含着作者的思想感情。结合《赤壁赋》,分析文中的景与情是怎样完美融合在一起的。如有兴趣,可以选取文中的一个片段,拟写视频拍摄脚本,挑选合适的音乐和场景,制作一个小视频。

怎样的小视频是好的?如果没有评价的标准,学生也能制作,但缺少制作支架的帮助和指点,就势必增加制作的困难(特别是初次制作者)、行为的随意性,失去了大量能借此促进语文学习与知能增进的机会。

李卫东设计的表现性评价工具,如表 3-16② 所示。它很好地解决了这一问题。

---

① 巴克教育研究所.项目学习教师指南:21 世纪的中学教学法(第 2 版)[M].任伟,译.北京:教育科学出版社,2008:77.

② 李卫东.整体设计:单元视域下的教、学、评一致[J].中学语文教学,2021(6):4-9.

表 3-16 　《赤壁赋》小视频的核查表

要素表现	是/否
1. 所选取景物是否典型？	
2. 是否通过形象、色彩等传达出与文本语段相符的情调和趣味？	
3. 人物对白、独白的台词是否符合特定情境？	
4. 背景音乐的选择是否与整体的情境、情感相吻合？	
5. 远景、近景的切换，焦点的转换，是否恰切传达出人物的情绪和心理？	
6. 所运用的其他视频拍摄技术和手段是否有利于营造意境？	
7. 拍摄脚本的文字呈现是否完整、流畅、可视化？	

　　该核查表只呈现"内容"（要素 1、2、3）、"媒介"（要素 4、5、6）和"语言"（要素 7）等，突出评价的重点，而不求面面俱到。尽管只是核查表，却为学生提示了制作的路径，同时师生又可以据此实施评价，以避免"视频拍摄"聚焦到活动本身，热衷于声光色电而偏离"语文性"的问题。

　　最后还需要重申的是，"表达与交流"中的"展示"，是那些"阅读与鉴赏""梳理与探究"活动的成果，那些除单纯"书面""口头"之外的成果。"展示"仅仅是一种媒介或载体，重要的是别忘了"语文性"的内核！

第三节 梳理与探究

"梳理"与"探究"共称,最早出现于普通高中人教社 2004 年版必修教科书,作为板块之一与"阅读鉴赏""表达交流"并列。其时,"梳理"与"探究"仅单独出现于 2003 年版课标,2017 年版才联合构成一个专门的学习领域,与"阅读与鉴赏""表达与交流"并称。而在义务教育课程标准中,2022 年版才完成"三级跳",与高中表述保持一致。为此,我们从最直观的感知——人教版必修教材开始,分析课标的相关表述,再来讨论其功能定位、教学和评价。

一、教材和课标中的"梳理与探究"

(一)人教版必修教材的安排

人民教育出版社 2004 年版必修 1 至必修 5,"梳理探究"是作为实体板块出现的。该套教材全部"梳理探究"的标题,如表 3-17 所示。

表 3-17　人教 2004 年版教材中的"梳理探究"

必修 1	·优美的汉字 ·奇妙的对联 ·新词新语与流行文化
必修 2	·成语:中华文化的微缩景观 ·修辞无处不在 ·姓氏源流与文化寻根
必修 3	·交际中的语言运用 ·文学作品的个性化解读 ·语文学习的自我评价
必修 4	·逻辑和语文学习 ·走近文学大师 ·影视文化
必修 5	·文言词语和句式 ·古代文化常识 ·有趣的语言翻译

累计 15 次的"梳理探究",涉及语言、文学、文化和学习方法等。其中的"走近文学大师"相当于如今的"整本书阅读与研讨",且看它的活动设计:

• 从你学过的课文的作者中找出一位最让你敬仰的文学大师，读他的一两篇或一两部作品。想想最初接触大师时你曾经有过什么困难或隔膜，后来是否真正进入了大师作品的精神世界。再和同学讨论一下，阅读经典与阅读一般流行作品有哪些不同。

• 从已经学过的大师经典名篇中挑选一篇，重新从感受"思想力量"这个角度阅读，同时可以参照相关的传记，看看是否有些新的体会，然后写一篇读书笔记。

• 从学过的大师名篇中选择两三篇进行风格比较，并结合自己的整体阅读体验，简要说明形成风格的原因。

• 你更喜欢哪一位大师的语言？请认真阅读其中一部作品，评析其语言特色。

阅读大师作品，写读书笔记，比较风格并说明风格形成原因，评析语言特色，俨然都是课标表述的"整本书阅读与研讨"内容。

(二)普通高中课标中的"梳理与探究"

对课标中的"阅读与鉴赏""表达与交流"，我们只列举学业质量水平 2 与 4 的表述，以"窥斑见豹"。对"梳理与探究"，则需要统揽分析。具体情况如表 3-18 所示。

表 3-18　普通高中课程标准的"梳理与探究"

维度	典型表述
语言建构与运用	1. 积累语言材料和言语活动经验 2. 将积累的语言材料和语文知识结构化(建立有机联系) 3. 在梳理的基础上，尝试进行专题探究，发现其中蕴含的语言运用规律，并能用自己的语言加以解释 4. 反思并整理语文学习经验，探索个性化的学习方法
思维发展与提升	1. 丰富自己对现实生活和文学形象的感受与理解 2. 辨识、分析、比较、归纳和概括基本的语言现象和文学形象 3. 运用批判性思维审视语言文字作品，探究和发现语言现象和文学现象，形成自己对语言和文学的认识
审美鉴赏与创造	1. 梳理小说的感人场景乃至整体的艺术架构……探究人物的精神世界，体会小说的主旨，研究小说的艺术价值 2. 梳理(学术著作)全书大纲小目及其关联……阅读与本书相关的资料，探究本书的语言特点和论述逻辑 3. 梳理影响中国现当代文学发展的重要作家作品。发现有价值的文学现象与问题，从中选择自己感兴趣的专题进行研讨 4. 尝试梳理文学作品的基本样式和概念，了解文学鉴赏的基本方法，在文学阅读过程中领悟关于鉴赏和创作的规律

维度	典型表述
文化传承与理解	1. 聚焦特定文化现象,自主梳理材料,确定调查问题,编制调查提纲,访问调查对象,记录调查内容,完成调查报告 2. 对自己感兴趣的某些语言、文学、文化现象及社会热点问题进行专题探究,尝试撰写相关调查报告或专题研究报告,发展自己的文化理解与探究能力

表 3-18 可以看出"梳理与探究"大致面貌:(1)其对象涉及语言、思维、文学、文化等,覆盖核心素养的所有方面;(2)其行为动词,常与搜集、积累、归纳、分类、整理、探析、探索、领悟、建构、发现等在同一语境出现,体现探究性学习的特点;(3)其行为途径,常与"阅读与鉴赏""表达与交流"交织;(4)其行为的结果,常与"调查报告""专题研究""小论文"等联系起来。

普通高中 18 个任务群,与"梳理与探究"最直接关联的是"语言积累、梳理与探究",选修课程 6 个专属任务群更冠以"专题研讨"。普通高中课标之强调"梳理与探究",实在不逊色于"表达与交流",其重要性不言而喻,但由于其"新立门户",对其学理的认识还很肤浅,如吴泓所说它是"一种被长期忽视的重要的语文学习活动"[①],不为评价(特别是测试)和教学所重视。

义务教育中的"梳理与探究",在 2022 年版课程标准中才"立户"。虽如此,但其较为清晰地勾勒了一至九年级四个学段"梳理与探究"的目标与内容,实非易事。请义务教育段的语文教师自行分析。

二、"梳理与探究"的学理分析

普通高中课程标准的"命题指向",提出"梳理与探究"侧重考查积累整合、筛选提炼、归整分类、解决问题、发现创新等内容,这也可以视为对"梳理与探究"内涵最凝练的表述。但要正确把握其功能定位,从而实现有效的教学与评价,尚需深入了解其内在学理。这里从认知心理学视角切入。

(一)认知心理学视角的分析

1."梳理与探究"的本质是促进知觉重组[②]

学习不是信息的简单吸收、大量记忆的堆砌。格式塔心理学认为,学习获得的记忆痕迹不是孤立的要素,而是一个有组织的整体,即完形。一个人学习的方

---

①　吴泓.一种被长期忽视的重要的语文学习活动——对"梳理与探究"的回顾、思考与实践[J].语文教学通讯(高中),2019(10):24-28.

②　这部分引用的认知心理学原理,均来自同一书,恕不一一标注:施良方.学习论[M].北京:人民教育出版社,2001:143,172,197,221.

式,通常是从一个混沌的模糊状态,转变成一种有意义的、有结构的状态,这就是知觉重组的过程。大家都理解,语文学习中离不开"积累"——课程标准的表达是积累"语言材料和言语活动经验"。如果只强调"积累",而不跟进强调"梳理和整合""结构化""发现联系""探索规律",语文学习将无法"避免进行不必要的、机械的训练",徒然增加记忆负担,而不可能形成真正的语文素养。

当然,不是说我们不提"梳理与探究",学生的知觉就不会重组,知觉重组是人类的学习本能。只是说,当教学有意识地指导、协助学生"梳理与探究"时,学生能更有效乃至更高效地实现知觉重组。

2."梳理与探究"的目标是升级认知图式

图式是皮亚杰(Jean Piaget)认知发展理论中的核心概念,是指个体对世界知觉、理解和思考的方式。皮亚杰认为,图式的形成和变化,受同化、顺化和平衡三个基本过程的影响;学习并不是个体获得越来越多外部信息的过程,而是学到越来越多有关他们认识事物的程序,即建构了新的认知图式。

中小学语文学习中,重要的一项内容是"识字"。课程标准规定义务教育四个学段的识字量指标,依次是常用汉字 1600 个左右、2500 个左右、3000 个左右、3500 个左右。为何在《普通高中语文课程标准(2017 年版)》又提出"积累言语经验,把握祖国语言文字的特点与运用规律""培养运用祖国语言文字的能力",原因就在于不断改进和升级认知图式,而改进和升级的重要方式,便是"梳理与探究"。

3."梳理与探究"的核心是建构分类

布鲁纳(Jerome Seymour Bruner)丰富了皮亚杰的图式理论。他的认知结构学习理论认为,知觉过程涉及初步归类、搜寻线索、证实线索和结束证实四个相继的步骤。他认为,所谓探究,实际上"并不是发现对世界上各种事件进行分类的方式,而是建构分类的方式"。

由此出发,就不难理解《普通高中语文课程标准(2017 年版)》有关"梳理与探究"的表达,总是与"归类""分类"相连,比如"通过归纳、分类,逐步领悟语文运用的规律,自主建构相关的知识"。揣摩链接 3-1,可知对子路性格的"发现"来自对子路 41 次出现时的语句梳理与归类。"发现创新"只是在积累、梳理基础上的分类建构而已,"梳理与探究"的核心是建构分类。

链接 3-1　《论语》专题:"梳理"子路

以"梳理"子路为例,看一下具体的步骤。第一,用"列表"和"统计"的方法"梳理"子路 41 次出现时的语句(见下表左栏,略);第二,对照译注认真研读这 41 处的内容;第三,通过"列表""探究"子路在为人、做事等方面的性格特点(见下表右栏)。

子路 41 次出现时的语句	子路的性格特点
……	敢于"提问"的子路
……	敢于说"不"的子路
……	敢做又敢为的子路
……	……

从表中可以发现,子路性格的主要特点是敢于"提问",甚至是敢作敢为、敢于说"不"(如"子路不悦""子路不对")。这在孔门弟子里是绝无仅有的。

来源:吴泓.一种被长期忽视的重要的语文学习活动——对"梳理与探究"的回顾、思考与实践[J].语文教学通讯(高中),2019(10):24-28.

4."梳理与探究"是意义学习和发现学习

课标所说的"语言文字特点及其运用规律",专家早有归纳和表达,为何不采用直接教学[①],将定论传授给学生,而非得"通过主动的积累、梳理和整合,逐步掌握"呢? 奥苏贝尔(David P. Ausubel)的意义学习回答了这一问题。

在奥苏贝尔看来,学生的学习,如果要有价值的话,应该尽可能地有意义。发现学习就是一种意义学习,即不是现成地给予学生定论,而是在学生内化之前,由学生去"发现"这些内容。奥苏贝尔所谓的"发现"包括运用、问题解决和创造。《普通高中语文课程标准(2017 年版)》"梳理与探究"命题指向——侧重考查积累整合、筛选提炼、归整分类、解决问题、发现创新等内容,学理在此。

"梳理与探究"的学理还可以用信息加工理论、加涅累积学习理论和布卢姆掌握学习理论,乃至当今"大概念"理论去分析,这里不展开了。

(二)"梳理与探究"存在的空间

"梳理与探究"并不是课程与学科专家的"发明"。在写进课标之前,或者说在 2004 年版人教版教材之前,"梳理与探究"就实际存在于语文学习之中。人教版的尝试、课标的表述,只是实践经验的提升和学理层面的完善罢了。

那么,"梳理与探究"是如何存在于实际的语文学习活动之中的呢? 或者说,"阅读与鉴赏"(输入)、"表达与交流"(输出)已足以涵盖语文学习的整体过程,"梳理与探究"何以"寄身"于这个已自足的闭环系统之中?

且看《红楼梦》第三回的一个细节。

林黛玉进贾府当天,晚餐后贾母问黛玉念何书,黛玉道:"只刚念了《四书》。"

---

① 哈蒂对 800 多项学业成就所做的影响因素元分析显示,"直接教学法"的效应量为 0.59,排在 138 项影响因素的第二十六位。参见:约翰·哈蒂.可见的学习:对 800 多项关于学业成就的元分析的综合报告[M].彭正梅,等,译.北京:教育科学出版社,2015:347.

黛玉又问姊妹们读何书。贾母道："读的是什么书，不过是认得两个字，不是睁眼的瞎子罢了！"之后，宝玉随父斋戒归来，见了黛玉问："妹妹可曾读书？"黛玉道："不曾读，只上了一年学，些须认得几个字。"

细心的读者发现，贾母和宝玉所问的相似，但黛玉的回答迥异：一是"念了《四书》"，一是"些须认得几个字"。为何如此？读者就需要经历搜索、比较、整理等一番加工，明确迥异的回答源自迥异的语境——黛玉的心境因贾母"读的是什么书，不过是认得两个字"而变化。如此问题得以解决，也发现了这一细节正表现出黛玉处事谨慎、乖巧聪慧的心性。

这是"梳理与探究"，还是"阅读与鉴赏"？

再来看一道写作题：

> 最近，《咬文嚼字》列出"2019年十大流行语"，"柠檬精""996""我太南（难）了""我不要你觉得，我要我觉得"等网络流行语入选。有人认为，网络流行语的盛行是语言文字顺应时代发展的表现，值得肯定和鼓励；也有人认为，网络流行语的盛行带来的负面影响日益严重，应当警惕和反思；当然还有人认为这两者并不矛盾。对此，你的观点是什么？请写一篇论述类的文章加以阐述。

题中"最近……等网络流行语入选"陈述的是现象，三个"有人认为"列举了有关网络流行语三种不同的观点。面对这一"现象＋观点"的综合型话题，如何给出"你的观点"？不应是简单的"站队"或"折中"，然后搜索枯肠以例阐述"站队"或"折中"的观点。理想的操作，当依据图3-5"论述文写作知识的支架"，分析话题的背景与焦点，分别考察各方观点与理由，推想可能支持各个理由的各种材料，而后做出有效回应，给出自己的观点，即"观点来自探究"[①]。观点给出后，又当经历新的梳理、整合，形成行文的框架，最后落笔成文。当然，落笔行文的过程，又将伴随理由和材料的梳理、归类和整合等等。

这是"表达与交流"，还是"梳理与探究"？

经由以上两例的分析，读者不难理解图3-7所示的模型：

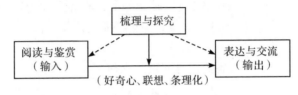

图3-7 "梳理与探究"的弥散模型

① 林荣凑.观点来自探究：也说"再多走一步"[J].语文教学通讯,2021(10):63-66.

图 3-7 所谓的"弥散",是指"梳理与探究"作为一个细微的学习活动,渗透于"阅读与鉴赏""表达与交流"这两种显性的学习活动中,如课标所谓的"梳理小说的感人场景乃至整体的艺术架构……探究人物的精神世界,体会小说的主旨,研究小说的艺术价值""在阅读、表达中探析有关文化现象"。

当然,"弥散"之外,"梳理与探究"还可以作为一种独立的形态被运用,即如课标所说的"聚焦特定文化现象,自主梳理材料,确定调查问题,编制调查提纲,访问调查对象,记录调查内容,完成调查报告"。

或是"弥散",或是"独立","梳理与探究"就这么存在着。对此过程的揭示和表达,正显示着学界对语文学习认识的深化。

(三)"梳理与探究"的运行

我们还需要进一步弄清"梳理与探究"的运行方式,这里有必要借助杜威的思维理论——三要素和五步骤[①]。

杜威认为,思维的主要元素包括好奇心、联想和条理化。杜威说:"正如同充满活力的健康的身体总在寻求营养,好奇的心灵也总在保持警觉进行探索,寻求思考的材料。"好奇心必然触发联想,但联想的快慢、宽窄、深浅因人而异,优秀的联想特质必然具有条理性、连贯性和恰当性。就如林黛玉回应"读书"之例,只有好奇的读者才会引发追问,引发梳理和探究,促进阅读与鉴赏走向深入。也只有"好奇心",对网络流行语的不同观点"刨根问底"——其间包括信息提取、加工、解释、比较、整合、评价等一系列心智活动,最后才能实现条理化,厘清支持不同观点的理由和材料,从而做出"我的观点是什么"的决策。

在三要素分析的基础上,杜威对完整的思维行为进行了分析,提出思维的五个步骤:(1)感受到的困难、难题;(2)它的定位和定义;(3)想到可能的答案或解决办法;(4)对联想进行推理;(5)通过进一步观察和实验肯定或否定自己的结论。思维的五步骤,颇可以作为我们构建"梳理与探究"运行方式的支架。据此,我们推演出图 3-8。

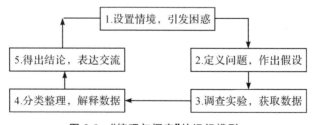

图 3-8　"梳理与探究"的运行模型

---

①　约翰·杜威.我们如何思维[M].伍中友,译.北京:新华出版社,2014:26,60.

图 3-8 的运行模型，不是杜威思维五步的简单对应。该模型既适用于"弥散"（渗透于"阅读与鉴赏""表达与交流"），也适用于"梳理与探究"的"独立"运行。文本的"阅读与鉴赏"，文本本身就构成情境；写作的情境，则往往由表现性写作任务引发，只有"独立"的运行模型，才需要"设置情境"。

"问题"不同于话题，问题类型各有不同的分类，董毓将问题分出"是什么"的问题、"如何""为何"的问题、事物的关系问题①，理查德·保罗区分出程序问题、选择问题和判断问题②。莎伦·白琳说："只要存在可以用理性的方式来表达的争议、谜题、质疑或者其他不同观点，那么就潜在地存在着问题。"③问题必须聚焦，必须是具体而明确的，而非笼统而模糊的。

其后的步骤，读者都能理解，不加解说了。

三、"梳理与探究"的评价

大费笔墨分析揭示"梳理与探究"的学理，旨在了解课程标准中"梳理与探究"这位新客的"身份"和"性格"，以期更好地设计、实施教学和评价。

(一)原则性的评价建议

关于"梳理与探究"的评价，原则性的建议有四条。

1. 关注"过程"

过程，即学生在"梳理与探究"五步模型运行中的表现，如积累、分析、整理、分类、提炼、发现等行为的实际状况，可以纳入表现性评价，也可以只用交流式评价（非正式检查、观察与对话）。

2. 关注"成果"

这里的"成果"，包括学生阶段性成果和终结性成果。阶段性成果，如问卷、笔记、卡片、访谈记录、活动记录、图书馆检索记录。终结性成果，如口头报告、研究报告、小论文、档案袋、模型等。

3. 区分"弥散"与"独立"

"弥散"型"梳理与探究"的评价，将其与"阅读与鉴赏""表达与交流"结合操作，一般无需独立开发表现性评分工具。"独立"型的，则依

---

① 董毓.批判性思维原理和方法：走向新的认知和实践(第2版)[M].北京：高等教育出版社，2017：69.

② 理查德·保罗，琳达·埃尔德.批判性思维工具(修订扩展版)[M].焦方芳，译.北京：人民邮电出版社，2014：90.

③ 莎伦·白琳，马克·巴特斯比.权衡：批判性思维之探究途径[M].仲海霞，译.北京：中国人民大学，2014：188.

据运行模型,注意区分口头、书面、展示等不同表现类型,开发相应的表现性评价工具。

4. 科学厘定评价维度

过程类的评价,需要依据图 3-8 的一般模型,确定评价的指标和维度。成果类的评价,可参照交际语境写作模式和"表达与交流"的评价工具开发技术。但无论是过程评价还是成果评价,都不宜面面俱到,要"学什么"就"评什么",追求教、学、评的一致性。

(二)探究性成果评价的讨论

前面提到,我们将写作分为学习性写作、文类写作和随笔写作。根据写作应用情境和功能目标,李卫东把语篇分为五种类型:学习性语篇、研究性语篇、实用性语篇、思辨性语篇、文学性语篇。[①] 这也是颇有新意的。

按李卫东之"研究性语篇",诸如调查报告、研究论文、文案设计、戏剧脚本、网页制作以及海报、徽标、多媒体报告等,或者如我们所说的"学习性写作"的表现成果方式,都可以用于"梳理与探究"学习领域的表现性评价。

或许有小学教师质疑其在小学阶段的运用。义务教育课标的实验版,即在第三学段的"综合性学习"提出"为解决与学习和生活相关的问题,利用图书馆、网络等信息渠道获取资料,尝试写简单的研究报告"。之后的几次修订,不仅没有取消,更有强化的趋势。统编教材,也不乏"研究性语篇"的设计。要提醒的是,教师需要增进相关的知识,否则会误导学生的。

需要注意的是,不同的"研究性语篇",是有其特殊的文体或语体要求的。教师需要找到最规范的表达框架和样例,最好自己有这方面的实践体验。比如普通高中统编教材,其必修上册第四单元"家乡文化生活"提供了调查报告的结构表,其中的项目包括标题、摘要、目录、调查背景与目标、调查步骤与方法、调查内容与分析、结论、建议和参考资料。编者提醒"调查报告一般包括以上内容,自己撰写时也可做一些调整"。那么怎样的调整是必要的、合理的呢? 教师的实践体验就显得很重要,否则这种指导很可能是"隔靴搔痒"。

再比如小论文。它是论述类文本下的一种文类,需要从角色—对象、话题—媒介、目的—表达(内容、结构、语言)等维度评价,又要考虑"论述"的文类特征(那些论点、论据和论证的旧知识务必更新)。不仅如此,小论文还具有鲜明的研究性,因而评价要凸显内容、结构、研究深度、原始资料的使用、写作方法等元素。当然,务必注意学习的四面体模式,不求评价的面面俱到。

---

① 李卫东.论"全写作"课程的构建[J].课程·教材·教法,2020(8):66-71.李卫东.新时期写作课程的范式转换[J].中学语文教学,2020(12):37-42.

教师反馈的表现清单，如表 3-19[①] 所示。

表 3-19 研究策略的表现清单

项目	表现很充分	表现充分	表现差
1. 学生对写的问题和研究问题的方法考虑周到			
反馈：所提的问题限制了主题的发挥，这影响了你客观地研究这一问题。你只是走马观花式地查阅了相关的主题			
2. 学生以一种自我调节的方式进行学习			
反馈：尽管你似乎知道你的方法是正确的，但是你多次找我来确保你所做的没错。你在图书馆学习时好像容易分散注意力			
3. 学生查阅了不同的资料			
反馈：你查阅了三本百科全书、一张光盘、两本书和一次访谈，这使得你所查询的信息全面而有趣			
4. 学生对信息进行了组织，并且在收集过程中对其做了记录			
反馈：你保存附有复印件的那个笔记本和你做的阅读比较非常完整			
5. 学生的研究深刻			
反馈：尽管你收集了各种资料，但你写的文章只反映了你所收集的一种资料。你在写作前把你所收集的资料全部读了吗？			

设计者是充分考虑了小学生初学研究的特点，不求研究成果的出色和独特，只评价"研究策略"——研究的方法、自我调节的能力、资料的查阅、信息的组织等，值得读者揣摩借鉴。

（三）"梳理与探究"评价的一个实例[②]

"梳理与探究"可用于单元或课时层面，但用于期末的复习还是不多见的。下面实例的可贵性就在于此，值得注意的是，该实例侧重于"梳理"。

统编语文教材三年级上册，8 个单元选编 27 篇课文、8 次习作、4 次口语交际、7 个语文园地、1 次快乐读书吧。进入新的学段，学生们开启了新的语文学习历程，学习写钢笔字、自主阅读、写日记，学观察，能预测，会想象。孟亦萍老师的设计，是将期末复习处理成一个"梳理与探究"的单元，现整理呈现于下。

---

① K·蒙哥马利.真实性评价——小学教师实践指南[M]."促进教师发展与学生成长的评价研究"项目组，译.北京：中国轻工业出版社，2004：104.

② 孟亦萍.真实情境下的"梳理与探究"教学设计与实践——以统编版语文三年级上册为例[J].小学教学研究，2020(16)：34-36.

【单元名称】我的语文学习新天地

【学习目标】

1. 用自己的方式、按照一定的规律梳理本学期认识的 250 个常用汉字及其他汉字,有初步的独立识字能力,养成主动识字的习惯;展示用钢笔书写的正楷字,有良好的书写习惯。

2. 通过读、讲、演等方式回顾一学期学过的课文、读过的故事,能把阅读过程中的新发现整理并归纳出来,讲给同学听,交流自己的阅读感受。

3. 整理一学期以来自己写过的日记或习作片段,再次修改或同学互相修改,汇编成《日记集》。

4. 将一学期不少于 10 万字的课外阅读做成"阅读地图",感受课外阅读的快乐并乐于与同伴分享课外阅读的成果。

5. 从自己的日记或课外读过的故事中选取一个内容,和小伙伴一起用小剧场表演出来。

【情境与任务】

回顾一学期的语文学习生活,大家在与一个个汉字、一篇篇课文、一个个故事的深度对话中,进入语文学习新天地。请畅谈这一学期在语文学习中的"新发现",亮出在语文学习中的"新作品",在阅读与鉴赏、表达与交流、梳理与探究中巩固学到的新本领。如图 3-9 所示。

图 3-9　我的语文学习梳理

第一个任务"畅谈'新发现'"。"玩转汉字乐园",按照一定的规律分类梳理本学期认识的 250 个常用汉字,在具体语境中学会正确判断及合理运用,具有初步的独立识字能力,养成主动识字的习惯;展示用钢笔书写的正楷字,培养良好的书写习惯。"漫游故事城堡",通过读、讲、演等方式回顾一学期学过的课文、读过的故事,并能把阅读中的新发现用思维导图整理归纳,与同学交流。

第二个任务"亮出'新作品'"。整理一学期写过的日记或习作片段汇编成《日记集》,可以是图文并茂的纸质日记,也可以是电子日记。将课外阅读做成"阅读地图",感受课外阅读的快乐,与同伴分享阅读成果。最后从日记或课外故事中,选取一个最喜欢的内容,和小伙伴合作表演。

【单元评估任务】

历时两周的"我的语文学习新天地"，我们一起玩转"汉字乐园"，制作"汉字护照"，创编汉字故事；一起漫游"故事城堡"，分享"新发现"。我们还一起汇编《日记集》，制作"课外阅读地图"，一起准备"小剧场"表演……这一切的背后，是否发生过让你难忘的、值得用笔记录下来的小故事呢？把这些小故事写下来，开个"语文学习新天地故事会"吧！

1. 写一写"我的语文学习新天地小故事"。回顾两周的学习过程，选择一个小故事写下来，改一改，用端正、美观的钢笔字抄写好。

2. 制作"我们的语文学习新天地故事会"邀请函。嘉宾或评委可以是读物中的小精灵，也可以是小伙伴或大人。

3. 举行"我们的语文学习新天地故事会"，可以配上画面、录音、视频等。

这个综合测试设计，给出了不同水平的学生作答及评分标准，如表3-20所示。

表 3-20 不同水平的学生作答及评分标准

题目	一级水平	二级水平	三级水平
第一题	能写出一个故事	能写出一个完整的故事，进行修改	能写出一个完整的故事，有自己的感受。修改比较完善
第二题	能写一个邀请函	邀请函写得比较完整	邀请函写得比较完整，书写美观
第三题	能讲述故事	能把故事讲述完整	能把故事讲述完整，还有自己的感受

很欣赏孟老师的设计。传统的期末复习，是以知识为中心的做题式复习，以教师为中心的强制式复习，多采用以分数为中心的单一的、片面的选择性反应评价。而孟老师将为期两周的复习，巧妙策划成"梳理与探究"单元，兼顾全册教材和学生学习特征，统筹考虑单元学习目标、单元主题、学习情境、学习任务与学习过程、评价与反思，破解了传统期末复习的现实困境。这种真实生活情境中的学习方式，将使语文更加鲜活，更加丰富多彩，也使学生的期末复习成为真实的语文生活的一部分，成为学生精神成长的过程，为学生开辟出一片崭新的语文学习天地，并成为颇受学生欢迎的一段富有趣味的语文学习之旅。

第四节 项目式学习

英文 Project Based Learning,简称 PBL,直译为"基于项目的学习",国内有"项目学习""项目化学习""项目式学习"等多种译法。如今,大概念教学、大单元整体教学、专题教学、主题学习、深度学习、真实性学习、问题式学习、跨学科学习等新术语涌现,一切的一切,无非是在寻觅通向核心素养"山顶"的方式和路径。正是从这一视域上,我们选用"项目式学习"的译法。

且从项目式学习的概貌开始,就语文项目式学习、大单元教学设计、整本书阅读等中的表现性评价略做梳理,最后简要介绍大规模测试中的表现性评价。

一、项目式学习的概貌

(一)项目式学习的渊源

学界一般认为,项目式学习源自威廉·H·克伯屈(William Heard Kilpatrick)"设计教学法"(又称单元教学法),目的在于设想、创设一种问题的情境,引导学生在解决问题的过程中习得知识。设计教学法的思想渊源,则在其师约翰·杜威那儿。且看下面的两段论述[①]:

> 哪里的学校设置了实验室、车间和园地,哪里充分地运用了戏剧、游戏和运动,哪里就存在种种机会,使实际生活的情境重现于校内,使学生求得知识和观念,并加以应用,使进步经验向前发展。
>
> 课堂教学可以分成三种。最不好的一种是把每堂课看作一个独立的整体。……比较聪明的教师注意系统引导学生利用过去的功课来帮助理解目前的功课,并利用目前的功课加深理解已经获得的知识。这种教学的结果好一些,但是学校的教材还是脱离实际的。……最好的一种教学,是牢牢记住学校教材和现实生活二者相互联系的必要性,使学生养成一种态度,习惯于寻找这两方面的接触点和相互的关系。

后来的美国学者,在以杜威实用主义教育为代表的理论基础上,不断探索和深化观点,逐渐形成了项目式学习的理论和方法。

---

① 约翰·杜威.民主主义与教育[M].王承绪,译.北京:人民教育出版社,2001:177-178.

(二)项目式学习的界定与准则

美国是项目式学习的诞生地,美国巴克教育研究所(Buck Institute for Education, BIE)是目前国际上研究和推广项目式学习最顶尖的机构。如今论及项目式学习,还是无法绕过 BIE 的。

BIE 给项目式学习的定义是:

> 基于项目的学习是一种教学方法,学生在一段时间内(从一周到一个学期)通过研究并应对一个真实的、有吸引力的、复杂的问题、课题或挑战,从而获得知识和技能。(项目式学习)能发展学生的高阶认知以及批判性思维、协作、创造力和沟通技巧。[①]

2016 年 BIE 制定了项目式学习的八项"黄金准则"(Gold Standard PBL)[②]:

1. 重点知识的学习和"成功素养"的培养;
2. 解决一个有挑战性的问题;
3. 持续性的研究;
4. 项目要有真实性;
5. 学生对项目有发言权及选择权;
6. 学生和教师在项目过程中进行反思;
7. 评论与修正;
8. 项目成果的公开展示。

欲更深入了解黄金准则及其运用,可以登录 BIE 官网,其中有各学段多学科的项目案例,有不少文学文本、信息文本、写作、口语与听力、语言的。

---

① *Buck Institute for Education. What is PBL?* [EB/OL].[2021-08-07]. https://www.pblworks.org/what-is-pbl.

② BIE 稍早提出的是"6A 法则":真实性(Authenticity)、学术严谨性(Academic Rigor)、学以致用(Applied Learning)、积极的探索(Active Exploration)、与成年人的联系(Adult Connections)、评价的实际应用(Assessment Practices)。参见:巴克教育研究所.项目学习教师指南:21 世纪的中学教学法(第 2 版)[M].任伟,译.北京:教育科学出版社,2008:39.查询 BIE 官网(https://www.pblworks.org/),可见其八项准则,这是项目式学习的灵魂。这里八项"黄金准则",参见:夏雪梅.项目化学习设计:学习素养视角下的国际与本土实践[M].北京:教育科学出版社,2018:9.

(三)项目式学习的"左邻右舍"

PBL既是项目式学习的简称,也是问题式学习(Problem Based Learning)的简称。最初的PBL其实是问题式教学,学生的学习由解决一个真实的、结构不良的真实世界问题的需求所引发和驱动,被称为纯PBL模型,完全排除讲授或其他任何直接教学的方式。

随着PBL在不同学科、不同水平学习者、不同国家甚至不同文化中被采用,最初的模型有了不同程度的修改,目前存在大量的PBL变式,我们姑且称之为"左邻右舍"。巴罗斯(Barrows)提倡从自主学习和问题结构水平进行分类。洪伟用这个二维谱系,鉴别了PBL六个代表性分类,如图3-10[①] 所示。

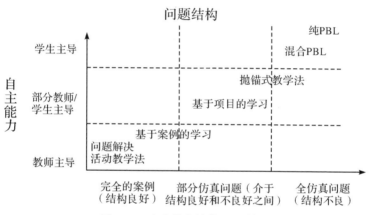

图 3-10 六大代表性的 PBL 模型

对于一线教师来说,未必要深究彼此的异同,重要的是了解这些PBL的实质,它们均强调以学习者为中心,让学生在完成项目和任务的过程中,从模拟或真实情境中,建构知识和经验,实现深度学习。

当今盛行项目式学习,不是偶然的,世界已经变成以项目为基础的了。或曰:"后教育的世界里没有作业,只有项目!"[②]通过复制课外生活中的做事方法,项目融入了我们希望学生练习的技能。当然,做一个项目不等于项目式学习,后者是教学方法,将项目"点化"为教学方法的,正是"黄金准则"。

---

① 高恩静,阿曼达·S.卡雷恩,马努·卡普尔.真实问题解决和21世纪学习[M].杨向东,等,译.长沙:湖南教育出版社,2020:83.

② 鲍勃·伦兹,贾斯汀·威尔士,莎莉·金斯敦.变革学校:项目式学习、表现性评价和共同核心标准[M].周文叶,盛慧晓,译.长沙:湖南教育出版社,2020:57.

(四)项目式学习在中国

关于项目式学习,我国已完成基础的译介,正走在实践的路上,各学科均有不同程度的实践。进行系统研究和探索的,要数夏雪梅博士及其团队。她认为,从素养所包含的综合性目标来看,完整的项目式学习设计需要从核心知识、驱动性问题、高阶认知、学习实践、公开成果、学习评价等六个维度设计,她提出图3-11的设计框架①,还开发了学科和跨学科的"项目化学习设计模板"。

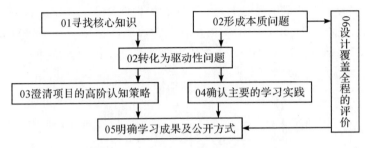

图 3-11　夏雪梅:项目化学习设计框架

二、语文项目式学习

(一)课程标准中的"项目学习"

首提"学习项目""项目学习"的,是《普通高中语文课程标准(2017 年版)》。该课标"课程结构"和"教学建议"两次(三处)提到:

> "语文学习任务群"以任务为导向,以学习项目为载体,整合学习情境、学习内容、学习方法、学习资源,引导学生在运用语言的过程中提升语文素养。若干学习项目组成学习任务群。
>
> 应关注学生学习方式的转变……加强课程实施的整合,通过主题阅读、比较阅读、专题学习、项目学习等方式,实现知识与能力,过程与方法,情感、态度与价值观的整合,整体提升学生语文素养。

"学习任务群"是《普通高中语文课程标准(2017 年版)》的一大创造。"课程结构"对学习任务群的解释,强调"学习项目"是"群"的载体,也是"群"的内容构成——"学习项目"即"学习任务","项目学习"就是任务驱动的学习。"教学建议"则从"学习方式"的角度,将"项目学习"与"主题阅读、比较阅读、专题学习"相

---

① 　夏雪梅.项目化学习设计:学习素养视角下的国际与本土实践[M].北京:教育科学出版社,2018:33.

提并论,这里的"项目学习"就是我们所说的"项目式学习"。

《普通高中语文课程标准(2017 年版)》还提及"专题阅读""专题研讨",后者还被作为选修 6 个任务群名称的元素。有必要简要辨析这些概念,以免眼花缭乱。

我们认为,"主题阅读"强调的是内容整合,就某一具体的母题、话题和议题,组织一系列的语篇或文本,开展相关的语文阅读活动。"比较阅读"则是一种阅读的方式,把两种或两种以上同类或者有一定联系的语篇或文本放在一起,从多方面进行比较、对照和鉴别,当从属于"主题阅读"。"专题阅读""专题学习""专题研讨"等,其中的"专题"就不再局限于内容的整合(如鲁迅专题),而是从人文主题、文体类型、知识学习和能力训练等多方面一并考虑的。

再进一步分析,"主题阅读""专题阅读"仅指向阅读与鉴赏活动,在实践中的使用频率却远不如课程标准中并未出现的"群文阅读",这是很奇怪的现象。因为无论是"主题阅读"还是"专题阅读",都自然地蕴含了"群文"。

相比来说,"专题学习""专题研讨"则兼顾阅读与鉴赏、表达与交流、梳理与探究等学习活动类型,才可以与"项目学习"并列。这三个概念中,"专题研讨"可以理解为"专题学习"的下位概念。

如此,就只剩下"专题学习"与"项目学习"可以比较了:两者都是"学习方式"或是"教学方式"(链接 3-2 称为"教学模式"),区别在于是否有意识地运用,或者说多大程度上体现了前述的"黄金准则"(特别是情境、任务设置)。当然,项目式学习与学科融合的程度,因学科内容而异。比如,普通高中统编教材,其单元分以读写为主的单元、整本书阅读的单元和以综合实践活动为主的单元,后两者项目式学习可有比较多的融入,甚至是纯 PBL,如链接 3-2 所示。

链接 3-2 项目学习:一种新的教学模式

依照项目学习的一些原则,重新审视我们的语文课堂教学,可以发现,传统的教学设计各要素并没有变,但它们的内涵却发生了变化。

课程目标不是静态的规定,要考虑到目标的设计与过程的关联,因此,必须同时设计学习目标与学生的表现性行为。

教学资源,过去是教教材,教一篇文章,现在需要考虑文本的作用是什么,基于问题解决能否用一组文章做教学资源,能不能教整本书……文本选入的数量、范围、类型将可能扩大。

教学方法,过去是技巧层面的,如怎样设计导入、写板书、提问题,现在要考虑如何引发学生的学习行为、如何让行为与实践发生关联。

教学过程,过去只看一堂课,现在则要有整体意识,看整个单元、数节课甚至整个学期的设计是否有利于各类项目的解决。

> 教学评价，过去只是纸笔测验，现在则要讨论评什么、用什么评、谁来评，以及学生的核心素养有什么样的过程性表现。
>
> 来源：王宁，巢宗祺.《普通高中语文课程标准（2017 年版）》解读［M］.北京：高等教育出版社，2018：211.

（二）现有实践中的"项目式学习"

《普通高中语文课程标准（2017 年版）》颁布之前，类似于"项目式学习"的实践并非没有。比如"研究性学习""综合性学习"，都带有项目式学习的某些元素，中小学各学段都不乏类似或近似于项目式学习的探索和实践。

《普通高中语文课程标准（2017 年版）》颁布之后，特别是高中统编教材实施后，普通高中的探索与实践，主要是两条思路：一是基于课标，开发和实施任务群教学；二是基于教材，设计和实施大单元整体教学。

前者的设计，较有影响的有两个。一是由褚树荣主编的"新课标·新语文·新学习"丛书（上海教育出版社，2018 年），一套共 16 个分册，覆盖了普通高中 18 个学习任务群，共计 119 个专题、270 次活动。二是《语文教学通讯（A 刊）》，2019 年 7～8 月的合刊推出必修课程 12 个、选择性必修课程 8 个、选修课程 8 个、整本书阅读与研讨 22 个"学习任务群教学方案设计"。各方案包括学习情境与任务、学习内容与目标、学习活动概述、学习资源、学习活动设计、读写测评等板块，尽力体现项目式学习的理念。

后者的设计，除了语文各期刊零散推出外，各地也在组织力量开发和编写成册的必修、选择性必修单元设计。《语文教学通讯（A 刊）》2021 年 7～8 月合刊、2022 年 1～2 月合刊，推出由褚树荣领衔、近百位全国名师参与的"大单元统筹·微专题教学"，涉及统编教材必修、选择性必修。合刊未用"项目式学习"的名称，但还是渗透了项目式学习部分理念的。

（三）项目的表现性评价

无论冠以"专题教学设计""微专题教学设计""大单元整体教学设计"怎样的名称，成为项目式学习的关键，包括：（1）提供了真实的情境与任务；（2）体现了适合学情的深度学习；（3）设计了良好的表现性成果；（4）使用了适当的表现性评价。它们共同构成项目式学习的充分且必要条件。

情境与任务的知识，请参看第二章第二节"表现性任务的设置"。深度学习与"大概念""核心知识""成功素养"等概念都有一定的相关性，这里不做辨析。为便于读者理解，且将之与"虚假学习""浅层学习"列表比较，如表 3-21 所示。

表 3-21　虚假学习、浅层学习和深度学习的比较

比较点	虚假学习	浅层学习	深度学习
学生	似容器	低级能动的学习者	积极主动的学习者
教师	拥有"一桶水"	只顾死记硬背、机械操练	引起、维持、促进学习者
目标	"教材"中的直接答案	"不知所以然"的标准答案	学以致用;共生共享的评分规则
内容	无需理解的信息	字面理解的信息	蕴含意义(真实情境问题解决)的任务
教学	没有或不正确的学习过程	侧重记—背—练的学习方式	高投入;高认知;高表现;个人化学习
评价	只管结果对错	纸笔—记背—操练	真实情境问题—任务表现—反思

深度学习的设计,是与表现性成果的设计相关联的。或者说,项目是否将深度学习设计出来,一个重要的标志就是成果的设计。

语文项目可以有哪些表现性成果的选项呢?语文的项目式学习,是整合了阅读与鉴赏、表达与交流、梳理与探究等三类活动的,其表现性成果,自然与这三类活动的成果相关,读者可参看之前的三节,这里不再罗列。链接 3-3 介绍了巴克教育研究所对项目成果的分类——最终作品和阶段性作品,可参看。

需要注意的是,语文项目的表现性成果,是与"学习者特征"紧密关联的。前文通过脚注介绍了哈蒂的研究,在 138 项影响学业成就的因素中,"自评成绩""提供形成性评价""直接教学法"各居第一、三、二十六位。该项研究显示,居第二位的是"皮亚杰项目"[①]。所指的是,皮亚杰提出的认知发展阶段(前运算阶段、具体运用阶段、形式运算阶段)与学业成就之间有非常高的相关性,在数学方面尤为如此,阅读次之。因此,了解学生的思维方式以及这种思维是如何受制于不同的认知发展阶段,对教师选择材料和任务,在提供的任务中体现出有难度和有挑战性的概念,以及发展连续和同步的思维都是最为重要的。

情境与任务、深度学习、表现性成果的设计,都要关注"学习者特征",如此我们才不会为项目而项目、为成果而成果。也只有如此,表现性评价才能派上用场,或作为形成性评价——评价项目的阶段性作品,以推进学习过程;或作为终结性评价——评价项目的最终作品和公开展示。如链接 3-3 所示。

链接 3-3　项目学习的最终作品与阶段性作品示例

项目最终作品包括项目建议书、项目计划书、研究报告、模型设计、设计发明、展示性作品、专题演讲、专题文章和专题讨论等。

---

① 约翰·哈蒂.可见的学习:对 800 多项关于学业成就的元分析的综合报告[M].彭正梅,等,译.北京:教育科学出版社,2015:52.

项目阶段性作品的示例列表如下。

类型	示例
书面类作品	研究报告、叙述文、书信、海报、简报、项目建议书 诗歌、提纲、介绍手册/小册子、调研问卷/调研报告 人物自传、论文、书评、编者按、电影脚本
展示类作品	演讲、辩论、游戏、歌曲/抒情诗、音乐片段 口头报告、座谈会、戏剧和角色扮演、新闻播报 讨论、舞蹈、数据展示(例如图表)、作品展览
技术类作品	电脑数据库、电脑图像、电脑程序、CD-ROM、网站
媒体类作品	录音带、幻灯片、录像带、绘画、雕塑 拼图/地图、剪贴册、口述历史、相册
培训类作品	课程、手册、工作示范
计划类作品	计划书、成本预算、投标书、蓝图设计、流程图、进度表
制作类作品	实物模型、大众消费性产品、系统、机器 科学仪器、博物馆展品、立体模型

来源：巴克教育研究所.项目学习教师指南：21世纪的中学教学法(第2版)[M].任伟,译.北京：教育科学出版社,2008:71.

总之,项目式学习会广泛使用表现性评价,对项目最终作品和项目阶段性作品做出评价。可以说,表现性评价是项目式学习的标配。

三、大单元整体教学

(一)大单元,何以为"大"

有读者特别反感新的概念："有好端端的'单元设计',为何要加个'大'字？标新立异,殊不可取！"为此,这里需要先说明"大单元"的"大"。

据考,中华人民共和国成立后,最早进行单元学习活动分析和教学设计的,当数重庆一中语文组。1959年,他们研究单元内各课不同的内容、不同的文体、不同的语言风格,以选择不同的教法,研究单元内各课怎样进行系统的复习和巩固,研究单元教学如何与写作教学、课外阅读、课外活动等密切结合。[①]

20世纪八九十年代,湖北大学黎世法"六课型单元教学法"、广东钟德赣中学语文"反刍式单元教学法"均颇有影响。前者的六课型是指自学、答题(启发)、复习、作业、改错、小结课,意在改变原有的课堂教学体系,改变"满堂灌"和"一刀切"。后者则由五步(总览、阅读、写说、评价、补漏)、三课型(每个步骤分自练、自改、自结)构成。

---

① 重庆一中语文组.语文教研组的组织领导工作[J].语文学习,1959(11):3-5.

　　笔者在 2006～2009 年也曾探索"单元(专题)计划"。借助泰勒的课程四元素、威金斯等的逆向设计,提出由引言、相关标准陈述、专题目标、专题评价、专题内容、专题实施、专题资源等构成的模型。[①] 但一如之前的单元教学设计,背后的学理依然是行为主义,没有采用贯通的情境和任务、表现性成果和评价来统筹单元,将学生导向深度学习。

　　于此,就不难理解"大单元"之"大"所指为"大情境""大任务"。如果读者不厌弃新概念,"大单元"之"大"还指"大概念",只是在语文学科中,"大概念"难以概括和表述罢了,但我们没有必要否定它的存在。

(二)大单元教学设计的模板

　　各家都有自己的建构,我们基于建构主义、深度学习、逆向设计的视点,开发并验证了一个模板,为便于读者理解,制成了表 3-22[②]。

表 3-22　大单元教学设计模板

要素	回答
一般项目	包括单元名称、设计者、适用年级与班级、课时等,其"单元名称"回答"本单元重心或导向是什么"的问题
单元目标	从课程标准/学科素养、学习任务群出发,描述学生通过单元学习将达到的目标,回答"期望学生学会什么"的问题
情境任务	设置真实的语言运用情境,描述学生在情境中的表现性任务,回答"学生借助怎样的载体学会"的问题
评估设计	通过什么标准评判学生实现预期目标的程度,回答"何以判断学生学会"的问题
学习计划	设计语文学习活动,帮助学生完成情境中的任务以达到预期目标,回答"怎样才能学会"的问题
学后反思	引导学生回顾学习过程与学习结果,梳理单元学习的收获与问题,回答"学会了吗""如何学会的"的问题

　　表 3-22 呈现了模板主要内容,有若干选择性内容:(1)可在"单元目标"之前增加"课标要求"(明确任务群,并摘录与设计最相近的表述)和"学情简介";(2)"情境任务"之后,增加"任务框架"(用思维导图等呈现核心任务与子任务);(3)"学习计划"之前,增加"教学建议/资源清单"(如果内容较多,可置于设计文本的最后)。

　　其中"学习计划",我们主张采用"课段/课时"的方式。每一个"课段/课时"可包括课时/段目标、评价任务、学习过程等三项,而"学习过程"可以按课前学习、课堂学习、课后学习排序。

<hr>

①　林荣凑.专题计划:模块纲要与课时教案的桥梁[J].教学月刊(中学版),2009(1):3-8.
②　林荣凑.单元设计的价值、视点与尝试性模板[J].语文建设,2019(7):34-38.

最值得一说的是，依据该模板制作的文本，可以快速转换成为供学生使用的"学案"或"学历案"。根据这一模板制作的样例，可见本书"案例分享"。

（三）大单元设计中的表现性评价

表 3-22 呈现的模板，"评估设计"置于"情境任务"之后，即在明确单元目标、任务之后，紧接着就要思考和回答"何以判断学生学会（完成任务、达成目标）"的问题。这里的"评估设计"只需要概括交代，详细的评估操作置于"学习计划"中，即所谓"将评价镶嵌于教学过程之中"。

这里，就单元整体的评价设计，提出四条建议。

1. 单元评价设计的原则。要针对单元目标，围绕情境与任务，并与"学习计划"中的活动设计保持一致，此即教、学、评一致性要求。

2. 明确单元评价的内容。就大单元来说，评价的内容不外乎三类：一是针对双基的，二是针对表现性任务的，三是针对学习技能的。

3. 选用合宜的评价方法。不同的评价内容，要采取不同的评价方法。传统的纸笔测试适用于双基的检测。表现性评价，适用于表现性技能和复杂的表现性任务。如运用表现性评价，还要考虑选择怎样的评价工具——核查表、表现清单或评分规则，注意适合的才是最好的。

4. 先设计评价，再设计活动。一般来说，除了纸笔测试外，表现性评价应先于"学习计划"设计，这就是逆向设计。只有反复调试"目标—情境任务—评估"并求得一致，后续的"学习计划"设计才可顺畅操作。

这里，有必要特别就上面提及的"学习技能"做些解说。

日常教学时，必然遇到对学生课堂参与、作业、小组合作等进行评价。夏雪梅将项目式学习的"学习实践"分解为探究性、社会性、审美性、技术性、调控性实践等五类，其中"社会性实践"包括倾听、讨论、寻求帮助、团队合作、书面和口头报告等，"调控性实践"包括投入学习、专注与坚持、成长性思维、调控情绪、计划与反思等。[1] 她用这种方式，凸显其重要性。

罗伯特·马扎诺（Robert J. Marzano）将其提到生存技能的高度，主张作为测量主题来强调。他将学生参与课堂活动、作业完成、行为举止、团队合作等表现称之为"生活技能主题"，并开发了表 3-23 的一般评分规则。[2]

---

[1] 夏雪梅.项目化学习设计:学习素养视角下的国际与本土实践[M].北京:教育科学出版社,2018:91,95.

[2] 罗伯特·J·马扎诺,詹尼弗·S.诺福德,戴安娜·E.佩恩特,等.有效的课堂教学手册.杨永华,周佳萍,译.北京:教育科学出版社,2008:91.

表 3-23 生活技能主题的评分规则

	参与活动	完成作业	行为	小组活动
4.0	除了达到分值 3.0 要求的表现外,学生参与没有料想到的课堂活动	除了达到分值 3.0 要求的表现外,学生作业完成出色,超过一般要求	除了达到分值 3.0 要求的表现外,学生遵守没有特别要求的规则和秩序	除了达到分值 3.0 要求的表现外,学生表现出以前没有得到强调的维持小组活动的能力和处理人际关系的能力
3.0	学生参与活动的情况满足课堂期待	学生按时交作业,符合所有的要求	学生遵守所有的课堂规则和秩序	在小组活动中,学生表现出已经得到强调的维持小组活动的能力和处理人际关系的能力
2.0	除有些特殊情况外,学生参与活动的情况满足课堂期待	除一些特殊情况外,学生按时交作业,符合要求	除一些特殊情况外,学生遵守课堂规则和秩序	除一些特殊情况外,学生表现出已经得到强调的维持小组活动的能力和处理人际关系的能力
1.0	在教师的帮助或鼓励下,学生参与活动的情况满足课堂期待	在教师的帮助或鼓励下,学生按时交作业,符合要求	在教师的帮助或鼓励下,学生遵守课堂规则和秩序	在教师的帮助或鼓励下,学生表现出已经得到强调的维持小组活动的能力和处理人际关系的能力
0.0	甚至在教师帮助或鼓励下,学生参与活动的情况不能满足课堂期待	甚至在教师帮助或鼓励下,学生也不按时交作业,或不符合要求	甚至在教师帮助或鼓励下,学生也不遵守课堂规则和秩序	甚至在教师帮助或鼓励下,学生也没有表现出已经得到强调的维持小组活动的能力和处理人际关系的能力

　　此外,还有将之称为"特色学习目标"的。"特色学习目标以整个学校对学生的学生习惯和社会行为规范的期望为基础。如果学校还没有确定指导学生学习的学术习惯——学校的特色编码,那么回顾学习宗旨会帮助学校进一步认识特色学习目标。"[1]从学校文化角度思考,从而将日常学习的行为纳入"特色学习目标",其眼界是极为开阔的。

　　为便于学生理解和接受,我们称之为"学习技能"。但主张采纳马扎诺的评价方式,在每单元最后 10 分钟做一次学生自评或互评,也可由教师在单元学习

---

　　① 罗恩·伯杰,利娅·鲁根,莉比·伍德芬. 做学习的主人:学校变革中的学生参与式评价[M]. 张雨强,译. 长沙:湖南教育出版社,2020:30.

过程中做交流式评价。当然，这并不排除日常教学中的"非正式检查"，还有在语文低段和初一、高一起始年级的专项训练。

四、整本书阅读

整本书阅读，现已成为义务教育、普通高中语文学习的重要内容。按我们的经验，在鼓励学生广泛课外阅读之外，有必要基于课程标准、统编教材和班级学情，组织好"共读一本书"活动。整本书阅读活动的设计和实施，宜参照项目式学习的方式来组织，自然也应配套相应的表现性评价。

（一）国内案例欣赏

这里介绍两个案例。先看笔者所带团队陈刚、陈丽两位老师开发的费孝通《乡土中国》的阅读。根据课标要求、教材和学情，确定"单元目标"：

> 1. 理解书中的关键概念，梳理大纲小目及其关联，把握各篇主旨，撰写相应的内容提要，形成全书的思维导图，了解《乡土中国》的学术价值。
> 2. 关注作者的研究思路，初步学习作者从现象到概念、理论的方法，围绕"今日中国乡村的变迁"的话题，自选一个问题展开研究，写一篇不少于1000字的小论文。
> 3. 总结阅读学术著作的方法和经验，围绕"中国乡村的昨天与今天"主题，扩展阅读费孝通和其他学者的相关著作。

其中第（3）条目标，作为机动性目标，受学情水平和时间限制的，可放弃。下面的情境与任务，是基于第（1）（2）条单元目标设计的：

> 高一语文组与图书馆联合策划一次《乡土中国》学术展，主题为"对话费孝通与《乡土中国》"，要求用一组展板（一般控制在20张以内），将《乡土中国》介绍给读者，将当今乡村的变化"告诉"费孝通先生。
> 为此，要求高一各班提供一套展板初样（用A4纸设计），张贴在本班走廊的墙壁上。经由师生联合评委团评比，从中选择一套内容和创意最丰富的展板初样，交校外传媒公司制作展板成品，悬挂在学校图书馆阅览大厅。这是一项有益的学校文化活动。我们需要在学期结束前，即在两个月内（其中课堂用9课时）做出展板初样。建议各班同学合作，依次完成：
> 1. 走近费孝通，通读《乡土中国》；
> 2. 整合全书，制作展板初样（一），将《乡土中国》介绍给读者；
> 3. 研究当下中国，写作小论文；

4. 评选小论文,制作展板初样(二),将当今乡村的变化"告诉"给费孝通先生。

如何设计具有驱动性(或挑战性)的"情境与任务",这是项目式学习(整本书阅读)的关键。设计"展板"或许不再新鲜,对高一学生来说也没有什么技术难度,这项任务重在读懂《乡土中国》并介绍给观展者。"小论文"就有些难度了,之前的必修单元,接触了评注、札记、鉴赏短文、人物志/风物志、调查报告等表达样式,小论文还是第一次接触,是有挑战性的,也是有驱动性的。

基于这样的"情境与任务",如何设计评估呢? 也很巧妙,请看:

以师生讨论制订的"怎样的展板是好的""怎样的小论文是好的"标准评价。个人小论文 10 分,小组合作制作的单独一块展板 10 分,班级整套展板 10 分。单元学习结束,每位学生最多可获满分 30 分。

不知道读者还是否记得小数值评分的建议,这里的设计是值得学习的。看如今的诸多表现性评价设计,动辄 100 分,或许应反思实践效果。

围绕"单元目标""情境与任务"和"评估设计",安排 6 个课段,因为有清晰的"情境与任务"设置,课段的安排并不困难。这里也不再介绍,只录其中使用的一份表现清单,如表 3-24 所示。

表 3-24　"怎样的展板是好的"评价量表

指标	特征描述	优秀	良好	一般
视觉冲击 (3分)	运用好各种视觉语言,点线面、图片和文字灵活结合应用,注重平面构成及颜色构成,能对人们的视觉形成最强烈的冲击力,而又不落入花哨			
排版 (2分)	字体、行距及其他排版元素,贴合当前项目的要求和调性,传达出你的理解			
内容 (5分)	鲜明清晰、详略得当地呈现《乡土中国》观点与内容,用语简明,达到把《乡土中国》介绍给读者的目的			
三个等级按指标满分的 1、0.7、0.3 系数赋分		第×小组得分		

这个整本书阅读设计是比较成功的,但拘泥于文本和文体阅读。其实,可以直接从"对话费孝通"切入,也许高阶认知的融入感会更鲜明。

(二)国外案例欣赏

《麦田里的守望者》,是美国作家杰罗姆·大卫·塞林格(J. D. Salinger)1951 年出版的长篇小说。故事发生于 16 岁的中学生霍尔顿·考尔菲德从离开学校到曼哈顿游荡的三天时间内,采用意识流的写作方法,充分探索了一个十几岁少年的内心世界。小说发表后，大学、中学学生争相阅读，家长和教师也视小说为"必读教材"，把它当作理解当代青少年的钥匙。

下面将要介绍的案例，笔者首次在《教育性评价》[①]里读到时，犹如遭遇5级"地震"——原来可以这么设计！建议读者不忙阅读案例，你可以和同伴讨论，不妨设计 N 种方案，再和设计者大卫·格兰特(David Grant)的比。

案例很长，又有文化的隔阂，这里只能通过转述，交代精华的部分。

先看"单元的背景和目的"，此可视为"单元目标"：

> 本单元给学生机会练习课程所需的核心技能：阅读、分析文学作品、讨论、合作、写作和演说。
>
> 主题联系将取决于在课程中阅读的其他文学作品。例如，在美国文学课的背景中，与《赫克·芬恩》(Huck Finn)存在明显的联系；在关于"一致性"或"喜剧与悲剧"或"长大成人"等主题课程的背景中，将存在其他的联系。
>
> 不管在什么场合读《麦田里的守望者》都允许青少年考虑自己生活中的重大问题，不过人们希望，最好在与文学作品保持一种相对安全的距离并在有辅导的教室环境中思考。对每位教师来说，重要的是一边评估学生能在多深的程度上探讨"伪善"的问题(包括讨论社会习俗和伪善、青少年性行为、家庭动态以及对待死亡等问题)，一边评价安全和信任的程度。

是否感觉有些难懂。第一段文字，寥寥几字交代"核心技能"，却涉及阅读与鉴赏、表达与交流(口头/书面)。陈述是概括的，故而译者不译为"目标"，而是"目的"，其实是很准确的。第二段文字，分析该书主题归类的诸多可能性——就如《水浒》，其母题是"官逼民反"，还是"快意恩仇"，指导学生共读文学作品特别是长篇小说时，最好先明确阅读的定位。第三段文字，提示阅读该书的"注意事项"，其中提及"伪善""青少年性行为""家庭动态""死亡""安全""信任"等多方面内容，是我国教师指导中可能忽略的。

接下来，该如何搭建阅读平台，助力共读的推进和交流分享？这是整本书阅读设计的重点和难点。否则，或者难以驱动和推进，实现阅读目的；或者由于文学阅读的开放性，彼此聚焦不一，难以实现良好的对话和交流。

请看该案例"表现任务和节目"的表述。总计4项，先看前2项：

[①] 格兰特·威金斯. 教育性评价[M]."促进教师发展与学生成长的评价研究"项目组，译. 北京：中国轻工业出版社，2005：204-209.

　　•霍尔顿出了什么事？学生扮演听取霍尔顿讲述经历的某家医院顾问委员会委员,在仔细阅读并讨论霍尔顿对去年12月所发生事件的陈述之后,委员会将要:给医院写出一份报告;给霍尔顿父母写一封信;最后他们将在一个委员会面前解释并说明他们的结论和建议。

　　•描述霍尔顿。为便于医院委员会使用,用一页纸写一封信或短文,从小说中另外一个角色的角度来描写霍尔顿。四人委员会的每位成员都要从一个不同角色的角度写这封信或文章,不同的角色分别是:霍尔顿的一位家人、教师、两位朋友或伙伴。

　　本案例使用者八至十年级,这里设定了学生阅读的"角色"——某家医院顾问委员会委员。这一设定很高明,一则呼应"单元的背景和目的"中"与文学作品保持一种相对安全的距离"的表达,二则为阅读任务找到"关纽",由此带出3个任务:给医院写一份报告,给霍尔顿父母写一封信,参加委员会的面试。

　　有趣的是,本案例还设计了另一阅读"角色",并配置了"任务":从小说中另外一个角色的角度来描写霍尔顿,写一封信或短文。这样一来,或与案例"允许青少年考虑自己生活中的重大问题"的设定有关,更主要的是尊重文学阅读的最大特性"代入感";从整本书阅读来说,增加阅读与表达的出口。

　　以上2项交代了4个任务,它们都是终结性的。那么有过程性的吗？有的！再来看"表现任务和节目"另2项的表述:

　　　•学习日志。学生在每次的阅读任务完成后回答两个问题:在小说该部分中,哪些内容对你了解霍尔顿最重要？在小说该部分中,哪个问题对了解霍尔顿最重要但没有讲明？第三个问题对应于每次(共分6次)的阅读任务(略)。

　　　•分析学习日志。本单元的最后一份写作任务是分析自己的日志。在一篇2～3页的论文中,分析自己对小说的逐步理解。请回答下列两个问题:在读这本书的过程中,你对霍尔顿的看法有什么改变？如果一些人认为当你遇到一些新资料时,"误解是不可避免的",那么你在整个单元中有哪些误解？你是怎样更正误解的？

　　这里2项表述包含2个任务:一是阶段性的作品——学习日志;二是终结性作品——围绕"误解及逐步消除"写2～3页论文。如何完成这2个任务,设计者提供了"问题支架"。

　　明确了"目标",设置了"情境与任务","评估"就不再是难事。"学习日志"作为形成性评价,通过交流分享与质疑,渗透于设计者安排的11天(或12天)集中阅读之中。专门安排一次"参加委员会的面试"，用口头表达与交流的表现性评价，自可解决。其余的 4 个任务（给医院写一份报告、给霍尔顿父母写一封信、描写霍尔顿的一封信或短文、分析日志的论文），可以采用表现清单或评分规则，安排师生实施评价——案例的原文，也正是如此处理的。

然而，有出乎我们预测的，如："学生不必听所有小组给医院委员会的报告，但至少要听一个小组的报告。日志将随对日志的分析一起交给老师。"原来"参加委员会的面试"，学生不需要从头到尾做观众的。意外的还有"举行测试"，安排于第 3 天、第 6 天，只是案例中看不到具体的"测试题"。

（三）整本书阅读表现性评价的建议

近年来，我国不乏整本书阅读的设计案例，中小学语文教师探索的热情高涨。但浏览诸多设计，发现整本书评价设计的想象力还是很贫乏的。

有鉴于此，结合笔者开发和实施的经验，提出如下建议。

1. 明确具体整书的阅读定位。选择合宜的整书后，要分析整书从属的大文类和子类，还要辨析此书与同属一类书籍相比所具的个性，在课程标准、学情特点和整书个性之间找到合宜的阅读定位。

2. 重视设计阅读的情境与任务。赋予学生具体、真实的"角色"，对标项目式学习，设计个性化的、足以驱动整书阅读的情境和任务。

3. 评价设计要围绕情境与任务。要求学生"做什么"，后续就要检查学生"做得怎么样"，并且评价的标准最好与任务同时设计，同时交付给学生（除低阶知能层次的纸笔测试题外）。

4. 尽可能降低整书评价的功利倾向。当前诸多的整书阅读评价，受制于大规模、高利害的测试，以高考题、中考题为主导评价，极大地"摧残"了整本书阅读本该拥有的自由、美好与诗意。

5. 要让学生收获更多的成就感。整本书阅读，离不开"学习性写作"的运用，并可整合阅读与鉴赏、表达与交流、梳理与探究等多种学习活动，让学生有书面表达、口头表达的各种出口。

本书"案例分享"收入的《昆虫记》阅读设计，体现了以上建议。该设计根据初中学生的学情，设计了终结性成果——编写《我读〈昆虫记〉》纪念册，以此组织《昆虫记》的阅读过程，让学生逐步接近目标，感受前行的节奏与收获。

五、大规模测试中的表现性评价

《普通高中语文课程标准（2017 年版）》，提及"观察记录表""等级量表""表现性评价"等概念，还道"可采用纸笔测试、现场观察、对话交流、小组分享、自我反思等多种评价方法"。现如今我国的实践,表现性评价的运用,如日之初生。

而要大张旗鼓地将"表现性评价"纳入我国的大规模测试,特别是那些大规模、高利害的测试,可能为时太早。当然,如将简答题、论述题纳入表现性评价,即从广义来说,我国大规模的测试实际上并不缺乏表现性评价。

这里,只介绍域外两个案例,仅供激励一线教师实践表现性评价之用。

案例1 国际文凭大学预科课程(IBDP)[①]

IB、A-Level、VCE、AP 等课程并称全球四大高中课程体系。IB 课程由国际文凭组织提供,面向全球 3～19 岁的学生,分小学 PYP、中学 MYP、大学预科 DP 和职业先修 CP。大学预科课程(IBDP)由三个核心要素和六个学术领域组成,针对 16～19 岁(中学最后两年)的学生,其中"语文与文学研究"领域包括"语言 A:文学""语言 A:语言文学""文学和表演艺术(跨学科)"三门课程。

试以"语言 A:文学"为例简单介绍。"语言 A:文学"专注于文学文本的研读,分普通课程和高级课程两个层次,评估都分为校外评估和校内评估。校外评估由试卷 1、试卷 2 构成。试卷 1 包含两篇分属不同文学体裁的选文,每篇都附有一个问题,普通课程学生选择其中一篇撰写对它的分析性文章,高级课程的学生两篇都要写。试卷 2 包含 4 道一般性论题,学生要根据在课程中学习过的两部作品,撰写一篇比较论文来回应其中一道题。

校内考试采用口试,由授课教师进行评估,并由国际文凭组织在课程结束时进行校外评审。口试时长 15 分钟,学生在学过的母语文学和翻译文学作品中各选一段,围绕一个与之相关的全球性问题,做一次长达 10 分钟、有准备的口头表达,并在接下来的 5 分钟内回答教师的提问。高级课程学生还需要在学习期间撰写一篇 1500～1800 字的正式论文,该论文要联系一部学习过的文学作品,发展一条自选的特定探究线索。

IBDP 采用没有标准答案的开放式测评,无论是口试还是笔试,其评分标准基本一致,都由四个部分(A 知识、理解与诠释,B 分析与评价,C 重点、组织与展开,D 语言)组成,考查学生思维能力的不同方面。

像下面这样的问题很普遍:

· 运用你所学过的 2 本或 3 本著作,讨论作者如何使用夸张这一修辞方式及其产生的效果。

· 获取物质财富或者抵制其吸引力常常是作者展开有趣的情节的

---

① 参考:昌晶.让阅读"活起来":国际文凭大学预科项目"语言 A:文学课程"测评综述[J].语文教学通讯,2020(4).另可浏览 IB 官网 https://www.ibo.org/。

基础。比较你学过的 2 本或 3 本著作的作者展现这种动机的方式。

·讨论并比较你所学过的诗歌中的陈述者或人物角色。详细参考所学的 2～3 位诗人的著作，基于 3 首或 4 首诗的学习给出你的回答。①

从这三道题看，在日常语文学习中，学生的主题阅读、深度阅读就显得很有必要，教师应扎实组织"主题阅读"或"专题阅读"。由此，也就不难明白为何 2017 年版课标选修将"专题研讨"（如中华传统文化专题研讨、跨文化专题研讨）作为高中学生发展性定位的原因所在了。

以上三题，对义务教育段的教师也不无启发。比如第一、三题，可以将原题"著作"（整本书）置换为"文本"，设计具有表现性的测评题。

案例 2　俄亥俄州的语言艺术表现性评价②

为落实 2010 年颁布的《共同核心州立标准》，美国许多州尝试建立包括表现性任务网络库在内的评价系统。下面的是俄亥俄州设计的英语语言艺术表现性任务，让学生将自己对美国文学中一个核心主题（如美国梦）的理解认知，应用到一个要求选择、分析、领会和解释文本的任务中。

你在为十一至十二年级学生编辑一个在线电子版文集，标题为"关于美国梦的看法"。你的任务是为文集准备前言。在你的前言中，请做如下事情。

1. 决定你想以什么顺序选取哪些文本（至少包含 6 个文本）。文本可以包含诗歌、歌曲、短故事、散文、照片、论文、电影、电视剧或者网络媒体。这些文本至少体现两种观点，至少包含两种不同的文本形式（如印刷文本、视频媒体、音频媒体、多媒体、数字媒体）。

2. 甄选和讨论你所选择的文本中所体现出关于美国梦的不同看法。

3. 为每个文本写一个小段落，阐明你的选取理由及其与文集中其他文本之间的相关程度。

4. 提出一系列问题，让读者集中思考文本中体现的观点。

---

① 琳达·达令-哈蒙德.新一代测评:超越标准化考试,促进 21 世纪学习[M].韩芳,译.长沙:湖南教育出版社,2020:17.（原出处 https://www.ibo.org/已删除此页）

② 琳达·达令-哈蒙德.新一代测评:超越标准化考试,促进 21 世纪学习[M].韩芳,译.长沙:湖南教育出版社,2020:20.

　　这个表现性任务——为文集准备前言,是颇有张力的,其中包括多项知能活动:(1)围绕"美国梦"的主题阅读;(2)依据主题和标准(6 个文本,不同观点,不同文本形式)搜集与筛选文本;(3)就筛选的文本做出讨论;(4)为每个入集的文本写推荐理由;(5)提出系列问题,引导读者思考。

　　这个表现性任务,有三种使用方式:一是嵌入课程,用作课堂作业和形成性测评工具;二是课程结束后,作为终结性考试,以测评学生围绕主题选择、分析、领会和解释文本的能力;三是用于大规模测试,可提供若干文本做导引,引发学生搜索大脑的储存,完成指定的任务。

　　面对该案例,使用过统编高中教材的读者,会有一种亲切感。2019 年版的统编教材,必修上册有两个类似的活动:

　　　　•青春之美,在人的一生中是弥足珍贵的。结合本单元诗作和能够引发你思考的其他作品,发挥想象写一首诗,抒写你的青春岁月,给未来留下宝贵的记忆。注意借鉴本单元诗歌在意象选择、语言锤炼等方面的手法,使诗作多一些"诗味"。汇总所有同学的诗作,全班合作编辑一本诗集作为青春的纪念。(第一单元,单元学习任务四)

　　　　•同是写景抒情,本单元的几篇文章运用的艺术手法各具特色。借鉴这些文章的写法,写一篇不少于 800 字的散文。写完之后与同学交换阅读,互相品评,提出修改建议。修改后,把全班的习作编辑成册,拟定书名,撰写序言,作为高中生活的一份纪念。(第七单元,单元学习任务四)

　　类似的表现性任务,是颇能体现语文核心素养的。这两个编集活动,有的教师会"视而不见",有的教师则会认真落实,让更多的学生参与到编集的全过程中去。有类似经历和经验的学生,将会从容地应对"为文集准备前言"这类表现性任务。反之,则极有可能"捉襟见肘"。

第四章　案例分享

本章提供若干案例,一则有助于大家深入理解表现性评价,二则为实践表现性评价提供完整的样本。后者是主要的,毕竟穿插于前三章的例子,无法完全窥见表现性评价的实际运用。

这些案例,以教学设计的方式呈现。教学设计,是语文教师最常见、最亲切的文本形式。用这种方式,呈现表现性评价运用的"真实状态",旨在让大家"知之""好之"乃至"乐之"。运用这种方式时,我们没有"旧瓶装新酒",而是力求体现教学设计的最新理念——基于课程标准、运用逆向设计、情境任务驱动、追求深度学习。

这里收入的案例,有的指向某一技能学习(如"学会写信"),有的指向某一项目推进(如"阅读《昆虫记》"),有的指向单元学习(如"走近鲁迅先生")。在核心素养、大单元教学、项目式学习等概念耳熟能详的今天,这些案例将有助于同行"建构"出自己最生动、最丰富的习用情境。如果说,本书前三章的例子是"去情境"的,那么本章的案例,都是基于"真实情境"的。

这些案例的作者,都是中小学一线教师。他们最近两三年才接触、实践表现性评价。他们很尽力地尝试运用新的教学设计样式,在"何时使用表现性评价""如何设计良好的评价量表""设计出来的量表如何运用"等节点上,更是三番几次地设计、实践、修正、再实践。这些案例完成于 2021 年 3 月前,亦并非完美无缺,无法准确地诠释全部的学理和技术;同时受限于文字载体,也无法呈现评价设计与实施的全部,敬请读者见谅。为便于读者理解各个案例,案例后的"点评",将就案例的特点和评价技术的运用做简要评析。

本章收入幼儿园李萌老师"遇见公交"的研究叙事,旨在开阔读者的视野,强调表现性评价的广泛适用性。

案例1 学会写信(四年级)

▶教学材料:统编语文教材四年级上册第七单元"习作"
▶教学课时:4 课时
▶设 计 者:杭州市余杭区良渚第一小学沈杭敏、徐璐瑶、余优留

【课标与教材】

《义务教育语文课程标准(2011 版)》第二学段"习作"要求学生"能用简短的书信、便条进行交流"。统编语文教材四年级上册第七单元习作《写信》和五年级上册第六单元《我想对你说》两处涉及"写信"。

在通信发达的今天,学生已经很少接触书信,对书信几乎完全陌生。但写信依然是学生应该掌握的交际能力之一,也是一种典型的表现性活动。要想让学生在两次教学中掌握写信的技能,需要进行深度学习。

【学习目标】

1. 知道书信的功能,信和信封的格式。
2. 正确运用格式,写出一份能达到交际目的的信。

【情境与任务】

这个学期,我们阅读了《天蓝色的彼岸》这本书。因车祸死去的小男孩哈里,牵挂着爸爸、妈妈、姐姐和朋友,在幽灵阿瑟的帮助下,重返人间和他们做最后的告别,表达自己生前未来得及说出的爱。如果上帝给哈里一个写信的机会,写给人间的亲人和朋友,请你替哈里写封信。

今天,我们将通过对几个样例的分析研究,了解书信和信封的格式。我们还将根据书中的内容,帮助哈里传达对亲人和朋友的爱。

【评估设计】

我们将从两方面评价,满分 20 分:(1)书信的格式(5 分),信封的格式(5 分),用核查表;(2)书信的内容(10 分),用评分规则。

【学习过程】

第一课时　信的格式

1. 阅读样例一，观察它的格式。请问：这封信由哪几部分组成？

观察后，交流发现：一封完整的书信，由"称呼""问候语""正文""祝福语""署名和日期"五个部分组成。

样例一

亲爱的叔叔： •┄┄┄┄┄┄┄┄┄┄┄┄┄┄┄┄┄	称呼
您好！ •┄┄┄┄┄┄┄┄┄┄┄┄┄┄┄┄┄	问候语
您寄的书我已经收到了，我很喜欢。谢谢您！ •┄┄	正文

　亲爱的叔叔：　　　　　　　　　　　　　称呼
　您好！　　　　　　　　　　　　　　　问候语
　您寄的书我已经收到了，我很喜欢。谢谢您！　正文

　告诉您一个好消息，我们学校搬进了新的校园。新教室宽敞明亮，配有多媒体设备，上课时老师经常使用它们。学校有一个很大的操场，我每天都会去踢足球。搬进新校园，同学们天天都很开心。

　您好久没回来了，家里人都很想您。今年过年，您会回来吗？

　祝　•┄┄┄┄┄┄┄┄┄┄┄┄┄┄┄┄┄　祝福语

工作顺利！

　　　　　　　　　　　　　侄儿小杰 •┨署名

　　　　　　　　　　　　　11 月 25 日 •┨日期

2. 阅读样例二，请找出这封信的"称呼""问候语""正文""祝福语""署名和日期"，并进行标注。

样例二

叶斌：

　你好！时间似流水，不知不觉，我们已分开两年多了！自从离开深圳后，我就十分想念你！每当我看到邻居家的敏敏和利利玩游戏时，我就会回想起我们以前玩耍时的情景，那时我们多快乐啊！真期待与你相逢。

　对了，我给你说说我们学校最近的状况吧！最近我们学校举行了一场广播操比赛，经过一番激烈的龙争虎斗，我们班最后获得了团体赛和小组赛的第一名！你别看这奖微不足道，它可来之不易啊！它是我们班刻苦训练、几经万难的成果。我们学校还为了迎接检查，进行了全校师生大扫除呢！大家虽然都很累，但也

不会抱怨一声,因为为学校出力是应该的!

　　在这儿,我也认识了许多朋友。他们十分关心我,常常帮我忙。你最近认识了什么新朋友?也请在信中告诉我!

　　时间不早了!再见吧!请快回信告诉我,让我们在信中一叙为快!祝你

　　学习进步,万事如意!

你的好朋友:谢芝钿

2016 年 5 月 6 日

3. 比较样例一、二,引导学生总结书信的格式。核查的形式,如图 4-1 所示。

> 以下 5 项,写对一处得 1 分,总共 5 分
> · 称呼(顶格)
> · 问候语(开头空两格)
> · 正文(开头空两格,分段)
> · 祝福语或致敬语(第一行紧接正文,第二行开头空两格,或另起一行开头空两格,第二行顶格写)
> · 署名和日期(靠右)

图 4-1　书信格式的核查

4. 阅读样例三,检查这封信的格式,如有问题,请进行修改①。

样例三

田老师:

　　你好!最近还好吗?我想,你现在一定在为你"甜蜜的负担"忙前忙后吧。不要太劳累噢!你放心,我们以后绝不再"上房揭瓦",让你闹心。

　　古语云:"千里马常有,而伯乐不常有。"遇到你之前,我这匹自诩的千里马,斗志已在一次次的打击之下溃不成军。前路迷茫之际,你出现在我的生命里,让我感受到习习凉风的爽、秋夜星空的亮。于是,我重整旗鼓,只为着一个目的:不给你丢脸。

　　然而,在我向这个目标奋起直追时,我再一次摔得一塌糊涂。委屈、悔恨、自责,你全盘接受;坚定、信任、鼓励,你无私赠予。"下次再来!"我拭泪,点头,爬起来。终于相信,我的每一步,都有你的目光在左右。

---

　　① 参考:(1)正文"你"应用"您",以示对老师的尊重;(2)祝福语位置有误,"祝您"应空两格,"身体健康,阖家幸福"顶格;(3)遗漏了"署名和日期",应补在右下角。

后来，正如你所说，天道酬勤，我不再是拖后腿的角色。当你看到我的试卷时，一切的阴霾，都在你赞许的目光中瞬间冲散，阳光的味道，那么美好。于是，我给自己订立了一个更高远的目标：要给你长脸。

如今的我，正努力在这条道路上奋斗。相信，你一定看得到我的成长吧。其实，在你关注我的同时，我也在注视着你：你的指头上总是裹着粉笔屑；你的嗓子不太好；你在给我们"训话"时，总喜欢摆弄粉笔盒；你在胃痛到不行时，仍然坚持将课上完，额上的冷汗分明可见……

总之，知遇之恩，教导之情，没齿难忘。是你让我在失意时再次昂首，是你令我在得意时百尺竿头。我会铭记这旅程的点点滴滴，别人问起我时，我会说："你是好老师，遇见你，真好！"

祝您

身体健康，阖家幸福！

第二课时　信的内容

1. 再次阅读样例一、二、三这三封书信。想一想：小作者为什么要写这些书信？这些书信有何作用？

2. 在《天蓝色的彼岸》中，哈里生前还有许多遗憾，还有许多话想和亲人、朋友说。如果你是哈里，你想写给谁？与他说些什么？最想表达什么情感？找出《天蓝色的彼岸》中与收信人相关的内容仔细读一读，完成表 4-1。

表 4-1　《天蓝色的彼岸》

写给谁？	告诉他哪些事？	表达什么情感？
姐姐雅丹		
好朋友彼得		
"死对头"杰菲·唐金斯		
班主任思罗克老师		
爸爸妈妈		
……		

3. 对照表 4-1，想清楚：如果你是哈里，最想写给谁，想告诉他哪些事？确定写信对象和写信内容。

4. 将你的构思说给小组同学听听，让同学们依据"表 4-2 书信内容的评分规则"，就"内容""情感"两方面给你一些写作建议。

表 4-2　书信内容的评分规则

等级 评分(分值)	A	B	C
内容(4分)	假如你是收信人,你清楚知道了哈里与你分享的事	假如你是收信人,你大致清楚哈里与你分享的事情	假如你是收信人,你看不懂、不清楚哈里与你分享了什么事
情感(3分)	假如你是收信人,你感受到了哈里的情感	假如你是收信人,你模糊地感受到了哈里的情感	假如你是收信人,你感受不到哈里表达的情感
常规(3分)	全文语句通顺,标点符号和错别字在 3 个以内	语句存在病句1~3个,错误标点符号和错别字有 3~9 个	病句较多,错误标点符号和错别字有 10 个及以上

[表注](1)"内容"评分,等级 A 给 4 分,B 给 3~2 分,C 给 1 分;"情感""常规"等级 A、B、C 分别给 3 分、2 分、1 分。(2)学业程度较好的班级,"内容""情感"评等后,可要求学生思考"为什么",从而分析诸如主题内容、结构条理、段落安排、用词造句等影响内容、情感的因素。

第三课时　写信

1. 写之前,参照图 4-1 核查表、表 4-2 评分规则,注意以下几点:

☆写信就是与收信人的书面对话,应该用第二人称(你或您);

☆说话时根据身份,注意语气;

☆问候语和祝福语要符合身份,恰当运用;

☆要把想写的事情写清楚,不同的事情可以分段。

2. 提笔写信,20~25 分钟。

3. 根据核查表和评分规则,修改自己的书信。

☆信的格式是否正确?

☆标点符号的使用是否正确?有无错别字?语句是否通顺?

☆想告诉收信人的事情有没有写清楚?

☆写信的目的有没有达到?有没有表达自己真挚的情感?

第四课时　信封的格式

1. 信写好了,我们可以用端正、美观的字迹抄写在信纸上。那么如何把信寄到收信人的手中呢?先来观察下面这个信封。

我们发现,信封上需要有这些信息:收信人的邮政编码、收信人地址、收信人姓名、寄信人地址姓名、寄信人邮政编码。信封的右上角还需要贴上邮票。如图4-2 所示。

图 4-2　信封填写

2. 参照图 4-2，师生合作制作"信封格式的核查"，如图 4-3 所示。

□收信人的邮政编码（左上角）
□收信人地址（左上方）

　　　　□收信人姓名（居中，字比其他项目稍大）

　　　　　　　　□寄信人地址、姓名（右下方）
　　　　　　　　□寄信人邮政编码（右下角）

图 4-3　信封格式的核查

［图注］每个项目 1 分，要做到位置正确，无错别字；总 5 分。

3. 哈里的地址：天蓝色的彼岸，邮政编码是 000000；哈里亲人朋友的地址我们无法得知，假设他们的地址是：kaizhu, No. 176, Chestenter Road, Cambridge, England。邮政编码是 DT96NX。请你按照信封的格式写一写。

【作业实例】

基本执行了原定教学设计。"替哈里写封信"的情境设置，很好地将技能学习和课外阅读结合起来。核查表与评分规则的运用，让学生对"学写书信"活动充满兴趣与信心，知道该怎样着力获得优秀的表现。

下面选择两篇学生作品，对照核查表与评分规则进行评分。

作业一

亲爱的姐姐：

　　你好！

　　阿蛋，我想对你说声抱歉。自从那次事情过后，我一直很愧疚，想拥有一个宝葫芦，这个葫芦可以吸走世界的不平，可以吸走每个人的烦恼，可以吸走我死前对你说的最后一句话……我真的很爱你，但你不用因为我死了而悲伤，而自责,而哭泣……我把我所有的东西都送给你了,你可以随便动,包括我养的七叶树、竹节虫,新买的珍藏版漫画也是。

　　我已经去过你房间了,也去看过你了。我站在门口,并没有直接闯进去,而是习惯性地弓下手指,敲敲门,顺便瞧瞧门有没有变化。门上的告示看样子被摘下来很久了,贴有胶带纸的地方变成了一块白色补丁。我再敲敲门,才发现门没有上锁,于是迈开步子走进去。当时,你抬起了头,不知是在干什么。我仔细观察,你在看一张全家福,照片上有爸爸、妈妈、你,也有我。我不能回去了,也凑不成一个完整的家庭了。突然你轻声道:"噢,哈里!噢,哈里!"你眼角边的泪水跳动着,滑过了脸颊,手伸出来,去抚摸那张照片,就像那不是照片,而是一个有血有肉的生命。我眼角边的泪花像春天的花朵一般,争先绽放在脸蛋上。看着你,我奔过来,抱在你身上,不知道你有没有感受到我手臂的温度,有没有感受到我的心。

　　阿蛋,谢谢你对我的陪伴,我永远爱你!

　　祝你

学习进步,成绩优异!

你的弟弟哈里
2020 年 12 月 29 日

　　【评分】书信的格式,符合所有的要求,评为 5 分。书信的内容,可评为 8 分,信封格式 4 分,合计 17 分。理由如下。

　　内容上,"哈里"所写的是重返人间和姐姐告别的场景,尽管符合"清楚知道了哈里与你分享的事",但这一场景是姐弟两人都"经历"的,无需通过书信来表达,作者未把握题目"表达自己生前未来得及说出的爱"这一要求,其实能围绕"陪伴"来写就切题了。可定 B 等,3 分。

　　情感上,书信正文第一段有集中的表达——对离去的愧疚、对姐姐的爱;第二段将爱的情感融入"告别"场景中,还是很真切的。可定 A 等,3 分。

　　常规上,纸质稿有"愧疚""拥有""烦恼""习惯性地""补丁""凑成""陪伴"等书写错误,作者修订了 5 处,剩余 2 处["习惯性的(地)""补钉(丁)"]未发现。作者叙述略嫌琐碎,且类似"我奔过来,抱在你身上……有没有感受到我的心"这样的病句有 3～5 处,宜定 B 等,2 分。

　　信封格式上,收件人的地址与姓名,不应同行书写。也许是情境设计的地址太长,作者将"England"转到下一行,就忽略了这一细节。如图 4-4 所示。

145

图 4-4　作业一的信封书写

作业二

> 亲爱的姐姐：
>
> 　　你好！姐姐，我好想你啊！对不起，我不该惹你生气，对你说那么多气话。我知道，你也很惭愧，没事儿，我是不会怪你的，毕竟你和我一样，说的都是气话嘛！
>
> 　　咱们不聊伤心的事儿了，跟你说，死亡并不是一件那么可怕的事，你死后会发现自己在排着大队，其实你也可以直接不排队，因为排队纯属浪费时间。你可以去做你还没做完的事，如果你需要回人间一下，那你要往队伍末尾跑，如果有人喊你停，你不用管他，只管跑好了，没人会来拦你的。你跑到那儿时，会感觉掉进了深渊里，你不用害怕，你可以看看周围，就会发现：自己飞在空中，而且已经到了人间。回去你只要飞往彩虹就行了。等你做完你还没做完的事，就可以去天蓝色的彼岸了。
>
> 　　姐姐，再见了，我去天蓝色的彼岸了，希望来世还能见到你，再见。
>
> 　　祝你
>
> 学业有成，万事如意！
>
> 你的弟弟哈里
> 2020 年 12 月 29 日

【评分】书信的格式，符合所有的要求，评为 5 分。书信的内容，可评为 5 分，信封格式 5 分，合计 15 分。理由如下。

内容上，"哈里"所写的是他"有趣"回人间的方式，而不是任务要求的"表达自己生前未来得及说出的爱"，且叙述不清楚，内容单薄。可定 C 等，1 分。这次习作，学生内容重心把握普遍失当，或与对"情境与任务"的审题欠缺有关。

情感上，书信正文第一段表达了对姐姐的愧疚，但为何愧疚又一笔带过，缺乏真情实感的抒发，第二段又偏离"爱"的表达。从宽，定 B 等，2 分。

常规上，纸质稿有一个错别字，逗号和句号的使用过于随意。"如果你需要回人间一下""如果有人喊你停"等表意不清的句子有 3～5 处,宜定 B 等,2 分。

信封格式上,符合所有的要求,评为 5 分。如图 4-5 所示。

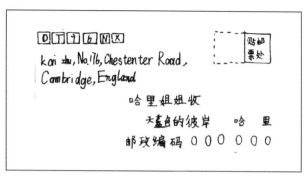

图 4-5　作业二的信封书写

【点评】

书信,在当今生活中的使用已很少,但其语文训练价值依然存在,这也许是 2011 年版课标和统编教材依然保留书信的原因所在。2022 年版课标第二学段 "表达与交流"提及:"能用便条、简短的书信等进行交流。"传统的书信教学费时 费力。但从上述案例看,沈老师她们借助表现性评价——两张核查表、一份评分 规则,仅用四课时,就基本达成学习目标。这就是教学和评价技术的进步。

就评价工具的运用看,本案例用了两张核查表(书信格式、信封格式)、一份 评分规则(书信的内容)。两张核查表的设计和使用是恰当的、有效的。用于检 测书信内容的是评分规则,从学生习作存在共同问题倒推,这份分项、专用的评 分规则似乎有些问题:(1)只以"知道哈里与你分享的事"为特征来描述"内容", 似乎单薄;(2)强调"情感",并将"内容""情感"分开描述,也是可以讨论的;(3) "假如你是收信人"的设计是合理的,但是特征描述中"哈里"的出现,使其成为 "指向特定任务",或会影响本规则的迁移和使用。

此外,如能注意吸收课标第二学段"注意把自己觉得新奇有趣或印象最深、 最受感动的内容写清楚""尝试在习作中运用自己平时积累的语言材料,特别是 有新鲜感的词句"等表述,或可丰富本次训练和评价的价值。

案例2 走近鲁迅先生(六年级)

▶教学材料：统编语文教材六年级上册第八单元
▶教学课时：7~9课时
▶设 计 者：杭州市临平区宏畔中心小学范燕萍

【设计意图】

这是个大单元教学层面运用表现性评价的案例。意图之一，是打破传统单篇教学的模式，基于课程标准、教材编制和学情，设计尽可能地体现大情境、大任务的单元整体教学。意图之二，是将表现性评价融入单元教学中，即以学生作品为依托，通过思维导图、背诵、赏析仿写、写小诗等活动或作品，层层推进形成性评价，最后整合成手抄报，以终结性评价来判断学生的掌握程度。

【课标相关表述】

《义务教育语文课程标准(2011年版)》，第三学段"学段目标与内容"：

1. 硬笔书写楷书，行款整齐，力求美观，有一定的速度。("识字与写字")

2. 学习浏览，扩大知识面，根据需要搜集信息。

3. 能联系上下文和自己的积累，推想课文中有关词句的意思，辨别词语的感情色彩，体会其表达效果。

4. 在阅读中了解文章的表达顺序，体会作者的思想感情，初步领悟文章的基本表达方法。在交流和讨论中，敢于提出看法，做出自己的判断。

5. 阅读叙事性作品，了解事件梗概，能简单描述自己印象最深的场景、人物、细节，说出自己的喜爱、憎恶、崇敬、向往、同情等感受。……能从图文等组合材料中找出有价值的信息。(以上"阅读")

6. 能写简单的记实作文和想象作文……学写读书笔记。

7. 修改自己的习作，并主动与他人交换修改，做到语句通顺，行款正确，书写规范、整洁。(以上"习作")

8. 利用图书馆、网络等信息渠道获取资料。

9. 初步了解查找资料、运用资料的基本方法。(以上"综合性学习")

【教材分析】

统编语文教材六年级上册第八单元,其读与写的目标为:(1)借助相关资料,理解课文主要内容;(2)通过事情写一个人,表达自己的情感。

本单元教材包括:(1)"阅读"文本有鲁迅《少年闰土》和《好的故事》、周晔《我的伯父鲁迅先生》、臧克家《有的人》;(2)"习作"为"有你,真好";(3)"语文园地"包括"交流平台"(阅读文章,要注意把握文章的主要内容;关注文章的题目,抓关键句,对了解主要内容也有帮助)、"词句段运用"(研究标题;根据词语联想,写一段话)。

【学习目标】

根据课标"课程目标与内容"(五、六年级)的阅读、写作、综合性学习等相关表述,结合教材安排和学情,确定学习目标如下:

1. 利用图书资料和网络,搜集鲁迅先生的信息,学做卡片;
2. 学习抓住标题、关键词句、画思维导图等方法,理解课文内容;
3. 从文本中选择喜欢的段落或场景,学习赏析和仿写;
4. 感受鲁迅先生的为人,创作一首小诗,致敬鲁迅先生;
5. 整合搜集到的信息以及自己的作品,小组合作制作一张手抄报。

【情境与任务】

悠悠乌篷船,醇醇黄酒香。这"越山长青水长白"的绍兴如诗如画,令人沉醉。有一位大人物,被称为现代中国的"民族魂",就出生在这离我们不远的浙江绍兴。

这位大人物,就是鲁迅。那么,你了解鲁迅吗? 他是怎样的一个人? 他有哪些成就,值得人们这么尊重他? 查阅资料,阅读和分析第八单元课文,小组合作完成一份手抄报。

为此,你将依次体验"初识鲁迅先生""读读鲁迅先生的文章""向鲁迅先生学写作""感受鲁迅先生的为人"以及"小组活动,编写手抄报"等活动,你的手抄报将和信息卡片、思维导图、背诵、赏析、仿写、小诗一样被评分,累计满分40分。

【评估设计】

1. 文摘卡片,表现清单,3分;
2. 思维导图,表现清单,3次共9分;
3. 背诵,核查表,3分;
4. 摘抄、赏析与仿写,表现清单,10分;

5. 小诗，表现清单，5 分；

6. 手抄报，评分规则，10 分。

【学习过程】

活动一 初识鲁迅先生

1. 浏览课本，特别注意 109 页的插图和框内文字、122 页的插图，说说对鲁迅先生的初步印象。（图文阅读，浏览，口头表达，用常规的交流式评价）

2. 课外运用网络查阅资料，用卡片摘抄有关鲁迅先生的信息，卡片不少于 5 张。（采用表现清单。制作前，提供卡片样式、评价标准）

表 4-3 "怎样的卡片是好的"（满分 3 分）

指标（分值）	特征描述	优秀	良好	一般
形式（1 分）	整体美观，字迹端正			
内容（1 分）	卡片不少于 5 张，内容可包括鲁迅的头像、作品、他人对鲁迅的评价、贡献，有顺序地排列，信息准确，注明信息来源			
语言（1 分）	语言简洁，语句通顺，没有错别字			
［评分方法］先确定某一作品的三方面各达到哪一水平（优秀、良好、一般），最后按指标满分的 1、0.7、0.3 系数赋分		总分		

活动二 读读鲁迅先生的文章

1. 读《少年闰土》，抓住关键词句，如"这少年便是闰土。我认识他时……"等，结合上下文理解难懂的词句，用小标题归纳课文内容，说说闰土是个怎样的少年。（即课后练习 2，用常规的交流式评价）

2. 画出《少年闰土》的思维导图。（画思维导图前，给学生提供多种类型导图。启发学生思考"可以体现哪些内容""怎样画能体现文本内容之间的关系""怎样的思维导图是好的"等问题，与学生一起制订评分标准）

表 4-4 "怎样的思维导图是好的"（满分 3 分）

指标（分值）	特征描述	优秀	良好	一般
内容（1 分）	列出课文的主要内容，概括恰当			
结构（1 分）	展现课文思路，条理清晰，有层次，整体美观，字迹端正			
语言（1 分）	关键词提取准确合理，简洁明了，没有错别字			
［评分方法］优秀、良好、一般，按指标满分的 1、0.7、0.3 系数赋分		总分		

3. 有感情地朗读《少年闰土》,背诵第 1 自然段,体会闰土在"我"心中的美好形象。(即课后练习 1,朗读的评价用常规方式;背诵的评价用表 4-5。该表属于核查表,用代表连续操作的量表方式,简便实用,可用于比较简单的表现评价,更多参见罗伯特·J.马扎诺《有效的课堂评价手册》)

表 4-5　背诵的评分量表(满分 3 分)

_____	3 分:流畅背诵,没有错误(漏字、增字、换字)
_____	2.5 分:能顺利背诵,有 1 处错误
_____	2 分:借助于帮助和鼓励,背诵有 1 处错误
_____	1.5 分:借助于帮助和鼓励,背诵有 2 处错误
_____	1 分:借助于帮助和鼓励,背诵有 3 处错误
_____	0.5 分:借助于帮助和鼓励,背诵有 3 处以上错误
_____	0 分:借助于帮助和鼓励,还是不能背诵

[评分方法]在适合的水平上打√

4. 阅读《好的故事》,有的词句比较难,开始可以跳过去,再读时结合上下文理解它们的意思(课后练习 1)。找出文中足以表现"好的"(美丽、幽雅、有趣)的词和句,注意与"昏沉的夜"的比较(课后练习 3)。

5. 画出《好的故事》的思维导图。画好后,借助导图,将"好的故事"说给小组同学听听,看看是否画出自己最好的导图了。(画《好的故事》思维导图前,可讲评《少年闰土》的思维导图,提供好、中、差的样例,并启发学生思考"怎样画好《好的故事》的导图"。评价工具如表 4-4 所示)

活动三　向鲁迅先生学写作

1. 从《少年闰土》《好的故事》中,摘抄你最喜欢的段落,每篇各一段,然后进行赏析,说说好在哪里。

2. 根据课本第 111 页、122 页的提示,模仿鲁迅先生的写法,各写一段话。

　　第 111 页——《少年闰土》课后"小练笔":照片凝固了我们生活中的一个个瞬间,从你的照片中选一张,仿照第 1 自然段写一写。

　　第 122 页——单元末"语文园地·词句段运用":读下面的词语(饱经风霜的××,××的深处),你想到了什么,选择一个词语,把你想到的用一段话写下来。

3. 运用表 4-6 自评。(给出学生 1～3 篇仿写例文,师生用量表评价例文,让学生感知如何评价,再评价自己的仿写)

表 4-6　摘抄、赏析与仿写的评分量表（满分 10 分）

指标（分值）	特征描述	优秀	良好	一般
摘抄（2 分）	·摘录的段落，不少于 2 段 ·字迹端正，没有漏字、错字 ·格式准确（段首空两格）			
赏析（4 分）	·能（用一句话）写出好在哪里 ·能结合摘抄的段落，做出赏析，可从内容、手法（修辞、描写）、表达效果、句式运用入手			
仿写（4 分）	·仿写点，与赏析"好在哪里"一样 ·既能仿出原作的"形"，又有仿作自身的"神" ·语句流畅，没有错别字，能感染人			
［评分方法］优秀、良好、一般，各按指标满分的 1、0.7、0.3 系数赋分		总分		

活动四　感受鲁迅先生的为人

1. 阅读《我的伯父鲁迅先生》，抓住关键词句。

2. 画出思维导图，要能体现课文的内容、你的阅读印象。画好后，对着导图，给同学说说课文中的鲁迅给你什么印象（即课文《我的伯父》导读）。

（这是本单元第三次用思维导图，评分工具如表 4-4 所示，但三次"内容"各不同。第一次重在了解导图并初用；第二次重在梳理"好的"词句，可以带点图画味，将"梦"与"昏沉的夜"表现出来；第三次体现课文内容不难，难在标注"阅读印象"。）

3. 阅读《有的人》，思考：诗人臧克家写了几种人？（"有的人"反复出现，但全诗实际写了两种人，使用了对比的手法）鲁迅是哪一种人？这是怎样一种人？你已课外查阅过鲁迅先生的资料，又阅读了他写的文章和写他的诗文。说说在你心中鲁迅先生是怎样的形象（即课文《有的人》导读）。

4. 了解小诗的评价量表，学写小诗——用一首小诗，写写你心中鲁迅先生的形象，以及你对先生的情感。

（改变第 121 页单元"有你，真好"的习作设计，因为如果按教材的设计，可能难以配合"单元情境与任务"，本次结合阅读的写作，建议用小诗。操作方式备选：一是用表现清单表对照《有的人》，让学生给课文打分；二是教师搜集一些现代小诗，展示给学生，让学生体会小诗是怎样的，怎么样的小诗才是好的。另，学情基础不好的，可以小组为单位，每小组至少写一首。）

表 4-7　"怎样的小诗是好的"(满分 5 分)

指标(分值)	特征描述	生评	师评
内容(2分)	写出鲁迅先生的特点,写出鲁迅先生在"我"心中的形象		
情感(2分)	表达真实情感,读来令人能感同身受		
语言(1分)	语言简洁明了、生动,读起来上口		
[评分方法]优秀、良好、一般,各按指标满分的 1、0.7、0.3 系数赋分		总分	

活动五　小组合作,编写手抄报

1. 编写手抄报,意在修改、整合单元的学习成果,提升作品品质。

手抄报的内容,包括:

(1)介绍鲁迅先生,从摘录的卡片中归纳,有序表达,100 字左右;

(2)摘抄鲁迅文章,不少于 2 段,每段配以优秀的赏析;

(3)优秀的仿写习作,不少于 2 篇;

(4)"鲁迅先生,我向你敬礼"的小诗;

(5)可配适当的插图。

2. 手抄报的编写,采用小组合作的方式,利用课外时间,从小组成员参与一至四活动所产生的文字作品中选择、修改,每个人至少有 1 篇选入。

3. 完成手抄报后,在班级内进行展示,按表 4-8 的量表评分(学生评＋教师评),评出一、二、三等奖。

表 4-8　"怎样的手抄报是好的"(满分 10 分)

水平 指标(分值)	优秀(1)	良好(0.7)	一般(0.3)
版面安排 (2分)	整体美观大方,包括鲁迅介绍、摘抄赏析、仿写、小诗四个板块;板块内图文安排合理,板块之间疏密合理	大部分美观大方,包括鲁迅介绍、摘抄赏析、仿写、小诗四个板块;板块内图文安排比较合理;板块之间疏密基本合理	少部分美观大方,包括鲁迅介绍、摘抄赏析、仿写、小诗四个板块;板块内图文安排不够合理;板块之间凌乱
鲁迅介绍 (2分)	内容概括,信息准确而丰富,有顺序地表达,100 字左右	内容丰富,信息比较全面准确,表达较有序,80字左右	内容较单一,信息不够全面准确,表达较凌乱,50 字左右
摘抄与赏析 (2分)	摘抄不少于 2 段,能说出美文的好处,从内容、手法(修辞、描写)、表达效果入手赏析	摘抄 2 段,大部分能说出美文的好处,基本能从内容、手法(修辞、描写)、表达效果入手赏析	少部分能说出美文的好处,不能从内容、手法(修辞、描写)、表达效果入手赏析

续　表

水平 指标(分值)	优秀(1)	良好(0.7)	一般(0.3)
学生仿写 (2分)	仿写的点，与赏析"好在哪里"是一样的；语句流畅，没有错别字，能运用多种修辞或描写方法，能感染人	语句通顺，多数仿写的点，与赏析"好在哪里"基本一致，人物有个性，描写符合生活逻辑，能运用一两种修辞或描写方法，错别字在5个以内	语句不够通顺，仿写的点，与赏析"好在哪里"不一致，人物缺少个性，描写单一或虚假，不能运用修辞或描写方法，错别字在5个以上
致敬小诗 (2分)	写出鲁迅先生的特点、在你心中的形象；结构合理，表达你的真实情感，能产生共鸣；读起来上口，有韵律；语言精练、生动	基本能写出鲁迅先生的特点、在你心中的形象；结构基本合理，大多数能表达真情实感，较能感染人；语言简洁明了，但不够生动；读起来较上口	没写出鲁迅先生的特点，缺乏现代诗的样子；情感表达不够真实，不能产生共鸣，语言不够简洁明了，语病多，读起来没有节奏感

【现场实录（局部）】

学生完成了《少年闰土》思维导图，老师选择优秀、良好、一般三个等级的成果，进行评价实践。

1. 教师出示评价量表

师：谁来说一说，怎么样的思维导图是好的。

生：内容上，要列出课文知识要点，概括得当。

生：结构上，条理清晰，展现课文思路，有层次。

生：语言简洁明了，关键词准确合理，没有错字。

生：整体美观大方，字迹端正。

师：我们清楚了评价要求，接下来，让我们一起来看看，这几张思维导图好不好。

2. 出示一张"优秀"的思维导图（见图4-6）

师：小组讨论，结合评价清单，说说这张思维导图好在哪，不好在哪。

学生自由讨论。

师：谁能来和全班交流一下，你们小组讨论的结果？

生：这张思维导图整体看上去舒服，美观大方，而且画得也很好，字写得端端正正、清楚漂亮，所以在形式上可以得优秀。

图4-6 《少年闰土》思维导图一

生：这张思维导图，从课文主要内容、闰土的人物形象、难理解的字词和"我"的内心感受这四方面进行概括，还将它们概括得准确，难理解的字词也有解释，所以在内容和结构上可以得优。

生：这张思维导图，概括得很准确，但是不够用心，有两三处字写错了，所以语言上得良好。

师：看来大家都学会如何评价别人的成果了。那么再来看看第二张思维导图，请同学们仿照刚才的评价，来说一说。

3. 出示一张"一般"的思维导图（见图4-7）

生：这张思维导图没有上一张好，同样是从四方面概括，但是字迹太差了，一点也不工整。四方面分布不合理，挤在一起，一些地方还是空白。该概括的地方，只有一个苹果大小的地方能写，写的空格留得太少了，重点没有突出。所以形式上只能一般。

生：该图写的四方面内容留空太少，所以概括不全面，而且都显示不出课文思路，密密麻麻一团，字又写得小，一点都不清晰，所以结构上也只能一般，内容上最多良好。

图 4-7　《少年闰土》思维导图二

生：写的空间小，字迹小，看不清楚，还总是涂改，有较多错别字，文字过少了，没几个字，关键词提取不够恰当，所以语言上一般。

4. 出示一张"良好"的思维导图（见图4-8）

按照上面的样子，教师引导学生学习运用量表评价作品。之后让学生独立评价。

师：接下来，每个小组都拿好自己的思维导图，对照中评价量表，共同为小组内的成果进行评价打分。

学生分小组，自由对组内成果评价打分。

在学生完成评价打分后，老师挑选一些已经评价好的思维导图以及小组的评价成果，在班级交流展示（和上面步骤相同，让学生说说，你们会怎么评价），再对照这小组的评价成果，老师讲解，并修改。小组内进行二次交流修改评价。

图 4-8　《少年闰土》思维导图三

【作业实例】

本单元的学习成果，包括文摘卡片、思维导图、背诵、摘抄、赏析、仿写、小诗、手抄报等。这里呈现若干优秀作品（除思维导图、背诵外），并据评分量表略做评点。

作业一：文摘卡片

实例图一，如图4-9所示。

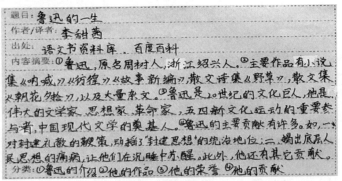

图4-9 卡片一

【评分】整体好，字迹比较端正，个别有修改痕迹；内容较丰富，有生平、作品、荣誉、贡献；语句通顺，没有错别字。形式、内容、语言均优秀，得3分。

实例图二，如图4-10所示。

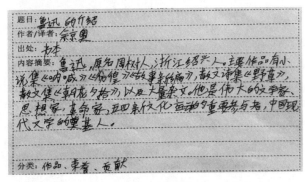

图4-10 卡片二

【评分】整体较好，字迹良好；内容包含了作品、贡献，较丰富；语言通顺，没有错别字。形式良好，内容优秀，语言良好，得2.4分。

【编者注】（1）作业要求至少5张，这里仅选两份各1张评分；（2）"作者/译者"与"出处"呼应，均应指源文本的，以上两份作业，填写均有误。随着信息技术的发展，"文摘卡"已淡出学习、研究者的视线，喜耶？忧耶？

作业二:摘抄、赏析与仿写

摘抄1:深蓝的天空中挂着一轮金黄的圆月,下面是海边的沙地,都种着一望无际的碧绿的西瓜。其间有一个十一二岁的少年,项带银圈,手捏一柄钢叉,向一匹猹尽力地刺去。那猹却将身一扭,反从他的胯下逃走了。

赏析1:这一段分两部分。第一部分是环境描写,写出了夜晚的海边,非常安静。第二部分是对人物的描写,通过一系列动作突出了人物的形象。

仿写1:瓦蓝的天空中挂着一个耀眼的太阳,下面是高峻的大山。一眼望去,像是一片绿色的海洋。风姑娘在自由地玩耍,(但)闹得海面总有一波又一波的大浪。其间有一个十一岁的少年,手持弹弓把弦向后用力地扯去,轻轻一松,子弹就向一只停在树上的鸟飞去,那鸟却展开翅膀逃走了。

摘抄2:大红花一朵朵全被拉长了,这时是泼剌奔进的红锦带。带织入狗中,狗织入白云中,白云织入村女中……在一瞬间,他们又将退缩了。但斑红花影也已碎散,伸长,就要织进塔,村女,狗,茅屋,云里去。

赏析2:这段话运用了一系列动词,写出了水中倒影的变化,体现了动态美。这些动词生动形象地写出了水中的倒影,十分有趣。

仿写2:树林中的动物们苏醒了。花儿们你拥我挤地抢夺位置,老虎在森林中奔跑,鸟儿停在树上,唱着优美的歌声。小溪在哗啦啦地流动着,森林中的小松鼠爬到树上,摘了果实,把果实送回了家中。森林的深处就是如此美丽。(以上文字,如图4-11所示)

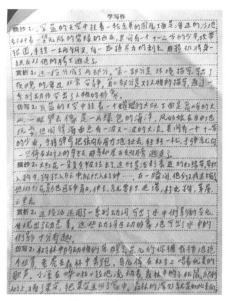

图4-11 摘抄图一

【评分】两段话的摘抄字迹端正，没有错字、漏字。能从段落的描写方法、内容等方面进行赏析，比较恰当地写出段落的表达效果。仿写也较到位，能运用一系列动词、环境描写，语句较为流畅。摘抄、赏析、仿写都优秀，得10分。

摘抄1：深蓝的天空中挂着一轮金黄的圆月，下面是海边的沙地，都种着一望无际的碧绿的西瓜。其间有一个十一二岁的少年，项带银圈，手捏一柄钢叉，向一匹猹尽力地刺去。那猹却将身一扭，反从他的胯下逃走了。

赏析1：这个自然段运用了环境描写，写出了夜晚海边很安静，从"捏""刺"可以感受到少年闰土勇敢机敏的形象。

仿写1：明亮的天空中挂着一轮红彤彤的太阳，下面是学校的操场，上面有一个班的同学站着，一位体育老师，短头发，手中拿着一部手机，准备给那班的全体同学拍照……老师又喊了一句："大家随意做一个动作。"

摘抄2：河边枯柳树下的几株瘦削的一丈红，该是村女种的罢。大红花和斑红花，都在水里面浮动，忽而碎散，拉长了，如缕缕的胭脂水，然而没有晕。茅屋，狗，塔，村女，云，……也都浮动着。

赏析2：这个自然段运用了排比的手法，写出了河边的景物很多，从"忽而碎散""拉长了"，可以看出水中倒影变化大。

仿写2：秋天来了，秋妈妈来到了麦田，为小麦们穿上了一件件金黄的外衣。农民来了，麦子也要离开田地妈妈，你拥我挤，手拉手，肩并肩离开田地妈妈，去向农民家。（以上文字，如图4-12所示）

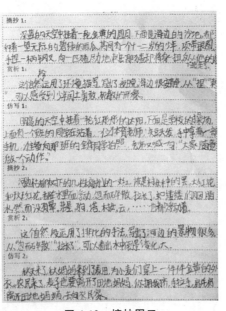

图4-12　摘抄图二

【评分】摘抄字迹端正，没有错字、漏字。能结合摘抄的语句，从内容、修辞等入手分析，但"赏析 2"未能看出"如缕缕的胭脂水"的比喻。两段环境描写的仿写很有场景感。但"仿写 1"没有突出动词运用，"仿写 2"重点偏移（尽管拟人手法用得很生动），且江南秋天金黄的是稻子，不是麦子。

"赏析""仿写"的语句各有一些句子不太通顺。摘抄优秀，赏析优秀，仿写良好，得 8.8 分。

作业三：致敬小诗

实例图三，如图 4-13 所示。

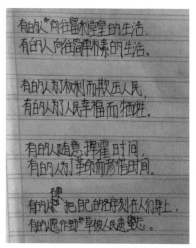

有的人

有的人向往富丽堂皇的生活，
有的人向往简单朴素的生活。

有的人为了权力而欺压人民，
有的人为了人民幸福而牺牲。

有的人随意挥霍时间，
有的人为了革命而珍惜时间。

图 4-13　小诗图一

有的人硬把自己的名字刻在人们身上，
有的人愿做野草被人民遗忘。

【评分】写出了鲁迅在学生心中的形象；仿照课文，运用对比手法；表达真情实感；语言简洁，还是比较朗朗上口的。内容、情感、语言均优秀，得 5 分。

实例图四，如图 4-14 所示。

有的人

有的人，
不愿作明星，却默默照明。
有的人，
无权无势，却敢于斗争。

有的人，
为自己想的少，却为别人想的多。

图 4-14　小诗图二

有的人，

不求名誉，却乐于助人，忠于革命。

【评分】写出鲁迅的性格特点，第一句不够恰当；结合本单元课文，表达真情实感；语言简洁明了。内容良好，情感优秀，语言优秀，得 4.4 分。

【编者注】范老师教学班的学生创作的小诗，均袭用"有的人"语句，类似于仿写了。农村的小学校，从宽评分，可以理解。

作业四：手抄报

实例图五，如图 4-15 所示。

图 4-15　手抄报作品一

【评分】版面安排合理，美观大方，内容完整；鲁迅介绍丰富、准确；摘抄能说出美文的优点，但只摘抄了 1 段，仿写与赏析对应，语句流畅；小诗能表现鲁迅形象。排版优秀，鲁迅介绍优秀，照抄与赏析一般，仿写一般，小诗优秀，得 7.2 分。

实例图六，如图 4-16 所示。

图 4-16　手抄报作品二

【评分】版面安排较合理,美观大方,内容完整;内容介绍丰富、准确;缺少摘抄和赏析,仿写 2 段,仿写语句流畅,表达真情实感;两首小诗能表现真情实感。排版优秀,内容优秀,摘抄、赏析与仿写一般,小诗优秀,得 7.2 分。

【点评】

这是一个将表现性评价运用于单元教学的案例,尽力体现新课程与新教学倡导的真实情境、任务驱动、学为中心、深度学习、评价渗透等特质。

该单元设计以"走近鲁迅先生"为题,将听、说、读、写、做等语文活动灵活而多元地组织起来。其中的"读",从对象看,有读课文的、有读课外文本的(如图书资料、网络、同学习作);从方式看,有检索性阅读、积累性阅读、理解性阅读、鉴赏性阅读。其中的"写",有概括内容、赏析评点、段落仿写、小诗创作等,均与"读"的活动紧密结合,即所谓"学习性写作"。其中的"做",包括学做卡片、画思维导图、制作手抄报等,有些农村小学生是第一次接触,学生饶有兴趣地参与其中。这个单元教学设计富有整体性,体现了语文课程综合性、实践性的特点,让学生在多样的学习活动中发展语文素养。

更值得赞赏的是,范老师开发并自然融入了表现性评价,累计使用的工具类型有:(1)核查表 1 张,用于评价《少年闰土》首段的背诵;(2)表现清单 4 份,用于评价文摘卡片、思维导图、摘抄—赏析—仿写、小诗等,总计使用 6 次;(3)评分规则 1 份,用于评价手抄报。

不仅如此,评价的运用疏密合度,巧妙镶嵌于学生读、写、做的语文活动中。以此引导学生学习、评价学生学习(学生也用工具评价自己的学习,如"现场实录"所示),实现了教、学、评的一致性。

尽管案例中的作品很是粗朴,单元的设计与实践正处于期末,没有足够的时间让学生来修改和完善作业,但对于初次使用的范老师,对于首次接触文摘卡片、思维导图等农村小学校的孩子们来说,能有这样的作品,实在是可喜可贺的。

案例3　阅读《昆虫记》(八年级)

▶教材地位：统编语文教材八年级上册第五单元"名著导读"

▶科普作品的阅读：法布尔的《昆虫记》

▶教学课时：课内 5～6 课时，课外跨度 2 个月

▶设 计 者：杭州市临平第一中学朱淑霞、张欣怡

【课标与教材】

有关"名著阅读"，《义务教育语文课程标准(2011 年版)》的表述，见于第四学段(7～9 年级)"阅读"领域，其要求是"学会制订自己的阅读计划，广泛阅读各种类型的读物，课外阅读总量不少于 260 万字，每学年阅读两三部名著"。

统编语文教材设"名著导读"板块，也是从七年级开始的。6 册初中教材，安排了 12 部中外名著，中外比例为 7：5；体式类型涉及小说 7 部，散文集、诗集、传记、家书、科普各 1 部。

《昆虫记》作为科普作品的阅读，安排于八年级上册第五单元，教材对其阅读方法有指导性建议。同时，教材之前单元"名著导读"训练的"精读和跳读""圈点与批注""快速阅读"技能，应得到必要的运用和巩固。课标第四学段关于阅读的"养成默读习惯，有一定的速度""能较熟练地运用略读和浏览的方法，扩大阅读范围""阅读科技作品，还应注意领会作品中所体现的科学精神和科学思想方法"等目标和内容表述，也应在《昆虫记》的阅读中得到体现。

【阅读目标】

1. 选读《昆虫记》描述昆虫的精彩段落，结合实例，总结法布尔观察昆虫的经验，感受作者的科学精神。

2. 从写作的角度选读《昆虫记》，摘抄若干个精彩片段，进行鉴赏、点评。

3. 学习法布尔科学观察经验，试着自己去观察植物生长情况，并以小组为单位制作一本"植物观察日记"。

4. 综合运用精读、略读、浏览的方法，积累整本书阅读的个性经验和方法。

【情境与任务】

十卷本的科学巨著《昆虫记》,是一部引人入胜的书。作者是法国昆虫学家法布尔,他花了足足三十年的时间写就。八年级语文组计划开展阅读《昆虫记》主题活动,阅读后以班级为单位编写一本书——《我读〈昆虫记〉》,这本书中将包括《昆虫记》地图、昆虫档案、《昆虫记》阅读推荐卡、植物观察日记等内容。届时,由年级组师生组成的评委团将评选出一、二、三等奖。内容最贴合、创意最丰富的作品,将参加学校一年一度的读书节活动。

【活动与评价】

这是一项有益的阅读活动。接下去两个月,我们需要完成《我读〈昆虫记〉》书稿的创作。为有序有效地开展活动,需要活动与评价安排,如表 4-9 所示。

表 4-9 《我读〈昆虫记〉》活动与评价安排

活动序列	活动内容	评价方式	分值
1. 阅读指导	介绍科普作品的特点及一般阅读方法,讲解并布置名著阅读的总体任务及阶段性任务	/	/
2. 绘制《昆虫记》地图	仔细阅读序言、目录,迅速获得对作品的整体印象,绘制《昆虫记》地图	表现清单	10
3. 编制昆虫档案	挑选你最感兴趣的 3 种昆虫,阅读与其有关的篇目,编制 3 份"昆虫档案";根据评价表,选出得分最高的那份,参与班级评比	分项评分规则	10
4. 制作阅读推荐卡	精读自己最喜爱的章节,写一篇两三百字的文章,把你最喜爱的章节推荐给所有人	整体评分规则	10
5. 我跟法布尔学观察	以小组为单位,观察校园某一植物,做好植物每日观察记录,完成植物观察日记的编写	整体评分规则	10
6. 阅读测评与总结	《昆虫记》阅读测评;总结、交流阅读成果和经验;编辑《我读〈昆虫记〉》书稿	传统纸笔测试	10

【阅读过程】

第一课段 阅读指导

1. 交流版本,亲近名著。我国翻译、出版的《昆虫记》有多种版本。学生自购的《昆虫记》,其译者、收录内容、书籍装帧、出版情况定是多样的,让学生比较交流,以此获得亲近、共读名著的良好感觉。

2. 任意诵读,初步感受。让学生任意选读《昆虫记》的某一片段,先默读再朗读，然后在小组、班级交流阅读的初步感受。

3. 阅读教材，教师指导。让学生阅读教材中的"作品介绍""读书方法指导"等，教师补充介绍科普作品的特点及一般阅读方法（可与七年级下册科幻小说《海底两万里》比较），讲解并布置名著阅读的总体任务及阶段性任务。

第二课段　绘制《昆虫记》地图

阅读任务：借助序言、译者序、目录、后记或附录，获得对作品的整体印象，绘制《昆虫记》地图。

任务评价：《昆虫记》地图能有序、简洁、生动地呈现《昆虫记》一书的更多信息，使阅读者一看便能获得对全书的整体印象。本图可以作为班级编写《我读〈昆虫记〉》一书第一板块的内容。评价量表，如表4-10所示。

表4-10　《昆虫记》地图的评分量表（满分10分）

指标（分值）	特征描述	优秀	良好	一般
内容（4分）	列举所读版本的昆虫，主要信息要完整、准确、简洁			
配图（3分）	有昆虫配图，自己绘制，符合书中描述			
排版（3分）	一目了然，让人快速了解全书的大致内容；画面整洁，字迹端正，构图有创意			
［评分方法］优秀、良好、一般，各按指标满分的1、0.7、0.3系数赋分		总分		

第三课段　编制"昆虫档案"

阅读任务：通读《昆虫记》，挑选你最感兴趣的3种昆虫，阅读与其有关的篇目，提炼、筛选相关信息，为它们各绘制一份"昆虫档案"。

任务评价：采用分项评分规则，如表4-11所示。

表4-11　"昆虫档案"评分规则（满分10分）

指标（分值）	优秀	良好	一般
基本信息（4分）	• 七要素（学名、别名、籍贯、特长、个性签名、外形特征、自我介绍）齐全，符合书本描述，概括性强	• 七要素缺失1~2个，内容描述与书本略有不符，概括性强	• 七要素缺3个以上，内容描述与书本不符合，信息不完整，概括性不强
呈现手法（4分）	• 个性签名、自我介绍语言表述生动有趣 • 能运用比喻、拟人等修辞手法，能体现昆虫的特点	• 个性签名、自我介绍语言表述比较生动 • 修辞未运用或不恰当，能基本体现昆虫特点	• 个性签名、自我介绍语言表述简单、笼统 • 修辞未运用或不恰当，且不能体现昆虫的特点

指标(分值)	优秀	良好	一般
档案排版 (2分)	• 图文并茂,可快速直观了解昆虫主要信息 • 字迹工整,卷面干净、整洁,整体美观性强	• 配图有欠缺 • 字迹、卷面有明显瑕疵,影响整体美观	• 无配图 • 字迹凌乱,整体不够美观
[评分方法]优秀、良好、一般,各按指标满分的 1、0.7、0.3 系数赋分		总 分	

阅读活动分四个环节。

1. 师生共同制订"昆虫档案"评价量表。讨论、制订的过程,同时也是明确阅读任务、要求和标准的过程。

2. 学生自由阅读。阅读时,能圈画、筛选关键信息,及时批注在书本旁。

3. 学生独立编制"昆虫档案",对照评分量表,完成自我评价。

4. 班级共同评价。每人选出得分最高的一份,计入学习总分,并参与班级评比。全班得分最高的 20 份,收入《我读〈昆虫记〉》的第二板块。

第四课段　制作"阅读推荐卡"

阅读任务:精读自己最喜爱的章节,写一篇两三百字的文章,把你最喜爱的章节推荐给所有人。

任务评价:采用整体评分规则,如表 4-12 所示。

表 4-12　"阅读推荐卡"评分规则(满分 10 分)

等级(分值)	特征描述
A(9~10 分)	观点明确,能展现昆虫的习性特点,对法布尔的研究方法有概括归纳;理由阐述条理清晰,内容丰富充实;能选择恰当的表达方式,语言表达通顺流畅;书写清晰,无错别字,无病句,标点正确,300 字左右
B(7~8 分)	A~C 之间
C(5~6 分)	观点较明确,基本展现昆虫的习性特点,对法布尔的研究方法有概括归纳;理由阐述条理比较清晰,内容比较充实;能选择合适的表达方式,语言表达较为通顺流畅;书写清晰,有少量错别字、病句和不当的标点,150~250 字之间
D(3~4 分)	C~E 之间
E(1~2 分)	无个人观点,与章节的内容基本无关;理由阐述条理混乱,内容较为空洞;书写不够工整,有较多错别字、病句和不当的标点,150 字以下

阅读活动分四个环节。

1.《昆虫记》既是富于科学性的昆虫学著作,又是可读性很强的优美散文,法国作家罗曼·罗兰把法布尔称为"掌握田野无数小虫子秘密的语言大师"。你阅读的版本中,最喜欢哪一篇?

2. 精读自己最喜爱的章节,在(自己的)书上圈点、批注;(如是借阅的,则可)摘抄若干个精彩片段,进行鉴赏、点评。

3. 制作阅读推荐卡。建议先用一个词语或者句子归纳自己的观点,再结合文本阐述自己喜爱的理由,写成一篇两三百字的小文章(推荐卡),把你最喜欢的章节推荐给所有人。(如果学业基础弱,可提供 1～3 个示例)

4. 推荐卡展示,班级共同评价。评出得分最高的 10 份,收入《我读〈昆虫记〉》一书的第三板块。

第五课段　我跟法布尔学观察

活动任务:学习法布尔的观察方法,体会其坚持不懈、细致入微的科学精神,小组合作进行观察实践,制作一本植物观察日记。

任务评价:采用整体评分规则,如表 4-13 所示。

表 4-13　植物观察日记评分规则(满分 10 分)

等级(分值)	特征描述
A(9～10 分)	对植物的枝干、叶片、根须等进行仔细的观察、记录;描写植物的特点与变化时,能利用 3 种以上写作手法(比如多种感官、多重视角、修辞手法),形象展现植物的特点;图文并茂,图片精美,可快速直观了解植物的变化与特点;排版工整,书写清晰,无错别字、病句,标点正确
B(7～8 分)	A～C 之间
C(5～6 分)	对植物的枝干、叶片、根须等进行比较仔细的观察、记录;描写植物的特点与变化时,能利用 2～3 种写作手法(比如多种感官、多重视角、修辞手法),能展现植物的特点;图文配合,可了解植物的变化与特点;排版比较工整,书写清晰,有少量错别字、病句和不当的标点
D(3～4 分)	C～E 之间
E(1～2 分)	对植物的枝干、叶片、根须等观察、记录较为粗糙;描写植物的特点与变化时,仅利用 1 种或未利用写作手法(比如多种感官、多重视角、修辞手法),未很好展现植物的特点;缺少图片;排版凌乱,书写不够工整,有 5 处以上的错别字、病句和不当的标点

活动展开应注意四方面。

1. 对象的选择。教材提供了三个"专题探究",各校的周边环境、学生的学业基础和兴趣也各有不同,各校当从可行性角度选择对象。我校是城镇学校,学生鲜有接触、观察动物(特别是昆虫)的机会,只能组织学生观察校园蔷薇。

2. 以小组为单位,做好观察记录,完成观察日记。采用小组合作,是基于活动多样性(前几项均为个人任务)、各扬其长与活动安全等的考虑。

3. 活动启动时,应做好划定小组、确定观察对象、明确观察与记录要求,并解读评分规则(见表 4-13,可提供给学生讨论修订)。

4. 举行班级"日记漂流"活动,根据评价表格进行打分,每个同学都可以投票评选出"最佳日记""最精美日记""最具创意日记"。挑选最佳的 3 份日记,作为第四板块内容编入《我读〈昆虫记〉》一书。

第六课段 阅读测评与总结

活动任务:《昆虫记》阅读测评;总结、交流阅读成果和经验;编辑《我读〈昆虫记〉》书稿。

1.《昆虫记》阅读测评

测评即学习,教师视学情、时间等,可命制客观题、主观题,安排 30 分钟左右的阅读测评。分值 50 分或 100 分,折算 10 分计入项目总分。如安排测评,需在第一课段告知学生测评的有关事项(包括题型)。

下面三题,可用作主观题命制的参考,视学情任选一题使用。

【参考题 1】

《昆虫记》一经问世,声名鹊起,获得了"昆虫的史诗"之美誉。引入我国后,现代作家鲁迅、周作人、巴金也各有评价。请你也用一句话评价《昆虫记》,并说说这样评价的理由。

> 他的著作还有两种缺点:一是嗤笑解剖学家,二是用人类道德于昆虫界。……但倘若对这两点先加警戒,那么,他的大著作《昆虫记》十卷,读起来也还是一部很有趣,也很有益的书。 ——鲁迅
>
> (法布尔的书)我们读了却觉得比看那些无聊的小说戏剧更有趣味,更有意义。……现在见了昆虫界的这些悲喜剧,仿佛是听说远亲——的确是很远的远亲——的消息,正是一样迫切的动心,令人想起种种事情来。他的叙述,又特别有文艺的趣味,更使他不愧有昆虫的史诗之称。 ——周作人
>
> 《昆虫记》熔作者毕生的研究成果和人生感悟于一炉,以人性观察虫性,将昆虫世界化作供人类获取知识、趣味、美感和思想的美文。 ——巴金

【参考题 2】

与法布尔同时代的法国著名戏剧家埃德蒙·罗斯丹(1868~1918)曾这样评价法布尔(1823~1915):"这个大科学家像哲学家一般地思,像美术家一般地看,像文学家一般地写。"请你任选一个角度,举《昆虫记》一例做出阐释。

【参考题 3】

选择《昆虫记》中的一种昆虫,重读相关章节,为它配一首小诗,表达你的观

感。下面两首诗①只供参考(学情较好的班级，无需提供示例；优秀的诗作，可以编入《我读〈昆虫记〉》一书)。

> 蝉——在我写作业的时候，你叫／在我要睡觉的时候，你叫／但我一点也不讨厌你／因为我知道，你是在地下忍受了四年黑暗／才能在地面痛快地歌唱一个月／所以，我要好好听你唱歌／听你唱歌，我就知道该怎样珍惜生命。

> 大孔雀蝶——在万里无云的黑夜中，你苦苦寻觅／在倾盆大雨的洗礼中，你埋头向前／你狂热地寻觅女伴／近在咫尺，远在天涯／我们不会嘲笑你的痴／因为我们知道，那是你两三个晚上的蹁舞／是你生命最后的残光／看着你明灯下的双翅／我感受到了生命的短暂，光阴的流逝。

2.总结、交流阅读成果和经验

可以组织学生填写下面的"反馈单"，在反馈的基础上总结、交流。反馈单如图 4-17 所示。

班级：＿＿＿＿　　学号：＿＿＿＿　　姓名：＿＿＿＿

· 为期 2 个月《昆虫记》阅读，我们经历了四个阶段。你最满意的是哪个阶段？请在框内打√。

□绘制《昆虫记》地图

□编制昆虫档案

□制作阅读推荐卡

□我跟法布尔学观察

· 你有哪些收获？请简要写出三条。

· 制作植物观察日记阶段，有关你在小组合作中表现的描述，哪一条最符合你？请在框内打√。

□善于与人合作，非常积极地参与小组讨论，虚心听取别人的意见。

□能与人合作，较为积极地参与小组讨论，能接受别人的意见。

□缺乏与人合作的精神，不参与小组讨论，难以听进别人的意见。

· 在本次名著阅读活动中，你有需要改进的方面吗？请简要表达。

图 4-17　阅读《昆虫记》反馈单

---

① 肖敏娟.教给学生体裁特征的阅读方法：以《昆虫记》整本书阅读教学为例[J].全国优秀作文选(写作与阅读教学研究),2020(6):46-51.

3.编辑《我读〈昆虫记〉》书稿

根据条件,或全部打印制作,或手抄成册,或扫描制作 PDF。最好配以封面、序言、目录等书籍元素。

【方案实施情况】

初知表现性评价,是在区教育学院的一次培训中。初次尝试运用,是在九年级任务型写作专题复习中。初次尝试,虽有许多不成熟之处,但我能明显感受到因为评分规则的介入,学生的知识落实、课堂参与有了很大的提升。新学期回到七年级,便有在"名著阅读"教学中融入表现性评价的冲动。

《昆虫记》是我第一次全面采用表现性评价进行教学。整个方案中所使用的表现清单、评价规则均有学生的参与,大部分评价量表源于学生的分析、思考和撰写。或许,这就是所谓的"学生参与式"评分标准开发与使用吧。

如《昆虫记》地图表现清单的拟定。首先学生以 4 人小组为单位,让他们结合以往绘制思维导图、制作读书小报的经验,考虑《昆虫记》的内容特点,每小组共拟定 10 条评分建议。之后,召集学生将这些建议分类、整理,组织成流畅通顺的语言,最终形成《昆虫记》地图的评分量表,如表 4-14 所示。

表 4-14　《昆虫记》地图的评分量表

层级一(8～10 分)	层级二(5～7 分)	层级三(4 分及以下)
内容:档案中七要素完整,内容详细、丰富、准确,符合自我介绍应生动形象的要求。内容概括性强,富有趣味性,昆虫的"特长"能突出重点 卷面:字迹端正,卷面干净整洁,布局合理,整体美观性强,配图可酌情加分。	内容:档案中七要素缺少一两项,"自我介绍"可体现文章内容(昆虫的一生),但不具有趣味性(修辞较少)。昆虫"特长"不能准确突出其特点。档案中的内容与书的内容存在偏差,以及内容较少或较烦琐 卷面:字迹比较端正,整体布局一般,配图可酌情加分	内容:档案中七要素缺少两项及以上,"自我介绍"过于简略且不够完整,完全没使用比喻、拟人等修辞,昆虫"特长"不能准确突出其特点。档案中有大量内容与书中内容不符。 卷面:字迹不端正,布局杂乱无章,且毫无美观可言。配图可酌情加分

再如"昆虫档案"整体评分规则的制订。起初,大多同学不知道"档案"是什么,"档案"需要哪些要素,于是,我从网上下载了几份招聘简历,引导同学们借助招聘简历,概括归纳昆虫档案需要哪些要素;在此基础上结合科普作品的语言特点,有针对性地增加独具特色的评价标准。这一过程中,同样采用先小组讨论后全班修改的方式,同学们借此逐渐明确阅读《昆虫记》、制作昆虫档案的任务和要求,最后制作的"昆虫档案"均十分出色。

比较遗憾的是,由于师生都缺乏经验,加上受期末考试的影响,未能命制出结合"具体情境＋典型任务"的试题,而是采用了各地往年统考卷中的经典试题;

未能让学生观察校园植物，并将优秀的阅读过程性成果整理、编制成《我读〈昆虫记〉》书稿。好在春暖花开、万物复苏，让学生在紧张的学习之余，观察、记录校园某一种植物有了足够的条件，我们还是补上了植物观察日记。（活动开展的下学期，编辑了《我读〈昆虫记〉》书稿 PDF——补注）

整个方案的实施，前后跨度两个多月。《昆虫记》名著阅读教学实践证明，表现性评价的运用，可以调动学生自主思考、探究的主动性，提高阅读效率。随着阅读任务的步步推进，同学们不仅多角度理解了书本的主要内容，更掌握了阅读一本书的多种方法，获得了"真"阅读的经历与体验。

【作业实例】

《昆虫记》阅读的学习成果，包括《昆虫记》地图、昆虫档案、阅读推荐卡、植物观察日记以及《我读〈昆虫记〉》等。这里呈现若干优秀作品（除《我读〈昆虫记〉》书稿外），并据评分量表略做评点。

作业一：《昆虫记》地图

实例图一，如图 4-18 所示。

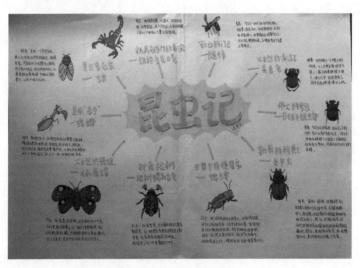

图 4-18 《昆虫记》地图一

【评分】《昆虫记》地图，意在引导学生发展"检视阅读"能力。本作业内容全面，列举了所读版本的昆虫，主要信息完整、准确、简洁，得 4 分；有昆虫配图，丰富精美，得 3 分；"昆虫地图"的画面整洁、字迹工整，构图条理明晰，一目了然，可让人快速了解全书的大致内容，得 3 分。总得分 10 分。

实例图二，如图 4-19 所示。

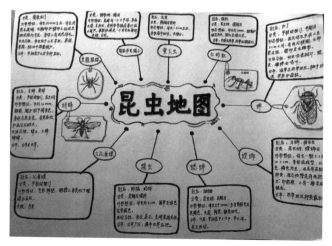

图 4-19 《昆虫记》地图二

【评分】本作业内容全面,列举了所读版本的昆虫,主要信息完整、准确、简洁,得分 4 分;有昆虫配图,但不够全面,得 2.1 分;"昆虫地图"的画面整洁、字迹工整,构图条理明晰,一目了然,可让人快速了解全书的大致内容,得 3 分。总得分 9.1 分。

实例图三,如图 4-20 所示。

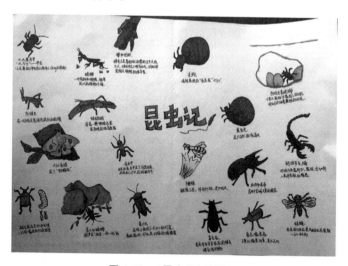

图 4-20 《昆虫记》地图三

【评分】内容全面,列举了所读版本的昆虫,主要信息完整、准确、简洁,得分 4 分;有昆虫配图,丰富精美,得 3 分;"昆虫地图"的画面整洁,字迹工整,但昆虫图片之间没有线条连接,构图条理不够明晰,能了解全书的大致内容,得 2.1 分。总得分 9.1 分。

作业二：昆虫档案

昆虫档案一，如表 4-15 所示。实例图四，如图 4-21 所示。

表 4-15 昆虫档案——蝉

学名	蝉	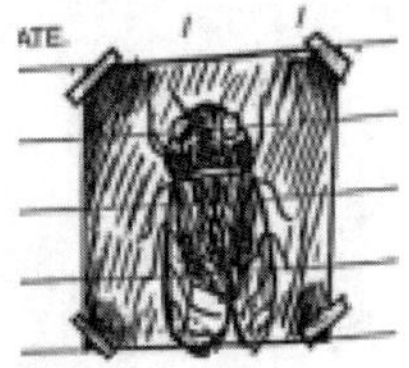
别名	知了、哔蝉、海咦	
籍贯	世界各地	
特长	挖洞筑室，发出嘹亮的叫声	
个性签名	透过那晶莹的蝉翼，你将会看到夏天	
外形特征	蝉有两对膜翅，形状基本相同，头部宽而短，具有明显突出的额唇基。视力良好，复眼不大，位于头部两侧且分得很开。触角短，呈须状。口器细长，内含有食管与唾液管，属于刺吸式。胸部包括前胸、中胸及后胸，其中前胸和中胸较长。3个胸部都具有一对足，腿节粗壮发达。蝉的腹部呈长锥形，总共有 10 个腹节，第九腹节为尾节。雄蝉第 1、2 腹节为发音器，第 10 腹节形成肛门；雌蝉第 10 腹节形成蝉卵管，且较为膨大。幼虫生活在土中，末龄幼虫多为棕色，与成虫相似	
自我介绍	我是一只蝉，当我还是小宝宝的时候，就在土里了。我用嘴去吸食植物根部，这是我的饭食。一转眼就过了 5 年，我从土里探出小脑袋，然后奋力钻了出来，爬到树上蜕去一层衣服，过了一段时间，我就是一只成年的蝉了。我可以趴在树上唱个不停，看着满是惬意快乐。人们都叫我知了，我的兄弟姐妹分布于全球各地，沙漠、草原和森林都有我们“蝉帮”的身影	

【评分】“昆虫档案”阅读作业，意在发展学生筛选与概括的能力。本作业昆虫七要素齐全，符合书本描述，概括性强，得 4 分；个性签名、自我介绍语言表述生动有趣，采用第一人称，运用拟人手法展现蝉从虫卵到成虫的成长过程，生动有趣，得分 4 分；图文并茂，字迹工整，卷面清晰，整体美观性强，得 2 分。总得分 10 分。

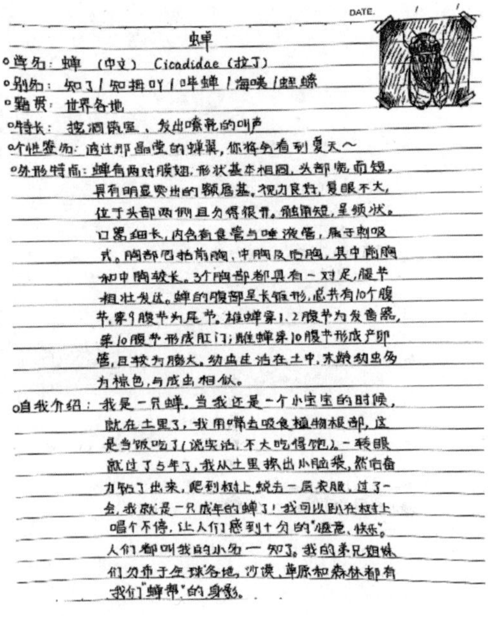
DATE.
蝉
·学名：蝉（中文） Cicadidae（拉丁）
·别名：知了/知拇吖/哔蝉/海咦/蛁蟟
·籍贯：世界各地
·特长：挖洞筑室、发出嘹亮的叫声
·个性签名：透过那晶莹的蝉翼，你将会看到夏天～
·外形特征：蝉有两对膜翅，形状基本相同，头部宽而短，具有明显突出的额唇基。视力良好，复眼不大，位于头部两侧且分得很开。触角短，呈须状。口器细长，内含有食管与唾液管，属于刺吸式。胸部包括前胸、中胸及后胸，其中前胸和中胸较长。3个胸部都具有一对足，腿节粗壮发达。蝉的腹部呈长锥形，总共有10个腹节，第9腹节为尾节。雄蝉第1、2腹节为发音器，第10腹节形成肛门；雌蝉第10腹节形成产卵管，且较为膨大。幼虫生活在土中，末龄幼虫多为棕色，与成虫相似。
·自我介绍：我是一只蝉。当我还是一个小宝宝的时候，就在土里了，我用嘴去吸食植物根部，这是当饭吃了（说实话，不大吃得饱）。一转眼就过了5年了，我从土里探出小脑袋，然后奋力钻了出来，爬到树上，蜕去一层衣服，过了一会，我就是一只成年的蝉了！我可以趴在树上唱个不停，让人们感到十分的“惬意、快乐”。人们都叫我的小名——知了。我的兄弟姐妹们分布于全球各地，沙漠、草原和森林都有我们“蝉帮”的身影。

图 4-21 昆虫档案作业一

昆虫档案二，如表 4-16 所示。

实例图五，如图 4-22 所示。

表 4-16 昆虫档案——蝉

学名	蝉	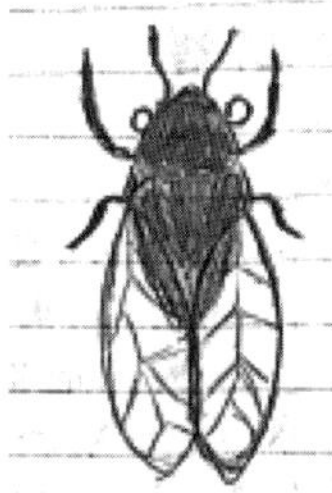
别名	知了	
籍贯	温带及热带地区	
特长	蝉喙坚硬，可以在树皮上钻孔从而吸食树液；蝉的幼虫在自己挖的地洞中生活，蜕皮时才会爬出；雄蝉可以发出三种鸣声：集合声、交配前的求偶声、被捉住或者受到惊讶飞走的粗砺鸣声	
个性签名	整个夏天因我的歌声而美妙！	
自我介绍	大家好，我是家喻户晓的蝉。我相信你们一定听过我的名讳，可能是长辈们所讲的寓言。但我郑重声明，蚂蚁才是不劳而获的剥削者，而我勤勤恳恳地吸食树叶，找寻食物，却总被那群强盗截胡。呼，不说那些气人的家伙了，我来讲讲自己的小时候吧。我要在地洞中生活好几年，并要不断利用各种材料挖出通向地面的通道。哦，对了！我的蜕皮过程十分有趣，不知你们是否有兴趣观摩呢？夏天是我一展歌喉的大好时机，你们是我忠实的听众，但为什么你们的表情那么一言难尽呢？	

【评分】昆虫基本信息符合书本描述，但缺少外形特点的描述，得 2.8 分；个性签名和自我介绍运用了拟人的修辞手法，生动形象地介绍了蝉歌唱、蜕皮的习性，得 4 分；昆虫图片绘制精美，字迹工整，卷面整洁，整体美观性强，得 2 分。总得分 8.8 分。

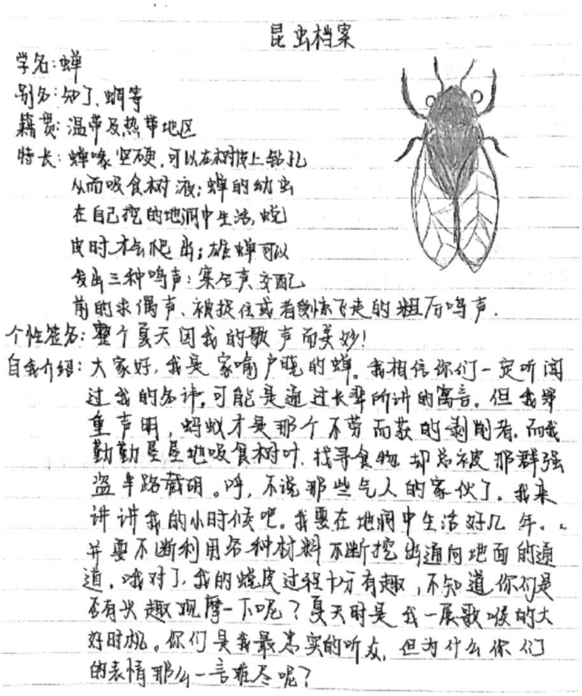
昆虫档案
学名：蝉
别名：知了、蛸等
籍贯：温带及热带地区
特长：蝉喙坚硬，可以在树皮上钻孔从而吸食树液；蝉的幼虫在自己挖的地洞中生活，蜕皮时才会爬出；雄蝉可以发出三种鸣声：集合声、交配前的求偶声、被捉住或者受惊飞走的粗厉鸣声。
个性签名：整个夏天因我的歌声而美妙！
自我介绍：大家好，我是家喻户晓的蝉。我相信你们一定听闻过我的名讳，可能是通过长辈所讲的寓言。但我郑重声明，蚂蚁才是那个不劳而获的剥削者，而我勤勤恳恳地吸食树叶，找寻食物，却总被那群强盗半路截胡。呼，不说那些气人的家伙了，我来讲讲我的小时候吧。我要在地洞中生活好几年，并要不断利用各种材料不断挖出通向地面的通道，哦对了，我的蜕皮过程十分有趣，不知道你们是否有兴趣观摩一下呢？夏天时是我一展歌喉的大好时机，你们是我最忠实的听众，但为什么你们的表情那么一言难尽呢？

图 4-22 昆虫档案作业二

昆虫档案三，如表 4-17 所示。

实例图六，如图 4-23 所示。

表 4-17　昆虫档案——意大利蟋蟀

学名	意大利蟋蟀
别名	无
籍贯	意大利
特长	歌声优美，弹跳力强
个性签名	我是昆虫界的演奏家
自我介绍	大家好，容许我做自我介绍。我是意大利蟋蟀，唱歌最好听的蟋蟀。普通蟋蟀音色一般，颤音一般，而我的音色响亮，我的颤音更加丰富。如果还没听过我演唱，那一定是你的遗憾。我，一名专业的演奏家，身体里有一对云母片般细薄而闪亮的大翅膀，可以发出比蟾蜍们忧郁声音更嘹亮的音调，听起来更动听，而且我还有个合唱团。集美貌、歌声、万千才华于一身的我，你们有什么理由拒绝呢！快来听我的演奏会，不要吝啬你们的热情，我等待着和歌友们相遇

【评分】昆虫基本信息符合书本描述，但缺少外形特点的描述，得 2.8 分；个性签名和自我介绍采用第一人称重点介绍了意大利蟋蟀声音的特殊性及其发音方式，赋予昆虫人的情态，充满生机与活力，得 4 分；字迹工整，卷面整洁，整体美观性强，但缺少配图，得 1.4 分。总得分 8.2 分。

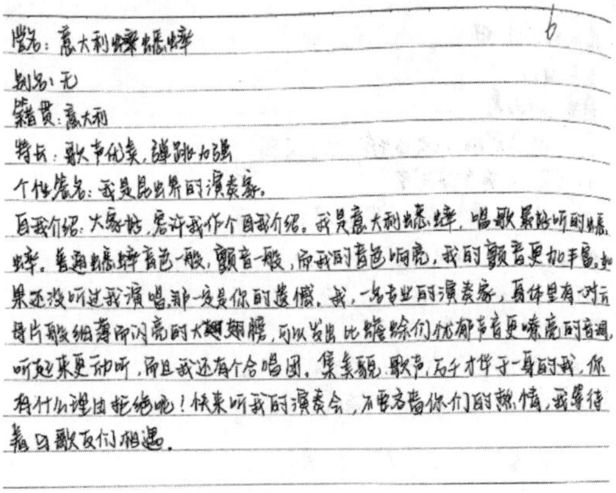
6
学名：意大利蟋蟀
别名：无
籍贯：意大利
特长：歌声优美，弹跳力强
个性签名：我是昆虫界的演奏家。
自我介绍：大家好，容许我作个自我介绍。我是意大利蟋蟀，唱歌最好听的蟋蟀。普通蟋蟀音色一般，颤音一般，而我的音色响亮，我的颤音更加丰富。如果还没听过我演唱，那一定是你的遗憾。我，一名专业的演奏家，身体里有一对云母片般细薄而闪亮的大翅膀，可以发出比蟾蜍们忧郁声音更嘹亮的音调，听起来更动听，而且我还有个合唱团，集美貌、歌声、万千才华于一身的我，你们有什么理由拒绝呢！快来听我的演奏会，不要吝啬你们的热情，我等待着与歌友们相遇。

图 4-23　昆虫档案作业三

作业三：阅读推荐卡

实例图七，如图 4-24 所示。

《昆虫记》阅读推荐卡

推荐篇目：《红蚂蚁》

推荐理由：

《红蚂蚁》是《昆虫记》的第一章，主要描写了红蚂蚁的外观以及生活习性，但这一章中令我印象最深刻的是法布尔描写红蚂蚁出巢寻找食物总能原路返回，以及法布尔研究蚂蚁是靠什么来指路的实验。

法布尔将红蚂蚁比作亚马孙人，很形象地表现出红蚂蚁强盗、蛮横的形象，并且在描写红蚂蚁时会运用很多修辞手法，如"偏爱""精疲力竭""抢劫"

等词使红蚂蚁富有人的情态,文字富有文学性、趣味性,使人读起来津津有味,即使是科普作品也不会枯燥乏味。

法布尔在做实验时,会为了使实验结果更准确,真实而耐心地做很多次,他为弄明白红蚂蚁是靠什么来指路的,多次改变红蚂蚁回巢路上的环境。法布尔先是用扫把扫去路面上的粉末物质,发现了红蚂蚁会有明显的犹豫,其实这个结果似乎肯定了法布尔原先的猜测——嗅觉的作用,但他依旧十分严谨,在更好的条件下接着进行实验。他在之后的实验中用帆布管接上水龙头在蚂蚁归途上横上一条水流,用薄荷叶擦地面。法布尔以这两次实验中红蚂蚁皆是犹豫了一会就越过障碍,否定了嗅觉是红蚂蚁指路的工具的观点。接着,他改变了红蚂蚁归途的路貌,在路中央铺了一些大大的纸张和报纸,红蚂蚁都表现出同样的迟疑。最后,法布尔发现当他以某种方式,比如用扫把扫、用流水冲、盖上薄荷叶、铺上纸张地毯等来改变地貌,回家的蚂蚁队伍总会有明显迟疑。以此,法布尔确定红蚂蚁指路的工具是视觉。

法布尔改变了这么多条件,做了这么多试验,否定了自己的猜测,可见法布尔的严谨、耐心。在阅读这个章节时不仅可以体会法布尔语言中的文学性、趣味性,还可以学习法布尔严谨的科学精神。

【评分】观点明确,且能体现章节的内容特点;理由阐述采用总分形式,条理清晰,内容丰富充实;能选择恰当的表达方式,语言表达通顺流畅;书写清晰,无错别字,无病句,标点正确。评 A 级 10 分。

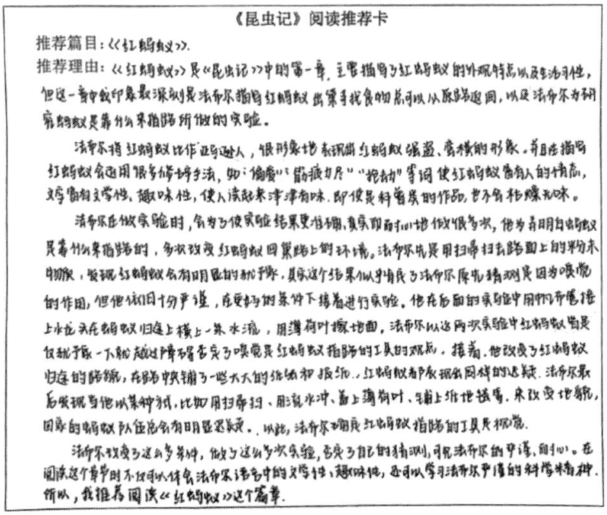

图 4-24 《昆虫记》阅读推荐卡一

实例图八，如图 4-25 所示。

《昆虫记》阅读推荐卡

推荐篇目：《大孔雀蝶》

推荐理由：

大孔雀蝶身穿栗色大鹅绒外衣，系着白色皮毛领带，毛虫时爱吃老旦杏树的树叶，对光亮和异性有着强烈的追求。作者多次实验为探求雄蝶是靠什么来寻找雌蝶的。先是猜测与大孔雀蝶的触角有关，再是猜测是否与气味传播有关。作者为探寻这个问题，经历了长达四年左右的时间，尽管有时因为季节交换的快慢和反复无常的制约而白费心血，但作者仍然不放弃，反复进行试验，让我深深感受到作为昆虫学家的坚持不懈。作者在层层解开昆虫奥秘的同时，也让我们这些读者具体地了解到了大孔雀蝶。大孔雀蝶的一生都是为了代代相传，越过重重障碍，千里迢迢找到了雌蝶，具有准确的方向感与嗅觉。

作者观察细致，如在雄蝶寻找雌蝶时“在晚上八点到十点之间，蝴蝶们是一只一只飞来的”“是暴风雨的天气……”，时刻关注着实验的时间、天气及蝴蝶的数量。行文活泼，语言诙谐，如“于是，它便缩到一个角落里，清心寡欲，长眠不醒，幻想破灭，苦难结束”，这句话生动形象地写出了大孔雀蝶因没有找到意中人后的失落悲伤，像人一样具有喜怒哀乐；“别惊扰它们，别搅扰这些前来光明圣龛朝圣的客人们”体现出大孔雀蝶对光亮的迷恋，让我感受到昆虫充满活力的世界，作者也丝毫不会觉得蝴蝶盘旋在灯光下对它来说是一种打扰，处处洋溢着对生命的尊重和赞美。

内容有趣，知识丰富，我认为这篇文章值得一看。

【评分】观点明确，且能体现章节的内容特点；理由阐述条理清晰，内容丰富充实；能选择恰当的表达方式，语言表达通顺流畅；书写清晰，无错别字，无病句，标点正确。评 A 级，得 10 分。

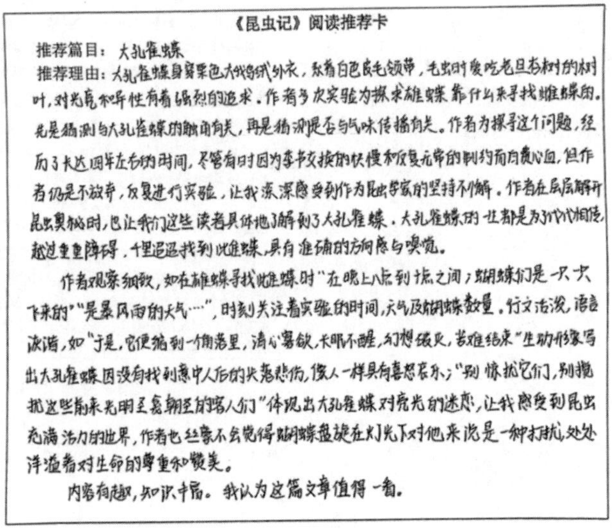
《昆虫记》阅读推荐卡

推荐篇目：大孔雀蝶

推荐理由：大孔雀蝶身穿栗色大鹅绒外衣，系着白色皮毛领带，毛虫时爱吃老旦杏树的树叶，对光亮和异性有着强烈的追求。作者多次实验为探求雄蝶靠什么来寻找雌蝶的。先是猜测与大孔雀蝶的触角有关，再是猜测是否与气味传播有关。作者为探寻这个问题，经历了长达四年左右的时间，尽管有时因为季节交换的快慢和反复无常的制约而白费心血，但作者仍是不放弃，反复进行实验，让我深深感受到作为昆虫学家的坚持不懈。作者在层层解开昆虫奥秘时，也让我们这些读者具体地了解到了大孔雀蝶。大孔雀蝶的一生都是为了代代相传，越过重重障碍，千里迢迢找到雌蝶，具有准确的方向感与嗅觉。

作者观察细致，如在雄蝶寻找雌蝶时“在晚上八点到十点之间，蝴蝶们是一只一只飞来的”“是暴风雨的天气……”，时刻关注着实验的时间，天气及蝴蝶数量。行文活泼，语言诙谐，如“于是，它便缩到一个角落里，清心寡欲，长眠不醒，幻想破灭，苦难结束”生动形象写出大孔雀蝶因没有找到意中人后的失落悲伤，像人一样具有喜怒哀乐；“别惊扰它们，别搅扰这些前来光明圣龛朝圣的客人们”体现出大孔雀蝶对亮光的迷恋，让我感受到昆虫充满活力的世界，作者也丝毫不会觉得蝴蝶盘旋在灯光下对他来说是一种打扰，处处洋溢着对生命的尊重和赞美。

内容有趣，知识丰富。我认为这篇文章值得一看。

图 4-25 《昆虫记》阅读推荐卡二

实例图九，如图 4-26 所示。

《昆虫记》阅读推荐卡

推荐篇目：《蝉出地洞》

推荐理由：

在法国昆虫学家法布尔先生所撰写的《昆虫记》一书中，《蝉出地洞》这篇文章最吸引我。

在文中作者详细地描写了自己在观察蝉及它的洞穴、蝉的形态，运用了许多拟人的手法将蝉的情态写得淋漓尽致，使读者能够了解到蝉在平时的生活习性、发育繁衍，以及在它的洞穴进出的外形。文中还体现出了作者在实验的事件，他小心地挖开了几个地洞，然后十分仔细地观察洞的内部结构，并为我们解答了“为什么蝉洞底小屋壁上嵌着一根生命很强”的根须这个问题，激发了读者的阅读兴趣。我还体会到了法布尔先生对昆虫的热爱，对职业的尊敬，还有对每一个活生生的生命的尊重，不由得对法布尔产生了敬意。

《昆虫记》中这一篇很值得我们细细地去品读，科学性与趣味性并存，期待你们也来和我分享。

【评分】观点明确，但未详细概括出该昆虫的特点；理由阐述条理清晰，内容比较充实；能选择恰当的表达方式，语言表达通顺；书写清晰，无错别字，有一两处病句，标点正确，字数 300 字左右。评 B 级，得 8 分。

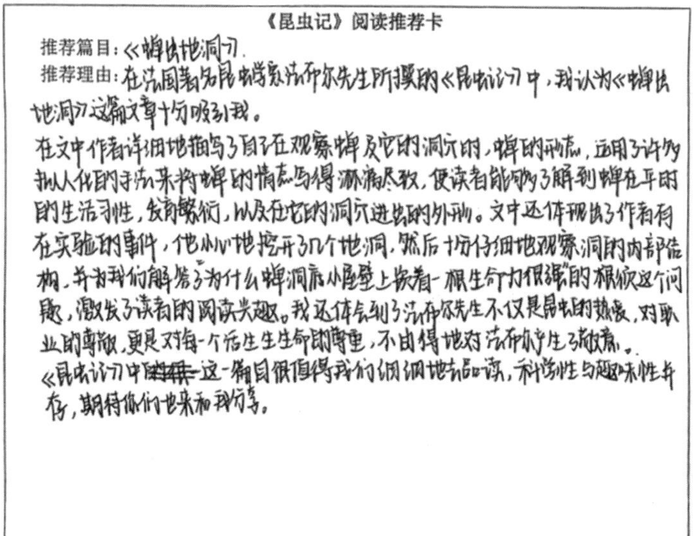
《昆虫记》阅读推荐卡

推荐篇目：《蝉出地洞》.

推荐理由：在法国著名昆虫学家法布尔先生所撰的《昆虫记》中，我认为《蝉出地洞》这篇文章十分吸引我。

在文中作者详细地描写了自己在观察蝉及它的洞穴的，蝉的形态，运用了许多拟人化的手法来将蝉的情态写得淋漓尽致，使读者能够了解到蝉在平时的生活习性，发育繁衍，以及在它的洞穴进出的外形。文中还体现出了作者有在实验的事件，他小心地挖开了几个地洞，然后十分仔细地观察洞的内部结构，并为我们解答了“为什么蝉洞底小屋壁上嵌着一根生命力很强”的根须这个问题，激发了读者的阅读兴趣。我还体会到了法布尔先生不仅是昆虫的热爱，对职业的尊敬，更是对每一个活生生生命的尊重，不由得地对法布尔产生了敬意。

《昆虫记》中~~[illegible]~~这一篇目很值得我们细细地去品读，科学性与趣味性并存，期待你们也来和我分享。

图 4-26　《昆虫记》阅读推荐卡三

作业四：植物观察日记

分组操作，这里只记录傅筱彤、周晨玲、丁奕涵组的部分作品。

植物观察日记一，如表 4-18 所示。

表 4-18　植物观察日记

植物名	蔷薇	记录人	丁奕涵	时间	2021-03-16

【观察实录】

茎：一些刚长出来的茎是绿色的，一些长了有一段时间的茎呈棕褐色，但绿色并没有完全褪尽。一株蔷薇有 4 根主茎，主茎长出的侧茎约有 13 根。茎上还长着小刺，不算密。绿色的茎上面的小刺比棕褐色根上的小刺少。整体上看，茎是向右倾斜生长着的，沿着杆长到了墙上，一碰到了墙就变成了类似于藤蔓一样的植物，紧贴在墙上的茎长出像龙须一样的又密又短的茎。

叶：茎的上面都长出了小的嫩叶，叶子呈锯齿状，上面也长着许多小刺，比茎上的更密，摸上去小刺是软软的，茎上的小刺硬一点，叶子是带有一点黏性的。

【观察手记】

初春之际，雨还在淅淅沥沥地下着，蔷薇在雨中努力生长。蔷薇新长出来的茎是青绿色的，一些长出一段时间的茎已经褪去了曾经的羞涩，体现出成熟的棕褐色。茎上面长着小刺，不密不疏，绿色茎上的刺比棕褐色茎上的刺少。茎是细长的，直径大约 1 厘米，相比于桃树显得单薄柔弱。但相比于一旁墙壁上枯黄的、仿佛奄奄一息的藤蔓，则显得充满生命力。茎好像是一个"歪脖子"，整体向右倾斜着生长，沿着杆长到墙上。我这才发现原来藤蔓的茎和蔷薇的茎是连在一起的，它们是一个共同体，却显现出两种截然不同的状态，可真是神奇呀！

主茎共有 4 根，侧茎约有 13 根。这些茎上都长着嫩绿的新叶，叶片小小的，大概只有一个拇指那么大，叶片的边缘成锯齿状，下面长着比茎上更为茂密的刺，好像是在防备什么似的。那么小的叶片就已经学会如何用铠甲保护自己了。一滴雨水滴落在叶片上，叶片湿湿的、软软的，好像一个水灵灵的小姑娘，又好像一个娇羞的少女，坚强中透露着柔软。用手摸摸叶子，上面的刺儿软软的，好像在挠痒痒似的；还有的带着黏性，好像在向我示好，又像在讨好、抚平我内心的烦躁。

从远处观看，整株蔷薇已经裹上绿油油的新衣了，希望它能够在雨水滋润下，尽快长出第一个花苞来。

植物观察日记二,如表 4-19 所示。

表 4-19 植物观察日记

植物名	蔷薇	记录人	周晨玲	时间	2021-03-18

【观察实录】

根:大部分生长在地下,部分根须裸露在外,根部周围的土微微拱起,围成一个土堆。芽:在蔷薇根部以上的小土堆处冒出许多野蔷薇的嫩芽,多数嫩芽已有一掌长了,嫩芽的茎上多有细小的白色茸毛,摸起来稍黏,叶子呈嫩绿色。茎:整体呈右倾状态,茎枝有一指粗,右边攀爬到墙垣上,与右墙上斑驳的枯蔷薇连在一起。叶:常绿,稍黏。

【观察手记】

淋了一夜雨水,蔷薇叶、茎上都挂着彩——晶莹的水珠。

蔷薇的底端是由根拱起的小土堆,上面如雨后的春笋一般冒着新的生命,一根根纤弱的小花苗向上生长,新吐的绿叶已见鲜亮,上面细细的茸毛将露水揽在怀中。往上些,是与栏杆形成强烈色差的红棕色藤枝,中间点缀着些绿点。主枝上生出约大小 13 根旁枝,每一根上面都嵌着几片带着春意的嫩叶。因是初春,所以蔷薇花小姐还未出她的"城堡",静待时机。从整体上说蔷薇是一位小姐是毫不为过的,她的身姿半倾着,紧紧贴靠着栏杆生长,仿若那栏杆是把遮雨的洋花伞。瞧啊,她多调皮——她蔓延到了右边的那堵墙,仿佛在四处呼朋引伴呢!蔷薇,生性很高傲,她的总枝干一直处于向上生长的状态,甚至高了栏杆一头。

旁边的枯藤引起了我的注意,枝干上的触手紧紧扒住了墙,有的竟挖出了一块墙灰。走近了看,原来那正是年老的蔷薇!一左一右,一老一少,更凸显出蔷薇那涌动的生命力。

花未开,叶先长,整个校园仿佛都被渲染成了绿色,洋溢着它独有的、几乎不可闻的清香,伴着风、夹着雨,吹向下一个花期……

植物观察日记三,如表 4-20 所示。

实例图九,如图 4-27 所示。

表 4-20 植物观察日记

植物名	蔷薇	记录人	傅筱彤	时间	2021-04-01

【观察实录】

茎:蔷薇的下部已经长出了许多新的茎,最高也是最先长的那一枝,已经可以与其他主茎相比了;茎上的红刺变得愈加坚硬和锋利了,颜色由嫩红色变得深红,给人以强烈的威慑;新长出一大株嫩茎,茎呈棕色,只有顶端有叶子和分枝。

叶:开始观察时,蔷薇最上部的叶子是十分稀疏的,甚至还可以看见光秃秃的、棕色的枝和茎,现在极其茂密;深绿、嫩绿交相辉映,枝和茎不堪重负被压弯,大部分叶子都伸出到栏杆外。

花苞:一连串的花苞像麦穗,却不是垂下来的,而是直直挺立在那里;单个的花苞上面尖尖的,下面十分圆润,有点像洋葱的模样;相较上次大约新长了十三株花苞,每株花苞串大概有三四颗小的单个花苞;每单个花苞上都分布了一个个小红点,有点像绒毛;每株花苞都长在分枝的最顶端。

【观察手记】

距上次观察,已经有几天没去看了,实际上应该隔一天去看一次的,但由于种种原因,我们三天都没有去,而就在三天里,野蔷薇发生了极大的变化。

上一次观察时,总共有八簇花苞,就让我们兴奋、欢悦了好几天,而今天去看时,明显发现新长了很多株花苞。我们怀着激动的心情认真数了数,新长出的花苞竟有大约十三株,这真是一个极大的惊喜。

那一簇簇吸引了我们注意力的花苞近看十分像一连串的麦穗,却不是垂下来的,每一株花苞都长在分枝的最顶端,挺拔地傲立着,给人一种神采奕奕、洋洋得意的感觉,仿佛她抬起下巴,挺起胸膛,双手叉腰,面带愉悦地睨着你呢!

单个花苞的上面是尖尖的,下面十分圆润,模样像洋葱、像烧卖、像栗子,真是让人说不准。每颗花苞上面都分布了一个个小红点,有些杂乱但又好像有秩序地排列着,那绿上点缀着红的娇俏模样,倒是让我想到了抹茶味的红丝绒蛋糕。

除了花苞外，蔷薇的茎和叶也发生了很多变化。

蔷薇的下部长出了很多茎，茎上的刺变得更加坚硬和锋利，锋芒毕露，刺的颜色也从浅红变为深红，给人极强的威慑力。

刚开始时，蔷薇整体上部叶子是比较稀疏的，但是到现在，叶子十分茂密，连枝和茎都看得见。

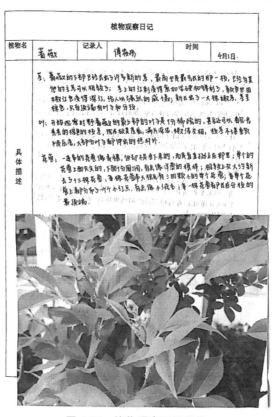

图 4-27　植物观察日记原作

【评分】这里只选了该组 3 天的观察日记。但足以看出孩子们的投入。他们对植物的枝干、叶片、根须等有仔细的观察、记录；描写植物的特点与变化时，能利用 3 种以上的写作手法（比如多种感官、多重视角、修辞手法），生动形象展现植物的特点；图文并茂，图片精美，可快速直观了解植物的变化与特点；排版工整，书写清晰，无错别字、病句，标点正确。总得分 A 等 9 分。

《我读〈昆虫记〉》的封面，如图 4-28 所示。

图 4-28　《我读〈昆虫记〉》的封面

【点评】

这是一个整本书阅读的案例，其中融入项目学习、表现性评价的元素。2022年版课标，将2011年版课标"名著阅读"升级为以项目式学习为载体的"整本书阅读"学习任务群。

朱老师将《昆虫记》的阅读与鉴赏、表达与交流、梳理与探究等语文学习活动，整合到"以班级为单位编写一本书——《我读〈昆虫记〉》"项目中，是颇有新意的。班级共撰的《我读〈昆虫记〉》，包括《昆虫记》地图、昆虫档案、《昆虫记》阅读推荐卡、我跟法布尔学观察——植物观察日记等内容。其共撰的过程，巧妙连缀了《昆虫记》的阅读活动。学生在活动展开、持续的过程中丰富阅读体验，学习科普作品的阅读方法，其中既有自主阅读，又有合作、探究。

从评价角度看，本案例5次运用表现性评价，其中使用表现清单2次（《昆虫记》地图、单元总结时的小组合作）、分项评分规则1次（昆虫档案）、整体评分规则2次（推荐卡、观察日记）。借助这些评价量表开发和运用，引导学生更好地参与到阅读的各种活动中去，又得以形成最好表现的成果，充分体现了表现性评价促进整本书阅读的功能。

案例4 向青春举杯(高一年级)

▶教学材料:部编高中语文教材必修上册第一单元
▶人文主题:青春激扬
▶相应任务群:文学阅读与写作
▶教学课时:9课时
▶设 计 者:杭州市余杭文昌中学李安文、金梦菁、王秀昭

【教材与课标】

统编高中教材2019年版,包括必修两册、选择性必修三册。必修上册第一单元,由毛泽东《沁园春·长沙》、郭沫若《立在地球边上放号》、闻一多《红烛》、昌耀《峨日朵雪峰之侧》、雪莱《致云雀》等7首诗歌与茹志鹃《百合花》、铁凝《哦,香雪》等2篇小说构成。与该单元对应的是2017年版课标"文学阅读与写作"学习任务群、学业质量水平一,最相关的表述摘引如下。

文学阅读与写作。[学习目标和内容](2)根据诗歌、散文、小说、剧本不同的艺术表现方式,从语言、构思、形象、意蕴、情感等多个角度欣赏作品,获得审美体验,认识作品的美学价值,发现作者独特的艺术创造。(3)结合所阅读的作品,了解诗歌、散文、小说、剧本写作的一般规律。(4)根据需要,可选用杂感、随笔、评论、研究论文等方式,写出自己的阅读感受和见解,与他人分享,积累、丰富、提升文学鉴赏经验。[教学提示](2)文学作品的阅读与写作,应以学生自主阅读、讨论、写作、交流为主。应结合作品的学习和写作实践,由学生自主梳理探究,使所学的文学知识结构化。

学业质量。[1-1 语言]有主动积累的意识,不断扩展自己的语文积累,能对学过的各类语言材料进行归类……能注意语境与交流的关系,能根据具体的语言环境理解语言。[1-3 审美]有欣赏文学作品的兴趣,能整体感受作品中的形象;把握作品的思想观点和情感倾向;能运用口头语言和书面语言传达自己对作品的感受和理解。[1-4 文化]

能通过阅读文学作品，扩展自己的视野，丰富自己的人生体验，感受和理解不同时代和地区的文化。

【单元目标】

1. 结合所阅读的作品，了解诗歌、小说的基础知识和新诗写作的一般规律。

2. 学习从语言、形象、情感等角度欣赏作品，获得审美体验，理解诗歌运用意象抒发情感的手法，把握小说叙事和抒情的特点。

3. 任选一首诗或小说的片段，选用恰当的朗诵方式，传达对作品的感受和理解。

4. 学写书间评点、欣赏札记，创作一首新诗，全班合作编辑一本诗集。

5. 在学习活动中思考时代与自我、青春与梦想的关系，初步树立个人理想和家国情怀。

【情境与任务】

经历了中考的笑与泪，16 岁的我们怀揣新梦想，开启青春激昂的高中生涯。16 岁，无论男孩女孩，都开始走向独立；16 岁，无论优秀平凡，都应积极思考人生，向青春举杯。为了这份独特的青春记忆，高一年级语文组拟举办"向青春举杯"的主题活动：(1)班级诗集展评，诗歌必须原创，有序言、目录、诗歌(每一诗歌均需附有同学百字评点)；(2)年级朗诵比赛，朗诵的作品为本单元的诗歌、小说片段或自创的新诗。任务框架如图 4-29 所示。

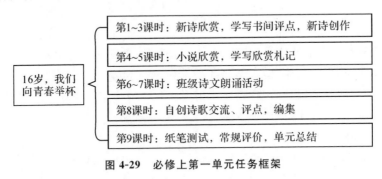

图 4-29　必修上第一单元任务框架

【评估设计】

1. 表现性评价：新诗创作、欣赏札记、诗文朗诵、同学诗歌评点，按师生合作制订的评分规则评分，各 5 分，总分 20 分。

2. 纸笔测试：单元综合性的 1 次，涉及字词的音义、诗文欣赏与默写，20 分。

3. 学习技能：单元学习中笔记、作业、倾听、讨论、发言(报告)、团队合作等常规表现,单元总结时一次性评价,10 分。

4. 以上三项累计总分 50 分。

【教学建议】

1. 应关注的知识

新诗、小说的有关知识,虽可从网络直接获得,但建议结合所阅读的作品(含单元导语、课后学习提示、单元学习任务),以探究与梳理的方式获知,并结构化所得;通过朗读和新诗写作,实现知识的个人建构。

2. 应关注的技能或能力

这是学生进入高中所学的第一个单元,需要重建高中语文学习的相关学习技能,如笔记、讨论、报告与团队合作。要特别关注:(1)文学阅读策略——勾画圈点、评点批注、欣赏札记、朗诵体悟;(2)(新诗)写作策略——明确情感、选取意象、运用手法、推敲语言、交流与修改;(3)评分规则的制订与运用的策略等。

3. 课外拓展

利用网络查找单元文本的创作背景等,扩展阅读不同时代和地区的青春诗作,了解诗文朗诵的要求与技巧、诗集的编辑技能等。

【学习过程】

第 1～3 课时 新诗欣赏,学写书间评点,新诗创作

【课段目标】

1. 品读教材单元所收诗歌的"意象"和"诗家语",揣摩作品的意蕴和情感,学写书间评点。

2. 结合自己的人生理想,创作一首诗歌,选择恰当意象,用诗歌的语言表达情感。

【评价任务】

按理,本课段的评价应有:学习技能的评价;新诗欣赏的评价;新诗创作的评价。有关建议如下:

1. 语文始业教育(第一课),应就高中语文学习的课程、常规(学习技能)要求做解释。有关后者,建议通过师生讨论,并制订评分规则(见第 9 课时),在单元结束时运用。(始业教育 1 课时,不计入单元 9 课时内)

2. 本单元各课段学习期间,对各项常规(学习技能),采用指导、点拨、随机检查等传统方式,意在助力学生"学习"与"重建",故只做传统交流式评价、口头评价,不宜以分数/等级的方式直接表现,避免学生"应接不暇"。

3. 本课段新诗欣赏,指导学生用书间评点(笔记的一种),以此可以了解学

生的基础、作品欣赏的学情，但不评分。

4. 新诗创作，通过小组合作，梳理基础知识、制订评分标准，以标准驱动创作和自改，标准用于评分的环节将置于第 8 课时。

【学习活动】

活动 1　我读《沁园春·长沙》之青春（1 课时）

1. 预习《沁园春·长沙》，上网查找背景资料。预习要求：①标注生字读音；②诵读诗歌，标注韵脚；③上网查找《沁园春·长沙》的背景资料，在作业本上作出概述，200 字左右。

2. 上课先检查预习，检查后顺势提问：初读《沁园春·长沙》，最大的感触是什么？学生回答后，以三个情境性问题组织阅读与鉴赏。

• 如果要为《沁园春·长沙》配图，需要配几幅怎样的图？（这一活动，意在理解内容，把握意象及形象的特点）

• 我在《沁园春·长沙》"找青春"，哪些字词最具青春特色？为什么？（这一活动，意在主动聚焦和揣摩重点词语，感受其情感意蕴，训练语言的敏感性。活动过程，教师要重视"发言""书间评点"的指导、点拨）

• 如果为《沁园春·长沙》匹配一首恰当的乐曲，可以配怎样的乐曲？为什么？（意在感受词作风格——豪放、浪漫，但不是简单地找一个词语概括，而是要引导朗读体悟，借此深度理解作品，可指导画出停顿节奏，标注重音、语速、语调、语气等。朗读脚本制作安排在第三课段，是否前置于此，视学情而定）

活动 2　我读《……》之青春（1 课时）

1. 通读《立在地球边上放号》《红烛》《峨日朵雪峰之侧》《致云雀》或选读 1～2 首（按：教材后两首为自读），要能兴趣盎然地读，且读出自己对意象、语言和情感的独到理解，做出高质量的"书间评点"。

2. 可设计情境性问题，驱动学生深入诗作，如"如果只能四选一朗诵，你会选择哪一首？为什么？"或参照"活动 1"设计各项子活动。

活动 3　我写我的青春（1 课时）

1. 讨论：现代诗是怎样的？

• 需要借助具体的作品，而非空谈，作品包括：①本单元的四首现代诗；②补充课外的诗歌（或让学生通过网络查找，推荐 1～2 首现代诗歌）。

• 小组合作研讨，可用思维导图梳理现代诗格律、句式、艺术手法等。

• 班级分享，形成最佳的知识导图，以此触摸现代诗创作的基本规律。

2. 讨论：怎样的现代诗是好的？

• 头脑风暴：可以从哪些方面判断诗作的优劣？

• 选用标准形式：核查表、表现清单还是评分规则？

• 制订评分标准。下面的评分标准是分项评分规则，如表 4-21 所示，供参考。

表 4-21　"怎样的现代诗是好的"(满分 5 分)

维度(分值) ＼ 等级	A	B	C
1. 形态:词句排列组合、诗行和诗节处理(1 分)	形态富有变化,切合读者对现代诗的预期	形态比较单一,但总体符合读者对现代诗的预期	过分整齐或分散,给人勉强为之的感觉
2. 意象:以意象或意象群承载诗情(1 分)	有核心意象,体现题材立意、切入角度的独特个性,给人鲜明的体验	有核心意象,体现题材立意、切入角度的个性,但体验不够鲜明	有意象,但缺乏个性,给人的感觉较平常
3. 情感:真实的情感是诗歌的灵魂(1 分)	情感表达真实而有力度,给人以真切的感动	情感表达真实,但给人的感动不够有力	情感表达普通或虚假,不能触动内心
4. 语言:词语、句式、节奏、章法、韵味等的表现力(1 分)	积极调配语言,简练而富有张力,富有韵律性,语言的陌生化增强语言表现力	语言运用得体,比较简练地传达出诗情诗意,有一定的张力和韵律性	语言运用较为常规,语言缺乏锤炼,诗意比较淡薄
5. 手法:运用手法来强化诗情诗意(1 分)	手法的选用鲜明而恰当,强化诗情诗意的需要	手法的选用服从诗情诗意的需要,总体恰当,但不够鲜明	没有运用一定的手法,或所用手法与诗情诗意不相匹配

[表注](1)"形态"是像不像的标准,其他的四个维度是好不好的标准;初写新诗,难求四个维度都能达到优秀的标准,这就为参照标准修改诗作提供空间。(2)满分 5 分,其中 A、B、C 三个等级的权重系数分别为 1、0.7、0.3。

　　3. 课堂补写新诗。教师隐去一首新诗中的一两句,让学生补写,激发学生对现代诗的兴趣,在补写中体悟现代诗语言与情感之间的对应关系。用于样例的诗歌,有《我看》(穆旦)、《这也是一切》(舒婷)、《六月,我们看海去》(潘洗尘)、《致恰达耶夫》(普希金)、《回旋舞》(保尔·福尔)等。

　　4. 课外创作新诗。一周内完成,供第 8 课时用。

第 4～5 课时　小说欣赏,学写欣赏札记

【课段目标】

　　1. 学习提取和概括信息的方法,概括小说的情节和人物的性格特点。

　　2. 分析典型的细节描写、人物的心理活动,学写欣赏札记。

【评价任务】

　　1. 继续做好"学习技能"的指导与重建,同第 1～3 课时"评价任务"。

　　2. 师生讨论制订"怎样的欣赏札记是好的"评分标准,并以此指导与评价作业——选择本单元的诗歌或小说片段,写一篇 300 字左右的欣赏札记①。

---

　　①　教材第 29 页"单元学习任务"之二是读诗写欣赏札记,之三是选片段写简要评点。本设计改动次序是考虑评点为只言片语,而札记是成文表达,先易后难的安排更为合理。

【学习活动】

活动 1　阅读两篇小说，梳理小说的情节，总结人物特点（0.5 课时）

可设计情境性问题，寻找《……》的青春影像。

1. 课前预习，要求：①标注节码，快速阅读，适时归纳情节内容，勾画圈点让你怦然心动的词句；②用适当的方式概括情节和人物的性格特点。

2. 检查预习②，分享预习成果②。

活动 2　分析典型的细节描写、人物的心理活动（0.5 课时）

1. 分享②后，顺势分享预习中的"怦然心动的词句"，建议跟进：

· 同一作品，每人的阅读各有所好，看看各涉及了哪些方面；

· 有共性可寻，有哪些共性呢？确定共性的方面，如《百合花》中的细节描写、《哦，香雪》中的场景描写或人物心理活动等。

2. 根据确定的内容，重读文本，做好评点，在小组或班级交流。

3. 将自己最有体会的一处评点，写成 300 字左右的札记。

· 不做指导，甚至可以不告诉学生"札记"的体式：一则少些束缚，以见其"原生态"；二则为制订评分标准提供素材。

· 重读评点、评点交流、书面表达为札记等，视学情安排于课堂或课外。

活动 3　小组研讨，制订"怎样的欣赏札记是好的"评分标准（0.5 课时）

1. 小组交流札记初稿，根据对初稿质量的直觉排序，并说明排序的理由。

2. 参照"怎样的现代诗是好的"（评分规则，见表 4-21）制作程序，依次回答：①从哪些方面判断札记的优劣？②用哪种工具（核查表、表现清单还是评分规则）编制评分标准？③讨论，初步制订评分标准。

3. 修订评分标准。最好分两步操作：①用自己小组制订的评分标准，评价其他 1～2 小组的札记，看与"直觉排序"是否一致，如果一致，说明该标准比较良好；②将自己小组开发的标准，交付另 1～2 小组使用，如果他组能使用，且与"直觉排序"一致性较高，也说明该标准比较良好。如果不够好，就要追问原因，予以修订。

4. 全班交流，比较确定 1～4 份评分标准，整合成 1 份。有的老师如不愿意这样做，那就直接参考下面的评分标准——表现清单吧，如表 4-22 所示。

表 4-22 "怎样的欣赏札记是好的"(满分 5 分)

维度(分值)	特征描述	优秀	良好	一般
1. 欣赏点聚焦(1分)	聚焦一词、一句或一个片段,或者一篇中的某一特色			
2. 欣赏观点鲜明(1分)	对欣赏点,你的观点是什么,最好能见人所未见,观点鲜明而独特			
3. 结合文本分析(1分)	结合文本,阐明自己对欣赏点的理解与鉴赏,给人入情入理的感觉			
4. 表达清晰(1分)	将你的个性化理解与鉴赏,用适当的语言、有层次地表达出来			
5. 卷面清楚(1分)	作为一项手写作业,要做到无涂改、无错别字、无错用标点			
每指标满分1分,三个等级按指标满分的1、0.7、0.3系数赋分		总得分		

5. 运用确定的评分标准,修改札记初稿,写出定稿。注意,更多情况下,修改不是文字上的事,而是需要重读原文,深入分析,乃至重新写作。通过"初稿—定标—对标—修改(重写)",以期学生第一次就将事情做正确。

6. 定稿交付评委小组或教师评分,满分 5 分。

第6～7课时　班级诗文朗诵活动

【课段目标】

任选教材单元中的一首诗或《百合花》《哦,香雪》的片段,选用恰当的朗诵方式,传达对作品的感受和理解。

【评价任务】

讨论制订"怎样的朗诵是好的"评分标准,并以此给每人的诗文朗诵评分。

【学习活动】

活动 1　网络查找、观看央视《朗读者》等朗诵类视频(课前或课堂)
本活动意在营造氛围,感受朗诵的魅力,初步了解诗文朗诵的要求与技巧。

活动 2　师生讨论制订"怎样的朗诵是好的"评分标准
让学生参与标准制订,具体操作如前。部分朗诵标准,如图 4-30 所示,供参考。

说明:若表现出下列行为,请在每个观察项目前打个"√",最后统计√的个数,每个赋0.5分并汇总得分。
　一、肢体表达方面
　1. 站立姿势自然,面对听众
　2. 随着朗诵音调的高低而变化的面部表情
　3. 保持与听众目光接触

二、声音表达方面

4. 朗诵的音量能使听众听清楚

5. 每一个字都能正确发音

6. 变化节奏，以恰当传达情感

三、内容表达方面

7. 语调语速，与作品内容合拍

8. 流畅自然，贴合作品的情感

9. 富有韵味，具有较强的表现力

10. 良好的静场效果/朗诵形式富有创意

图 4-30　"怎样的朗诵是好的"（满分 5 分）

活动 3　阅读朗诵脚本示例

先按自己的理解朗读"原诗"，再按"朗读提示"的方式朗读，体会脚本中标注的节奏、重音、语速、语调、语气等。强调：朗诵要认真准备，在反复吟诵品味中寻找准确表达作品情感与自己阅读感受的声音形式。

活动 4　个人准备朗诵，在小组内朗诵评分

1. 研读作品，标注朗诵提示（提供统一的标记符号），再读给小组成员听。

2. 在朗诵中修正，开始评分后允许成员尝试 3 次，选择最高一次记分。

3. 小组推荐 1 人参与班级朗诵比赛。

活动 5　班级朗诵比赛（1 课时）

1. 比赛前，推选主持 1 人、评委 5 人、计分员 2 人。

2. 比赛得分的计算：评委回避本小组成员计分，其他评委分数相加，以平均分为最后得分。选手获得 4 分以上的，其成员可普遍加 1 分。

第 8 课时　自创诗歌交流、评点，编集

【课时目标】

1. 小组合作，交流、修改与评点自创现代诗歌。

2. 组成编辑小组，将全班的诗歌、评点编辑成诗集，作为青春的纪念。

【评价任务】

1. 诗作的交流、修改与评点，以表 4-21"怎样的现代诗是好的"为标准。

2. 为诗作写"百字评点"（是为"欣赏札记"的另一表现），以表 4-22"怎样的欣赏札记是好的"为标准。

3. 诗集的制作，由高一语文组制订标准，组织评分。

【学习活动】

活动 1　小组交流诗作，提出口头修改意见，作者据此修改

1. 视学情，可以由教师组织示范交流、修改。全过程务必用好表 4-21。

2. 小组可以采用朗诵的方式修改。诵读自己的诗歌，倾听同伴的诵读，借鉴他们诗歌的优点，修改并完善自己的诗作。

3. 定稿，小组根据评分规则评分、写评点，组内循环写出"百字评点"。

4. 由诗作者将诗歌、初评得分和"百字评点"输入电脑，交付打印稿（匿名）。

5. 科代表收集打印稿，制作评价册，记录序号、作者、评点者与初评得分。

活动 2　班级评委小组，评定新诗、"百字评点"的得分（课外）

1. 评委小组一般 5 人，语文科代表为当然代表且领衔，其他 4 人由推举产生。（可采用班级交换，以避免评价自己的诗作与评点）

2. 每个评委，均需分别依据表 4-21、表 4-22 给每个打印稿评分，评分不受初评得分的影响。

3. 累计各评委得分，计算平均分，是为各诗作和评点的得分。

活动 3　组成编辑小组，将全班的诗歌、评点编辑成诗集（课外）

本单元"情境与任务"安排了班级诗集展评、年级朗诵比赛，都需要高一年级组的集体协作。如能实现，则本单元的"情境与任务"将是极为真实的。另，除序言、目录外，正文各页由诗作者自己制作，即在规定的纸张上将自己的诗歌、插图、诗评进行编排。如此全员参与，便可减少编辑小组的工作量。

第 9 课时　纸笔测试，常规评价，单元总结

【课时目标】

做好单元总结，学习反思、拓展与迁移，升华对青春的思考。

【评价任务】

1. 纸笔测试：检测本单元学习的语言积累、思维发展与审美鉴赏，测试内容可涉及字词的音义、（陌生）新诗的欣赏、表达等。

2. 单元学习常规评价：根据始业教育时制订的常规评价量表。

3. 单元总结：回顾学习经历、纸笔测试和常规评价，总结自己的学习收获。

【学习活动】

活动 1　纸笔测试

测试基于 2017 年版课程标准"学业水平"1 命题，测试题目应尽可能以具体的情境为载体，以典型任务为主要内容。时间控制在 30 分钟内，满分可设 60 分，最后折算为 20 分，计算单元学习总成绩。

活动 2　单元常规评价

即对单元学习中的笔记、作业、倾听、讨论、发言（报告）、团队合作等学习技能的表现做终结性评价，评价可分自评、小组评或师评等（由教师采择）。既为评价，就要有评价标准，切忌随兴作为。表 4-23 参照马扎诺"社会技能主题的一般评分量表"制订，供参考。

表4-23　学习技能的一般评分量表

水平	笔记	作业	课堂行为	团队合作
5	超出4的要求，笔记有个性的特色	超出4的要求，作业出色	超出4的要求，学生课堂表现出色	超出4的要求，出现没有得到强调的合作能力
4	学生的笔记时机和详略，符合语文笔记的期待	学生按时交作业，符合所有要求	学生遵守所有的课堂规则和秩序，满足课堂期待	学生表现出已经得到强调的维持小组活动和处理人际关系的能力
3	除特殊情况外，学生的笔记时机和详略，符合语文笔记的期待	除特殊情况外，学生按时交作业，符合要求	除特殊情况外，学生能遵守课堂规则和秩序，满足课堂期待	除特殊情况外，学生表现出维持小组活动和处理人际关系的能力
2	在教师帮助或鼓励下，学生能做到3			
1	在教师帮助或鼓励下，学生难以做到3			
满分20分，按50％折算，填写到"得分"栏；若分自评、组评、师评，可各按系数0.3、0.3、0.4折算			得分	

活动3　单元总结

测试后的分析评价，要引导学生参与。引导学生回顾单元学习目标、过程和成果，写200字左右的总结性文字，梳理单元学习的收获与问题。

单元总结的第二种方式，是运用了KWL表（见表4-24）。KWL表是基于建构主义教学方法而设计的，由Donna Ogle于1986年创建，用于学习过程中，学生或者一组人在思考或讨论某个主题时的思考范式。

表4-24　第一单元学习KWL表

单元内容	现代诗歌、短篇小说、青春主题	
我已经知道什么？ What I know	我想知道什么？ What I want to know	我已经学到了什么？ What I learned

[表注]第1、2问用于单元起始，第3问用于单元总结。KWL表其实是一种思维支架（导图），长期使用，有助于提升学生的思维品质，获得丰富的反省认知知识，更好地实现迁移，当然也有助于教师把握学情、精准组织教学。

单元总结的第三种方式，是扩展阅读和写作，即在新的情境中运用单元所学的知识和能力。就本单元来说，对学业基础较好的班级，可倡导学生搜集青春主题的诗歌,做出评点,并编制"青春诗集"。

单元总结还应有其他方式,教师可以根据单元特点、自身经验和学情,开发并使用。

【方案实施情况】

大单元教学的设计,着眼于多堂课、多个活动、多个文本的整合,将单元处理成为"学习单位",带有较强的课前预设性。大单元教学方案实施时,学习活动又必然做出调整,其教学节奏、细节会有鲜活的生成。

受传统教学的惯性、教学时间紧张、统一月考等影响,原定设计在实施中有三处较大的调整:(1)第二课段(小说欣赏,学写欣赏札记),设计 2 课时,实际 3 课时,主要是因为两篇小说太长,又拘泥于传统的单篇处理;(2)第三课段(班级诗文朗诵活动),原定 2 课时,实施时改为 1 课时,诗文朗诵的准备放在课外,课内只是比赛;(3)纸笔测试,未能命制出"具体情境＋典型任务"的试题,采用了现成的传统卷。

即使如此,必修上第一单元教学的实践证明,表现性评价的运用,对调动学生自主思考、探究、合作的主动性,大方向是对的。比较强烈的感受是,教师如能拥有学生高中三年语文能力发展的"地图",就能化整为零,把训练点有序分散于各单元的学习中,将表现性评价有计划地镶嵌于各单元的语文活动,评价促进学习的功能或许能得到更好地释放。

【作业实例】

本单元的表现性作业,有三种形态:一是口头的,如班级诗文朗诵比赛;二是书面的,包括欣赏札记、新诗创作、新诗"百字评点";三是展示的,如"16 岁,我们向青春举杯"诗集。

这里仅选择欣赏札记、新诗与评点若干,用相应的评价标准予以评点。

作业一:欣赏札记

> 最初,火车停在台儿沟时,其他姑娘看的都是乘客的首饰,但是香雪看的却是学生的书包。再后来,可以交换东西了,其他姑娘换的是吃的、是装扮的发卡和纱巾,香雪交换的却是铅笔盒。种种不同,都是因为香雪是"台儿沟唯一考中初中的人"。香雪是学生,她渴求科学文化知识,渴望摆脱贫困。
>
> 香雪是个淳朴羞涩的人。她在交换物品的时候,连讲价都不会。火车来的时候,都不敢走在前面,只在朋友身后躲着。如此一个羞涩的人,却为了一个铅笔盒,一只装有吸铁石的自动铅笔盒,走上了火车。这,于她是一个多么大胆的选择。但这同时也体现了她的坚毅执着。

> 香雪从前很怕黑夜，但为了早点回到台儿沟，她冲破了自己内心的恐惧，沿着铁路往回走，成功回到了台儿沟，足以表现她的坚毅。

【评分】这篇欣赏札记，聚焦香雪的追求和个性。用概述的方式，用两组对比（看首饰——看书包；换吃的、装饰的——换铅笔盒）显示其与其他姑娘的不同点——"台儿沟唯一考上初中的人"。又通过香雪自身"羞涩的人"与"大胆的选择"的对比，突出其为换铅笔盒所表现的"坚毅执着"。但"火车来的时候，都不敢走在前面""渴望摆脱贫困""走上了火车""早点回到台儿沟"等概述是不准确的，第二、三段对香雪个性的分析也不太到位。对照表 4-22 量表，"结合文本分析"属"良好"，"表达清晰"为"一般"，其他"优秀"。评分：4 分。

> 香雪，一个居住在台儿沟的女孩。延伸的铁轨带给了小山村每日一分钟的繁荣。每日的同一时分，火车进站，香雪总第一个跑出村口，好奇之心在她心底蔓延，望向车窗，那些人是多么幸福，有皮革大书包，有磁吸铅笔盒，是多么好看啊。香雪的羡慕之情，在她心中滋生，她也想要一个磁吸的铅笔盒。她勇敢地登上火车，用自己攒的 40 个鸡蛋换铅笔盒。还被火车载走，走回家来。
>
> 香雪和其他女孩一样，对待新鲜事物有着许多好奇心。同时，她对于学习，以及学习用具等涉及学习的一切东西都十分感兴趣，表现了她的好学。香雪从不白拿别人东西，看出她的家教优良，不贪他人东西。从她被火车载走，急忙叫喊凤娇，看出她当时的慌乱。从她进入火车，看出她的勇敢。从她从不撒谎，看出她的乖巧。她走回家时，迎面是台儿沟的姐妹，她是骄傲的，也看出台儿沟姐妹之间的情谊深厚。在换到铅笔盒后，她是开心的、喜悦的。

【评分】这篇札记也是分析香雪这一人物的。第一段概述小说情节，对小说中香雪表现的文本概括比上一篇准确。第二段着眼人物分析，分析了香雪的许多方面，却都是浮光掠影的。欣赏点不够聚焦，也未能提炼出鲜明的欣赏观点，有限的笔墨未能用于结合文本的深入分析，第二段表达的句子也显得呆板无味。对照表 4-22 量表，"欣赏点聚焦""欣赏观点鲜明"判为"良好"，"结合文本分析""表达清晰"判为"一般"。评分：3 分。

> 从"香雪总是第一个出门"和"只有香雪躲在后边，双手紧紧捂着耳朵"可以看出香雪好奇心很大，不过胆子小，又很害羞。别人在意的是火车上人们的穿戴，而香雪关注的是火车上学生的学习用品，体现了香雪对学习的看重和对与同学拥有相同东西的渴望。在有人让她帮腔时，香雪脸红了，体现出了香雪的纯真。香雪又把手送到凤娇手里，仿佛请求凤娇宽恕，仿佛是她使

凤娇受了委屈,体现出香雪的天真善良。从她做生意的方式可以看出香雪的天真无邪。她会向火车中的人打听外面的事、学业的事,体现出香雪的求知欲很强。从她因为没有问到铅笔盒的价格时去追火车的事可以看出香雪对一个能自动开关的铅笔盒的渴望。从她被火车载到了三十里外的地方,还在心里想着凤娇的事,可以看出香雪的重感情、重友谊。从香雪想到欺骗母亲,可以看出香雪变化了,成长了。

【评分】这篇札记,赏析的也是香雪其人。全篇用"香雪……体现……"句式事无巨细地分析香雪,采用典型的考试赏析题答题模板,缺乏对欣赏札记的正确理解和灵动表达。学生既没有对人物的行为、语言背后的动机探析,也没有对整个人物的整体观照,有的只是琐碎的、肤浅的甚至自相矛盾的分析。对照表4-22量表,前四个维度都只能判"一般"。评分:2.2分。

作业二:新诗写作与评点

青 春

付梓欣

写一个青春期是红色的
试卷上填满分数的笔记
与同学磕碰的划伤
从存钱罐里偷出的纸张……

父母的爱有时过于沉重
摧压着脆弱的自尊心
当它破碎时,就会变成
恶语相向爆发冲突的刀刃

对世界规则的蔑视
对社会的想象和抨击
这是极度自私的时期
疯狂、执迷、懊悔、叛逆、逃离……

【评分】此诗形态富有变化,切合读者对现代诗的预期。"红色的试卷""恶语相向"等意象,具有青春期的个性,给人较为鲜明的体验。全诗的情感,由压抑到冲破束缚的豁然,真实真切,但给人扯着嗓子直喊的感觉。诗节诗行处理精致,追求语言对情绪的传达,但诗意比较淡薄。有同学认为此诗"负面情绪较多,令人压抑",这不无道理,但不影响评分。这让我们想起刘擎、王嫣的《四月的纪念》

那诗句："二十岁，我爬出青春的沼泽/像一把伤痕累累的六弦琴/喑哑在流浪的主题里。"形态评为"优秀"，其他"良好"。评分：3.8分。

青春，夏有感

郑　涛

入目的尽是扭曲的黑暗

也只有夏秋更迭之间

阵阵蝉鸣突破寂静

有且仅有的声响贯彻整个夏季

无畏的精神，斗牛的音响

这般才是迎接黎明的最高礼赞

地下四年蛰伏，换一季的绽放

准时播报

无惧他人的辱骂

你尽情地高唱这世间的美丽

无所顾忌

无畏的蝉呀

你终是这夏

最鲜明的标志

【评分】诗没有分节，诗行有错落，借此表达淋漓而下的痛快。作者借无畏的蝉，歌颂青春里独有的牛犊一般的勇气。本诗情感表达真实而有力度，给人以真切的感动。但夏蝉许多特征并不是青春具有的，不具有代表性，极大影响了"青春"主题的表达。语言上，开篇"扭曲的黑暗"并不能有效凸显蝉鸣之前的宁静，"这般才是迎接黎明的最高礼赞"语言也比较粗糙。形态、意象为"优秀"，情感、手法为"良好"，语言为"一般"。评分：3.7分。

青　春

陈御然

回味青春

似乎，

一切都与你相关。

有过开怀大笑，

却也曾经历

抱头痛哭，

失去希望……

> 如今，
> 你再一次地
> 进入我的世界。
> 是这样的美好，
> 让我沉醉。
>
> 哪怕未来一路风雨，
> 只因为你，
> 我必须
> 竭尽全力！

【评分】全诗有意象，如"开怀大笑""抱头痛哭"，但缺乏个性。情感是真实的，全诗后半段情绪上昂，只是给人飘忽之感，或与前半段突出的情绪联系甚少有关，缺乏感染力。语言使用散文风格，有一定的韵律性，也能简练地表达出诗情，但缺乏诗歌语言应有的张力。诗用"你"指称"青春"，但"你再一次地进入我的世界"的"再一次"让人费解。运用拟人手法，用以创造对话和抒情的情境，有所追求。形态评为"优秀"，意象、情感、语言为"一般"，手法评为"良好"。评分：2.6分。

【点评】

这也是一个将表现性评价运用于单元教学的案例。

2019年投入使用的普通高中统编教材，是根据2017年版课标编制的，从外观形态看，亮点之一是"单元学习任务"的设置。与此相适应的是，多种语文教学期刊的推介、各地的教研与教学，普遍倡导大单元设计。本案例也不例外。

相比于诸多大单元设计，本设计最突出的是表现性评价的良好融入。其运用覆盖了表现性评价三种工具：新诗创作的评价，用分项评分规则；欣赏札记的评价，用表现清单；诗歌朗诵的评价，用核查表。

本设计中的三种评价工具，都让学生参与其中，并与单元语文学习巧妙衔接。比如，在阅读鉴赏课文5首现代诗之后，让学生结合作品讨论"现代诗是怎样的"，用思维导图梳理现代诗格律、句式、艺术手法等；在此基础上，让学生讨论"怎样的现代诗是好的"，进而提炼出新诗创作的分项评分规则。如此提炼的评分规则，学生就能很好地理解并运用于创作、评价。

设计中"怎样的朗诵是好的"核查表，也是颇有新意的。相比于运用表现清单、评分规则来评价线性而快速展开的朗诵，这份核查表简约可行，有助于学生对朗诵的评议、改进。此外，三次运用的表现性评价，都采用了5分制，很好地避免了大分数值赋分的弊端,强调评价促进学习的作用。

　　本单元是学生进入高中接触的第一个单元,设计时充分考虑语文始业教学的需要,巧妙借用了 Donna Ogle、马扎诺等开发的学习评价工具,引入 KWL 表和"学习技能的一般评分量表",有效地引导学生(来自不同的初中,有不同的学业基础、学习习惯)尽快建立新的学习秩序。这两种工具,可以贯穿各单元的学习,并有很好的发展空间。这些都是本案例表现性评价值得关注的。

案例5 遇见公交(幼儿园)

——运用检核表推进项目学习的实践

浙江省杭州市临平区新星幼儿园 李 萌

根据中班幼儿的兴趣,我开设了项目化区域——嘀嘀公交车,启动公交车的制作与行驶载客的社会性游戏等。面对游戏中幼儿遇到的各种问题与困难,尝试利用检核表[①],通过对幼儿语言行为的注意、学习品质与关键经验的识别,做出有针对性的菜单式回应、诊断式反思,逐步推进幼儿游戏的发展与学习的深入。两个月后,我们的"771公交车"顺利"上路",并形成了集修理区、加油站和洗车区为一体的综合公交车区域。

一、遇见"公交",项目学习萌芽

某次"晨谈",孩子们兴奋地分享来园方式。大部分幼儿有乘坐公交车上学的经验,对公交车设施设备颇感兴趣,孩子们对这一话题产生热议。之前的自主性区域游戏,也多次出现了假装坐公交车去医院看病、坐车回家等社会性情节。我看到了他们的兴趣与需求,班级中的公交车区域就应运而生了。

在游戏的初期,孩子们利用班级里原有的木质餐车当车头,自己搬了小椅子放在后面当座位。随着游戏的推进,孩子们自主增加了公交车的设备,如车牌、方向盘、爱心座椅等,也生发了关于投币、扫码上车、脚受伤的乘客坐爱心座椅、自制站立把手等情节。

内容与设备越来越丰富,但是游戏多次出现了一个比较聚焦的争议,就是如何判定是否到站。乘客与司机各执一词,司机认为到站,乘客认为没有。关于这个问题,孩子们提出了两种解决方案:一是举站牌,比如觉得到医院了,司机就举起站牌;另一个是做一辆会动的公交车,这样真的到地方就可以下车了。大部分孩子选择了后者,于是就生发了新情节:制作会动的公交车。

---

① 检核表,即本书表现性评价工具"核查表"。李老师所在的新星幼儿园,是浙江省一级幼儿园,正在研究"借助检核表解读幼儿游戏中的学习"课题。通过检核表,观察、解读幼儿的各种行为,并给出发展性的回应、指导,从而有效地引起、维持和促进幼儿的学习。这与中小学借助表现性评价(核查表、表现清单和评分规则)评价和促进学生学习的原理是一致的。所不同的是,幼儿未能像中小学生那样深度参与工具的开发和运用。——编者注

在推进游戏发展的过程中，笔者使用的检核表，包括我园开发的"分年龄段检核要素列表"和"游戏检核表"。前者是总表，按照五大领域（健康、艺术、语言、社会、科学）和学习品质（爱探究、善交往、乐创造）编制，虽不具有直接的操作性，却是幼儿行为检核的总清单。公交车项目游戏，与总表"学习品质"的"爱探究"部分最为接近，引录如下，如表 4-25 所示。

表 4-25　"爱探究"的要素及水平层次

要素＼水平层次	1	2	3
1. 坚持性和完成任务	坚持完成多种任务、游戏和经验。即使任务有一定难度，也能坚持工作直至完成	完成任务的能力得到增强，尤其是完成那些更长期的、不太具体的任务的能力增强（例如，持续跟踪，一直到他的生日提上日程）。有较强的能力设定目标和跟踪计划（例如，儿童说，我要捡起所有的枝条，然后他一直坚持做完）	在监督下能在长期的、更复杂的项目上坚持下来。可以接续前一天的活动，继续完成任务。使用自言自语和其他策略来帮助完成困难任务和成人安排的作业（例如，学校作业是做一本字母书）
2. 提问	除了问现在和当下的事情，还问一些关于未来的问题（例如，"我们什么时候再去娜娜家？"）	除了问现在和当下的事情，还问一些关于未来的问题（例如，"我们什么时候再去娜娜家？"）	问更高水平的问题（例如，"如果我们没有食物将会发生什么？"）或者"为什么雷蒙生我气？"）
3. 渴望学习	愿意尝试新的挑战（例如，尝试给洋娃娃穿衣服，或者把一个新的玩具组合放在一起）	开始对学习字母、形状和数字表现出更多的热情（例如，在和爸爸看一本书时，指着一个里面有字母 S 的字说：这个字母我名字里有，那个字母是什么呢？）	对学习新技能表现出越来越多的语言和非语言的热情，新技能包括学术技能（例如阅读、书写）和身体技能（例如骑自行车）
4. 参与不同的活动	持续寻找并参与感官要求参与的体验活动及其他活动（例如，听故事，与朋友一起玩，去消防站参观）	要求参与观察到的、听到的、别人在玩的新活动（例如，会说：杰克去钓鱼了，我可以去吗？）	尝试更为广泛的新活动，有独自玩的，有和同学一起玩的（例如，与祖父母一起去野营，努力学习像哥哥姐姐一样弹钢琴）；在学习新技能时愿意冒险

后者"游戏检核表"是程序性用表，可直接用于幼儿游戏行为的检核，包括描述、识别、菜单式回应和诊断式反思四部分，下文我们将呈现使用的实例。

二、初用检核表

由于前期对公交车结构的经验,孩子们很顺利地进入制作的环节。通过讨论、选择、分组,他们分成了车牌、窗帘、车身、后视镜等组别,寻找不同的材料制作,并填写自我评价表,如图 4-31 所示。

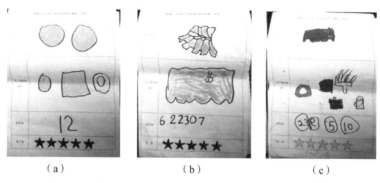

（a） （b） （c）

图 4-31　车灯组(a)、窗帘组(b)、车身组(c)使用的评价表

评价表的内容有:我们做了什么? 用了哪些材料? 制作者(学号)是谁? 夸一夸自己,觉得很棒就把五颗星涂满。比如窗帘组用了剪刀和纱布,车身组用了刷子、纸板箱、水桶、颜料等。

但是轮胎组的评价表是空白的。他们遇到了什么问题呢?

> 他们最初将小塑料套圈用作轮胎,尝试了两种粘贴方式,腾腾在塑料套圈上粘了一圈双面胶,垂直于车身粘,没粘上。另一个小朋友魏来说:"你要这样。"魏来拿过塑料套圈平行贴,发现还是粘不住。孩子认为这次失败的原因:"这个太小了吧?"马上找到了新的材料:呼啦圈。这次成功了,但是在旁边观看的果果,发现了新问题:"都满啦,从哪里进去坐车啊? 都没有车门了。"此时,呼啦圈又掉落了。

多次寻找材料解决问题,对应表 4-26 的内容,可以识别孩子的坚持性、完成任务的学习品质。游戏中的关键经验,体现在科学领域 5-3-5 测量以及 5-11-3 工具和技术。轮胎组能够通过比较形状、大小来寻找更大的呼啦圈,而在物体量的属性这个关键经验上,关注到"大小",还未认识到能否粘牢与贴合面大小的关联。

此时,孩子们遇到的问题需求,就是去找到合适材料。那到底什么样的材料才适合做轮胎呢? 为此,教师需要做出回应。

　　"为什么呼啦圈这么大还是粘不牢?"教师以问题支架引导幼儿进一步思考。魏来说:"胶太少了吧?"腾腾说:"但是没有地方贴胶了!"魏来说:"要找个能贴很多胶的东西!"此时,经由教师的问题指示,孩子通过没有足够的地方"贴胶"关注到了贴合面大小的问题,尝试找新的材料。

　　幼儿找来了大木片尝试制作,但是仍然遇到了问题:泡沫胶很难贴在木片表面(双面胶完全贴不上),贴上后很快就掉了(木片很重,贴上去就会掉)。

　　根据检核表的提示,教师进行第二次回应:一是讨论梳理,轮胎组分享制作过程及问题,在讨论中实现同伴间的经验传递——需要寻找大小适宜的、能整面粘贴且不重的圆形材料来做轮胎;二是改进评价表,增加了"遇到的问题"和"解决方法"板块,引导孩子对本阶段游戏做自我评价梳理。

　　回应后,孩子们重新寻找材料,把目光锁定在宜家圆盘上,并且用泡沫胶替换双面胶,让轮胎粘贴得更加牢固。这一次,孩子在灵活性和变通性层次上达到了水平2,能灵活运用不同的资源来解决问题。

　　从深度学习角度看,通过对不同材料的主动探索,对贴合面的大小和材料量的多少这个物理属性有了内化的理解;幼儿从多次制作失败过程中建构起对"制作轮胎适宜材料"较为完整的认知,并加以运用。如表4-26所示。

表 4-26　首次使用的检核表(压缩)

- 观察日期:2020-10-26
- 观察教师:李萌
- 观察区域:嘀嘀公交车
- 观察对象:腾腾、魏来

描述	儿童的表征: ☑声音 □符号 ☑建构 ☑动作 □其他		游戏照片
	引起注意的原因: ☑反复行为 □争议行为 □热议行为 □问题求助 ☑其他　问题解决(略)		
识别	检核内容	表现水平(根据解读需要填写相应的检核要素及层次代号)	具体分析 (结合游戏实际)
	学习品质	6-1 坚持性和完成任务	6-1:能够坚持完成多种任务、游戏和经验 5-3-5 测量:幼儿使用词语"一样"以及比较级和最高级,根据物体可测量的属性直接对物体进行比较和排序。能够通过比较塑料套圈来寻找更大的呼啦圈 5-11-3 工具和技术:幼儿有目的地使用胶类工具去实施游戏想法、制作东西或解决问题
	关键经验	5-3-5 测量 5-11-3 工具和技术	
	问题/需求: 没有合适的材料来制作轮胎怎么办?		

菜单式回应		游戏中或游戏后回应:☑问题支架　□材料支架　□图片支架　□环境支架 ☑其他_____ 具体阐述: 游戏中回应:教师提问:"为什么呼啦圈这么大还是粘不牢?" 游戏后回应:1.经验支架:游戏结束后让幼儿在集体中分享自己在制作中遇到的问题和选择轮胎的经验。2.提供评价表2.0
诊断式反思	幼儿的获得	分析教师支持回应后幼儿在游戏中的收获: 6-1:能够坚持完成多种任务、游戏和获取经验。即使任务有一定难度,也能坚持工作直至完成 9-2:灵活性和变通性,更加灵活且可以吸收不同的资源来解决问题,即利用不同的材料尝试做轮胎
	游戏的发展	推进:☑新想法　☑新情节　□新概念　□新规则　☑其他___新材料___ 问题:□兴趣减退　□规则不适　☑材料或环境无法支持　□其他_____ 孩子们确定了宜家圆盘作为车轮材料,因为它大小合适、比较轻,而且有整面的地方可以贴胶。先用双面胶贴,好像不太好粘,换成泡沫胶,多来一点,真的可以了,公交车完成! 会动的公交车出发啦。可是在游戏的过程中,轮胎还是掉下来几次,在孩子们的邀请下,请老师帮忙用胶枪把轮胎固定在一起,这下终于不掉了。另外司机和乘客多次反馈:"车顶的头太累了。" 调整:下一步游戏调整计划 是否需要修改车身,让司机和乘客更加舒服?

　　诊断式反思,教师需要回顾自己的回应是否有效,或者依据幼儿表现判断游戏发展方向是否适宜,从而进一步做出调整和引导。宜家圆盘轮胎制作完成,游戏实施过程中轮胎还是会掉,后来孩子们邀请老师利用胶枪进行粘贴,寻求他人的帮助来解决问题。检核表的记录,让教师始终处于发现、探索、尝试的完整循环中,在问题不断的解决中持续推进游戏发展,促进幼儿的学习。

三、再用检核表

　　公交车的游戏一直在推进:增加行车投币盒,开通侧门,完善公交行车线路及站点,增设加油站和修理站。公交车游戏的空间由孤零零的汽车头逐渐扩展到整个教室。不久,孩子们又遇到了新问题。

　　小司机昊开着公交车来修理啦,简修理工修理完车后,对昊说:"你的车很脏啦,洗洗吧。"昊开心地说:"好呀,好呀。"于是简把加油的油管临时当作洗车的水管,对着公交车喷水。昊很兴奋,一直围着公交车转。"洗干净啦。"昊司机把车开走了。

　　接下来的时间,昊司机又开来洗了几次。最近一次,昊司机再来洗车时,强毅乘客也在车上。滋——滋——滋,简的小水管冲得很快:"好啦! 车洗完了。"强毅马上说道："不对，不是这样洗车的！""就是这样的！""我见过我爸爸洗车的，还有毛巾，还有泡泡呢。"强毅反驳，昊附和："我也见过，要洗很久呢。""那我没有啊。"简有些委屈，把水管收起来了。

幼儿对如何洗车的争议行为，对应检核表，可识别出学习品质，即语言＋实物创造性地游戏。关键经验则是幼儿的"假装游戏"不同水平：简表现的是艺术领域中假装游戏的反复剧情，即反复洗车的新情节；强毅则是高一水平层次，跳出游戏情境给予其他幼儿指导。正因为不同游戏水平幼儿之间的冲突，成为游戏新的推进点，呈现出幼儿丰富洗车玩法的问题需求。

教师依次做出三次菜单式回应。第一是问题支架。将如何洗车的问题抛给大家，但是大家的反馈是碎片式的，洗车方式多种多样，也出现了洗车前后步骤的争议。于是进一步提供图片支架，给孩子们观看洗车的照片和视频，给予幼儿良好的经验认知支撑。之后，师幼一起利用导图的方式整合洗车内容和步骤，并梳理出洗车需要的工具。第三次是环境支架，幼儿提出洗车的地方是有棚子的，于是合作制作顶棚，增设洗车区域，同时增加洗车工具柜。至此，材料支架必不可少，投放了手套、毛巾、尘掸、按压瓶等洗车工具供幼儿操作。

通过本次的检核分析、菜单式回应的引导，幼儿的游戏获得新的发展，游戏行为有了令人惊喜的变化。

简，今天是洗车房的洗车工。看到腾腾开来公交车，简招呼道："嗨，你要洗车吗？"腾腾停下了车："要的，要的。"腾腾停好车后，简就开始了他的洗车程序：先用长管子对着公交车冲了一遍，然后拿出按压瓶对着公交车多个地方挤了挤，最后又拿起水管冲洗。腾腾说："你还要用毛巾先擦一下的吧。""对对对，我有点忘记了。"简放下水管，重新拿起了毛巾擦拭全车，然后再次用管子冲洗，冲完后又拿起尘掸，从车顶到车底，从车门到车窗掸了一遍："好啦，洗干净啦。"腾腾付了钱，笑着离开了。

回应前，洗车的幼儿表现较为单一，假装游戏水平较低。回应后，洗车的幼儿丰富了洗车步骤，不再单纯地冲水，而有了冲水、挤洗车液、擦泡泡、再冲水、掸尘等连贯的行为。游戏的情节更加丰富，这是幼儿坚持性、完成任务、专注等学习品质发展的体现。自主回忆、重组、操作的过程，无疑是一次深度学习的机会。司机在陪伴洗车的过程中，也丰富了自己除载客、加油、修理之外的公交车工作经验。如表 4-27 是第二次使用检核表的记录。

表 4-27　第二次使用的检核表(压缩)

- 观察日期:2020-11-24　　　　　• 观察区域:嘀嘀公交车
- 观察教师:李萌　　　　　　　　• 观察对象:昊、简

描述	儿童的表征: ☑声音　□符号　□建构　☑动作　□其他	游戏照片
	引起注意的原因: ☑反复行为　☑争议行为　□热议行为　□问题求助 □其他(略)	

	检核 内容	表现水平(根据解读需要 填写相应的检核要素 及层次代号)	具体分析 (结合游戏实际)
识别	学习 品质	11-1 创造性	11-1:用语言和实物创造性地游戏。在公交车游戏情境中表达自己的不同想法,利用本是加油的管子变成洗车的冲水管,生发了新的洗车情节
	关键 经验	2-4-5 假装游戏	2-4-5:幼儿参与重复的假装游戏剧情,利用管子多次重复进行洗车的游戏情节
	问题/需求: 公交车出现洗车的需求,但是修理工没有完整的洗车经验,孩子们出现了洗车步骤的争执		

菜单式 回应	游戏中或游戏后回应:☑问题支架　☑材料支架　☑图片支架　☑环境支架 □其他_____ 具体阐述: 根据幼儿的游戏情况,简在游戏分享中提出了洗车的需求和问题,当询问孩子们怎样洗车时,大家的反馈是碎片式的,洗车方式多种多样,也出现了洗车步骤的争执。于是提供洗车的视频给孩子们观看,在观看了几个不同洗车视频后,师幼一起利用导图的方式整合了洗车的内容和步骤,并梳理出了洗车需要的工具,对公交车区域进行了改动和新增 1. 增加洗车区,增设顶棚,创设洗车工具柜 2. 在收集后投放手套、毛巾、尘掸等洗车工具

诊断式 反思	幼儿 的 获得	分析教师支持回应后幼儿在游戏中的收获: 洗车的幼儿能够丰富洗车步骤,不再单纯地冲水,而是能够从冲水、挤洗车液、擦泡泡、冲干净到清扫最后的残留灰尘来细致地进行全方面洗车。在这个过程中,幼儿结合前期讨论认知以及生活的经验将其运用到游戏实践中,进一步加深对于洗车的了解,让游戏的情节更加丰富,这也是幼儿细心、耐心的体现。而司机在陪伴洗车的过程中也同样丰富了自己除载客、加油、修理外的公交车工作经验

游戏的发展	推进：□新想法　□新情节　□新概念　☑新规则　☑其他　_新角色_ 问题：□兴趣减退　□规则不适　□材料或环境无法支持　☑其他　_洗车内容不知或者不熟悉_ 出现了专门的洗车人员，参与洗车的过程，能够根据一起分享的洗车步骤进行洗车，参与讨论且能力比较强的幼儿能够完整顺畅地完成整套的洗车过程，但是能力较弱或者讨论当天请假的幼儿就不能够完整地进行洗车，游戏的过程中就出现了争执，司机或者乘客说车洗得不对、不干净，但是幼儿不记得或者不会洗 调整：下一步游戏调整计划 针对这样的情况，师幼可以共同制作洗车步骤板，让其他幼儿或者忘记的幼儿在游戏的过程中借用环境的力量能够有所发现或获得提示

检核游戏的过程，就是项目发展的过程。至此，公交车区域已经相对成熟与完善，幼儿的探索行为和社会性情节也较为丰富，能够在紧急情况下生发公交车变急救车、洗车区帮助娃娃家救火等场景，还探究了修理区的白胶、木工胶、糨糊等材料的黏性。

四、检核表使用的反思

在公交车项目游戏的发展过程中，通过速效式注意、导引式识别、菜单式回应及判断式反思，循环助推幼儿和游戏的同频发展。游戏检核表将速效、导引、筛选、判断融入了评价的四个环节，以幼儿（游戏）为出发点，又回归幼儿（游戏），并成为后续游戏推进与实施的逻辑起点。

借助游戏检核表（见表4-26、表4-27），年轻教师能有效地观察记录，学会解读孩子的游戏。要素列表（见表4-25），则能弥补当下专业性知识的缺失，辨析背后的发展需求，为后期观察解读提供帮助。两相配合，为教师提供适宜的描述、识别、判断、反思幼儿行为的支架，帮助教师调整游戏的发展方向。

检核表，不仅是教师评价幼儿的工具，也是评价自身的工具。让教师了解幼儿真实的游戏情况，关注游戏过程的持续性和完整性，了解幼儿游戏的全部行为表现，进行靶向注意和策略实施，促进幼儿深度学习，同时提高自我观察能力和记录能力，提高评价工作的自觉性、主动性和科学性。

资　料　评分工具集锦

在表现性评价研究与本书撰写的过程中,笔者接触了数以百计的评分工具。其中高质量的、足以说明本书观点且又短小精悍的,部分已用到本书的正文里了。

还留下很大的部分,实在不愿忍痛割爱,于是精选若干,作为资料附在这里。这样做,一则可减少"遗珠"之憾,并继续丰富正文的观点和实例;二则可为读者研究、开发评分工具提供参考。以笔者的经验,评价工具的开发少不得走一段模仿之路,而研究也离不开占有大量的素材。

但是,这些工具并非完美无缺、信手可用的。特别是域外的评分工具,直接袭用势必"水土不服",本土化改造在所难免。即使是国人研发的评分工具,也各有使用的情境和任务,需要在运用与实践的场景中做出调整。

这些案例,除个别超学科外,都是语文学科的,尽可能涉及不同的学段、语文学习的不同领域。为便于读者使用,某些评分工具还有详略不等的说明。

大致按阅读与鉴赏、表达与交流(口头、书面、展示)、梳理与探究、项目式学习等实践领域来分。

目　录

续　表

工具名称	工具类型说明	页码
10. 口头表达的整体评分规则	整体评分规则，5 等水平，适用于中学	225
11. 美国写作分析的 6+1 要素	只列举了要素	226
12. 首要因素评分规则	三类文章的首要因素评分规则，6 等水平，适用于中学	227
13. 写作发展量表	整体评分规则，发展性量表，11 等水平，适用于幼儿园到 5 年级	230
14. 美国 SAT 写作评分规则	分项评分规则，5 个维度，6 等水平，供各学段开发写作测评工具参考	234
15. 课本剧表演评分规则	分项评分规则，4 个维度，4 等水平，适用于中学	235
16. 多媒体项目的评分规则	分项评分规则，3 个维度，5 等水平，适用于中学	236
17. 收集与展览的评分规则	分项评分规则，5 个维度，4 等水平，适用于义务教育与高中	237
18. 研究报告评分规则	分项评分规则，4 个维度，4 等水平，适用于义务教育与高中	238
19. 研究论文的评分规则	分项评分规则，5 个维度，4 等水平，适用于中学	239
20. 调查报告的评分规则	分项评分规则，5 个维度，4 等水平，适用于中学	240
21. 小组行为观察清单	表现清单，5 等水平，适用于义务教育及高中初始阶段	241
22. 小组合作的评分规则	分项评分规则，5 个维度，3 等水平，适用于义务教育	242
23. 批判性思考	分项评分规则，5 个维度，3 等水平，可为深度学习评价工具开发之参考	243

1. 读后感评分规则①

维度	3	2	1
内容	简洁地介绍了所读作品;聚焦于一个核心的观点;充分解释了自己的观点,如参考了原文、其他作品或个人经验等;提供了精确的细节	对所读作品的介绍比较拉杂;读者很容易找到文章的中心;解释了自己的观点,如参考了原文,但缺少与个人经验的联系;提供了细节,但有两处与原文有出入	没有概括介绍所读作品;读者弄不清文章主要说的是什么;没有自己的观点,只是抄了一些原文
组织	开篇简述了作品的信息及自己关注的内容;以中心句和支撑句结构全文;各个中心句都与中心论点相联系;各个段落之间衔接紧密;结尾回应总结了全文的中心	开篇简述了作品的信息,却没有突出自己关注的内容;一半的段落使用了中心句和支撑句;出现一些段落之间的脱节;有明确的结尾,但概括得不全面	只是大量摘录了作品中的内容;内容之间缺乏必要的过渡语句;找不到中心句和支撑句
语言	用自己的话准确地传达了所读作品的意思;句式富于变化,顺应了意义的表达;词汇丰富,充分表达了自己的意思	有 1/4 的内容重复了原作中的语言(不是出于表达的需要);句式比较单一,读起来感到单调;词汇量小,有一些套话	有 3/4 的内容是摘录原作的语言;自己的表述很多是套话,或者没有分寸

【说明】本评分规则从内容、组织(结构)、语言等三方面描述,适合刚接触读后感写作的学生。对于已掌握读后感基本特征的学生,或可扩大开放性,从观点提出、作品概述、作品阐释、结构布局灵活性、语言思辨性等进行教学与评价,参看李安文发表于《作文》2020 年第 1 期的《如何写读后感》。

---

① 申宣成.表现性评价在语文综合性学习中的应用[M].郑州:大象出版社,2015:125.

2. 复述过程的评分规则①

标准：学生应该能够复述、预期、推断和评价从不同文化的文献以及相关的阅读材料中抽取的短文

表现性任务

一年级：复述故事《金发姑娘和三只熊》	三年级：写出你复述过的短文中的一个段落，并且根据你的判断预测短文的下半部分将要发生什么事情

评价

一年级	三年级
4. 准确地复述故事；包括对主要角色、冲突、结果以及环境的描述；能够自信而清楚地呈现内容；不需要他人的提示	4. 能复述故事的主要事实；包含了完整的举止；清晰；有合适的标题
3. 能复述故事，但有少量的错误；包括对主要角色和冲突、结局以及环境的细节的描述；在少量提示的情况下能够清晰地呈现	3. 能复述大部分主要事实；清晰；使用了完整的句子并且有标题
2. 复述故事的过程中遗漏了一些事件；包括对主要人物以及个别冲突、结局以及背景的细节的描述；能结结巴巴地呈现故事，但是需要提示	2. 遗漏了大量的主要事实；比较清晰；有一个不合适的标题
1. 错误地复述故事；涉及了个别的角色；没有对冲突、结局以及背景进行描述；需要提示	1. 有一两个主要的事实，但是难以理解；使用了许多不完整的句子；不清晰；没有标题

　　【说明】这是一份专用的评分规则，是基于"课程标准"开发的，并指向特定的表现性任务。一般来说，课程标准对目标和质量的表述是概括的，据此开发的评分规则，就需要将其概括化为具体，且具有操作性。

---

　　① K·蒙哥马利.真实性评价——小学教师实践指南[M]."促进教师发展与学生成长的评价研究"项目组,译.北京:中国轻工业出版社,2004:57.

3. 阅读能力发展量表(1～5年级)[①]

学习阅读,学习倾听

	水平A:前发生阶段	水平B:发生阶段	水平C:开始阶段
理解	• 当一起看或"阅读"一本书时使用图画线索 • 谈论喜爱的故事 • 结合自己的知识和经验,表现出对电视节目、口述故事和图画书的理解	• 可以看图讲故事 • 说出环境中的一些符号或信号的意义 • 按顺序说出或画出发生在自己身上的故事 • 倾听,然后按顺序复述故事	• 可以发现读物的意义不明确的地方 • 叙述事件发生的顺序 • 可以听故事并做出反应
技能/策略	• 可以认出不同字体的自己的名字 • 有一些类似阅读的动作 ——按照正确的顺序看书 ——恰当地翻书 ——看书中的文字和图画 ——用图画来建构观点 • 知道应该从上到下、自左至右地阅读读物 • 能够使用一些简单的词语并对其做出反应,如书、前、后、颠倒	• 识别大部分字母的读音 • 在印刷品中可以认出自己名字中所包含的字(如乐乐指着游乐园牌子上的"乐"字说:"我的名字里有这个字。") • 一眼可以认出几个字 • 主要依靠记忆进行阅读 • 可能会用书上的话编一些故事 • 同时注意到书中图画和对应的文字 • 知道应该从左向右阅读	• 能看出/阅读已认识的书面文字 • 开始利用上下文、语法和语音线索 • 将口语与书面语言相匹配 • 遇到不认识的字时停止 • 同时看文字和图画 • 明白文字所代表的意义 • 明白开始、中间和结束的概念 • 开始改变以往的逐字阅读,以词组为单位进行阅读
行为/态度	• 以自己涂鸦式的写作和绘画经验为基础,对文字产生兴趣,并问:"那上面在说什么?" • 看书 • 选择并喜欢听别人朗读各种各样有趣的书 • 对书籍阅读活动有着热切的反应(游戏、法兰绒娃娃、木偶)	• 对在外界环境中发现的印刷品,提出一些问题或做出评论 • 积极参与熟悉故事的朗读或部分朗读 • 想读书,并一般会指向书本 • 可能会假装阅读	• 有阅读的意愿 • 在图画的帮助下,把注意力集中在文字上 • 出声阅读 • 有恰当的倾听行为

◀----------- 幼儿园范围内:水平A至水平C -----------▶

◀----- 一年级：水平B至水平F -----▶

---

① 朱迪思·阿特,杰伊·麦克塔尔. 课堂教学评分规则:用表现性评价准则提高学生成绩[M]."促进教师发展与学生成长的评价研究"项目组,译. 北京:中国轻工业出版社,2005:106-109.

学习阅读,学习倾听

	水平 D:发展前期	水平 E:发展期	水平 F
理解	• 预测将要发生的事情 • 复述主要的观点和细节 • 口述与读物有关的自己的生活经历	• 按顺序复述故事 • 总结故事 • 以故事中的内容为证据来支持自己的书面陈述 • 形成关于故事的见解和看法	• 口头回答关于角色、背景、冲突及结果的问题 • 知道如何使用夸张的方法 • 可以把小说和现实区分开 • 对段落的功能有所了解
技能/策略	• 根据组成单词的部分字母来猜测生词 • 词汇量增加 • 更多地并熟练地用上下文、语法和语音线索 • 开始使用多种方法进行跳读 • 开始自我纠正错误 • 当出声阅读时在恰当的地方停顿 • 在阅读时注意到句号、问号、感叹号等	• 开始通过单词的类、系来猜测不认识的单词 • 用首位、中间和末位的字母发音来读不认识的单词 • 词汇量增加 • 自动化的跳读 • 当再次阅读时,可以充满信心地用合适的声调朗读 • 在阅读时注意到引号和逗号	• 用音节和单词中有意义的单词部分来猜测不认识的单词,如词根、前缀和后缀 • 词汇量增加 • 自我纠正的过程自动化 • 朗读时知道抑扬顿挫并适当停顿
行为/态度	• 独立选择要看/阅读的书 • 读比较熟悉的书 • 可以自己或与他人一起朗读小说或其他读物	• 为乐趣或获取信息而阅读 • 开始熟悉读物的名字和作者的名字 • 可以默读,当遇到困难时仍会出声读 • 对读物有积极的反应	• 可以向别人推荐读物 • 选择并收藏书籍 • 默读

◄-------------------- 一年级：水平B至水平F -------------------►

◄-------------------- 二年级：水平D至水平H --------------------

学习阅读，学习倾听

	水平 G	水平 H/基准 3	水平 I
理解	• 口头回答一些文学方面的问题，并开始进行书面回答 • 开始辨别和解释角色间的关系 • 能够认识并记住特殊的词汇（如不熟悉的术语和概念） • 理解一些习惯用语和成语（如光阴似箭） • 能够在文章的插曲中或较长的书中抓住故事的线索	• 总结主要的事件 • 识别角色、背景和情节 • 评价角色、作者和作品 • 运用信息来得出结论 • 通过例子来回忆单词的含义 • 注意作者写作时的用词 • 将当前的观点与已有知识进行比较 • 倾听别人关于一篇文章的观点，并口头回答别人的问题 • 知道在阅读前、中、后如何进行自问	• 以前后一致的观点进行推断，得出结论并预测下面会发生的事情 • 通过定义来回忆单词的含义 • 了解作者怎样为了达到特定的目的而有效地用词 • 倾听并用写作、讨论、讲故事/表演等方式来对小说或其他类型的文学作品做出回应 • 通过复述和讨论情节、角色、背景以及事件来讲解小说类读物 • 通过引证主要观点和提供支持性细节来讲解非小说类读物 • 从文章和现实生活中寻找证据来支持文章中的观点
技能/策略	• 遇到生词时，用恰当的自动化策略来识别单词 • 可以认识那些使用频率高的单词	• 有效并熟练地应用多种阅读策略 • 阅读缩写和简写，识别和利用 ——题目 ——目录 ——索引 ——作者、序 • 根据文章的需要来调整阅读速度	• 通过再读、浏览和略读去获取特定的信息 • 分析单词的组成部分及句子上下文来推断新单词的含义 • 利用参考文献来达到特定的研究目的 • 运用文字的组织结构，如章节、段落和结尾 • 识别和运用 ——术语表 ——版权信息
行为/态度	• 为各种不同目的选择和阅读不同的材料 • 在朗读小说类及非小说类作品时运用积极的倾听技巧	• 知道自己的阅读偏好 • 根据个人的水平来选择文章	• 从读者的角度来思考和评价自我 • 为兴趣而自发地阅读

◀---- 二年级：水平 D 至水平 H ----▶

◀———— 三年级：水平 G 至水平 I ————▶

◀-------- 四年级：水平 H 至 水平 K ---▶

◀—— 五年级：D 水平 I 至 K ——▶

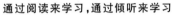

通过阅读来学习，通过倾听来学习

	水平 J	水平 K/基准 5
理解	• 根据文章的内容和观点进行推理 • 开始在口头语和书面语中使用书中的词汇 • 注意到作者运用了特定的词汇来表达感受、气氛和情绪状态 • 将读物中的观点与普遍的主题如友谊、宽容和社会等联系起来	• 理解那些可能与个人经验无关的读物 • 开始在现实生活情境下使用书中的词汇 • 可以解释作者用来传递感情、气氛和情绪状态的那些特殊的用词 • 注意到文章的修辞，如比喻、暗喻和押韵等 • 发现在读物中设置的那些老套的角色，并提出更换这些角色的建议 • 将读物的内容与普遍的主题进行比较 • 从读物中进行推断、预测以及概括和引证 • 通过阅读来验证、扩展或修正自己的知识
技能/ 策略	• 为某一特定研究目的选择并采用大量的文献材料 • 运用不同的文章体裁（书面格式、叙述、报告和描述）和文章编辑方式（黑体、关键词、标题）	• 选择合适的材料并针对不同的读物及目的调整阅读的策略（通过略读来寻找某些内容，通过浏览来寻找某些关键字或标题） • 注意并运用专业术语（科学术语、数学术语、技术术语）
行为/ 态度	• 从读者的角度提出自身的问题并进行讨论 • 可能发现某一特殊的风俗并寻找这类主题的其他文章	• 从读者的角度来进行自我分析 • 将书看作有价值的信息源

◄-------------- 四年级：水平H至水平K -------------------►

◄----------- 五年级：D水平I 至 K --------------------►

【说明】这是一份发展性评分规则，描述阅读能力发展 3 个维度、12 个等级水平的特征。另，斯蒂金斯《促进学习的学生参与式课堂评价》收录的"朱诺小学生阅读连续评定列表"，也是从理解、技能/策略、态度/行为等三个维度描述小学生阅读的进阶的，详见该书第 346～347 页。

4．俄勒冈阅读评分规则（4～12 年级）①

理解

6　对选用的文章的部分与整体都有透彻的理解
- 对中心思想及所有重要的支持性细节都表现出完全且准确的理解，包括对复杂部分的说明
- 推断精细且明显，并形成深刻的结论
- 以具体、明确的证据为基础，进行解释、概括或预测
- 选用文章中相关的、具体的信息（如目录、段落、图表）来解释并得出结论

5　对选用的文章的部分与整体都有深刻的理解
- 对中心思想及所有重要的支持性细节都表现出完全且准确的理解
- 做出关键的推断，并形成有根据的结论
- 以具体、具有结论性的证据为基础，进行解释、概括或预测
- 选用文章中重要的信息（如目录、段落、图表）来解释并得出结论

4　对选用的文章的部分与整体都有很好的理解
- 理解中心思想及相关的、具体的支持性细节
- 有明显的推断，并形成理由充分的结论
- 以充分的证据为基础进行解释、概括或预测
- 选用文章中的信息（如目录、段落、图表）来解释并得出结论

3　对选用的文章的部分与整体的理解不一致
- 正确地识别一些中心思想；但是把注意力放在孤立的细节上，或者不理解甚至忽略重要的支持性信息
- 做了基本的推理，但是可能无法产生支持性的结论
- 试图进行解释、概括或预测，但不能提供充分的支持
- 选用文章中的信息（如目录、段落、图表）

2　对选用的文章的部分与整体的理解很有限
- 只是零散地、不准确或不完全地理解选用的文章；列举随机的、不完整的或无关的证据
- 不能进行推断，或者没有推断的依据
- 不能提供有支持的解释、概括或预测，或者不能被文章支持；可能会包括一些没有经过分析和评论的逐字抄袭的内容
- 不能使用文章中的资源（如目录、段落、图表），或者说读者被这些信息困扰或为之所迷惑

1　事实上，对选用的文章的部分与整体都不理解
- 表明读者不能理解选用的文章的意思；只能将注意力集中在自己的受挫感上，或者可以看出读者已经放弃

---

①　朱迪思·阿特，杰伊·麦克塔尔.课堂教学评分规则:用表现性评价准则提高学生成绩[M]."促进教师发展与学生成长的评价研究"项目组,译.北京:中国轻工业出版社,2005:113-116.

更高水平的理解

6　读者对选用的文章，以及选用的文章与其他文章（听到的、读到的或观察到的，下同）、经验、观点或社会和国际上的事件的关系有透彻的、综合的理解
- 将选用的文章与相关的、具体的个人经验相联系，扩展并深化理解，使其超出文章的界限
- 深刻地概括和总结，复杂而巧妙地把选用的文章和其他的文章相联系
- 在选用的文章的主题和信息与选用的文章和社会、国际范围内的论题、事件之间的关系之间建立深刻的、有根据的联系

5　读者对选用的文章，及选用的文章与其他文章、经验、观点或社会和国际上的事件的关系有深刻的理解
- 将选用的文章与相关的、具体的个人经验相联系，扩展对选用文章的理解，使其超出文章的界限
- 有根据地概括和总结，复杂而巧妙地把选用的文章和其他的文章相联系
- 在选用的文章的主题和信息与选用的文章和社会、国际范围内的论题、事件之间的关系之间建立深刻的联系

4　读者对选用的文章，以及选用的文章与其他文章、经验、观点或社会和国际上的事件的关系有很好的理解
- 将选用的文章与相关的、具体的个人经验相联系，扩展对选用文章的理解，使其超出文章的界限
- 通过概括和总结将选用的文章和其他的文章相联系，但可能只限于在字面意义上进行
- 在选用的文章的主题和信息与社会和国际范围内的论题、事件之间的关系之间建立有根据的联系

3　读者对选用的文章，以及选用的文章与其他文章、经验、观点或社会和国际上的事件的关系的理解是有限的、不一致的
- 选用的文章与个人经验的联系是肤浅的、间接的
- 通过概括和总结将选用的文章和其他的文章相联系，但这种联系是简单化的或不完整的
- 选用的文章与社会和国际范围内的论题、事件之间联系过于广泛，是一般的或不准确的

2　读者对选用的文章，以及选用的文章与其他文章、经验、观点或社会和国际上的事件的关系的理解是有限的、肤浅的或有缺陷的
- 选用的文章与个人经验的联系是肤浅的、间接的
- 在选用的文章和其他的文章之间建立微弱的且无效的联系
- 在选用的文章与社会和国际范围内的论题、事件之间，建立微弱的、肤浅的联系

1　读者根本不能理解选用的文章，以及选用的文章与其他文章、经验、观点或社会和国际上的事件的关系
- 不能在选用的文章和其他文章、经验、论题和事件之间建立联系，或不能发现它们之间的联系

批判性阅读:内容分析

6　对作者的观点和写作技巧进行了透彻有力的分析与评价
- 识别作者的写作目的,完整深刻地分析和评价了作者对体裁的选择(如文章结构、观点和用词,下同)是如何影响了文章的内容和写作目的的
- 当面对文学类文章时,识别并巧妙地分析那些文学要素(人物、情节、背景、主题等,下同)和/或修辞手法(比喻、暗喻、象征等,下同)是如何影响文章的完整性和表达效果的
- 以文章中具体的相关内容为依据,对作者的写作技巧和文章的外显和内隐信息做出了合理的判断

5　对作者的观点和写作技巧进行了深刻的分析与评价
- 识别作者的写作目的,并分析和评价了作者对体裁的选择是如何影响了文章的内容和写作目的的
- 当面对文学类文章时,分析选择的文学要素和/或修辞手法是如何影响文章的完整性和表达效果的
- 以文章中具体的相关内容为依据,对作者的写作技巧和文章的外显与内隐信息做出了合理的判断

4　对作者的观点和写作技巧进行了很好的分析与评价
- 识别作者的写作目的,并分析作者对体裁的选择是如何影响了文章的写作目的的
- 当面对文学类文章时,大致分析了选择的文学要素和/或修辞手法是如何影响文章的完整性和表达效果的
- 以文章中具体的相关内容为依据,对作者的写作技巧和文章的外显信息做出了合理的判断;可能会涉及内隐的信息

3　对作者的观点和写作技巧的分析并不完整,但提供了简单的或没有根据的评价
- 在一定程度上识别并分析作者的写作目的,并就作者选择的体裁对文章内容的影响做了初步的分析
- 当面对文学类文章时,解释了选择的文学要素或修辞手法是如何影响文章的整体效果的,但这一解释是简单化的或没有根据的
- 以文章中有限的内容为依据,对作者的写作技巧和文章的外显信息形成一些看法;可能会涉及内隐的信息

2　对作者的观点和写作技巧的分析与评价是有限的、让人迷惑的,或难以理解的
- 不了解作者的写作目的或者对体裁的选择;对作者的撰文风格也明显缺乏认识(如,读者可能很难把作者和讲述者或文章中的角色区别开)
- 当面对文学类文章时,不能使用文学要素来说明文章的表达效果
- 对作者的写作技巧和文章信息做出判断,但没有以文章的内容为依据

1　没有显示出任何批判性的阅读技能;读者没有深入分析文章
- 没有任何评论或解释,完全接受或拒绝作者的写作技巧或文章的信息

批判性阅读：背景分析

6　对文章的信息或主题与历史、社会、文化和人生经历之间的相互影响，做了透彻的、有说服力的分析和评价
- 利用对作者人生经历的充分了解，来评价它们是如何形成并影响这一作品的
- 在适当的时候，识别和评价文章是如何利用复杂且微妙的方式，对过去和/或现在的社会、文化的现状和事件产生重大影响的
- 利用对社会、经济、政治或文化的主题和事件的广泛认识和了解，分析和评价文章的外显和内隐的主题和信息的正确性；如果需要，可以对文章做出不止一种解释

5　对文章的信息或主题与历史、社会、文化和人生经历之间的相互影响，做了深刻的分析和评价
- 利用对作者人生经历的了解，来评价它们是如何形成并影响这一作品的
- 在适当的时候，识别和评价文章是如何利用复杂且微妙的方式，对过去和/或现在的社会、文化的现状和事件产生重大影响的
- 利用对社会、经济、政治或文化的主题和事件的认识和了解，分析和评价文章的外显和内隐的主题和信息的正确性；如果需要，可以对文章做出不止一种解释

4　对文章的信息或主题与历史、社会、文化和人生经历之间的相互影响，做了很好的分析和评价
- 利用对作者人生经历的了解，来考查和解释它们是如何形成并影响这一作品的
- 在适当的时候，识别和评价文章是如何利用复杂且微妙的方式，对过去和/或现在的社会、文化的现状和事件产生重大影响的；可能会有一些不准确的评价
- 利用对社会、经济、政治或文化的主题和事件的认识和了解，分析和评价文章的外显和内隐的主题和信息的正确性

3　对文章的信息或主题与历史、社会、文化和人生经历之间的相互影响的分析，是不完整的
- 利用对作者人生经历的有限的部分了解，来评价它们是如何形成并影响这一作品的
- 在适当的时候，识别对过去和/或现在的社会、文化的现状和事件产生重大影响的方式；这一识别可能会有一些不准确的地方
- 把对社会、经济、政治或文化的主题和事件的有限了解，和文章的外显的主题和信息联系起来

2　对文章的信息或主题与历史、社会、文化和人生经历之间的相互影响的分析，是有限的、让人迷惑的，或者难以解释的
- 关于作者的人生经历对其作品的影响所做的解释，是肤浅的或不合逻辑的
- 在被要求时，试图解释文章是如何影响社会、文化的现状和主题的，但这一解释是肤浅的或不合逻辑的
- 对选用的文章的主题和信息做出判断，但没有找出文中的证据

1　没有显示出任何批判性的阅读技能；读者根本没有深入地分析文章
- 没有任何评论或解释，完全接受或拒绝作者的写作技巧或文章的内容

　　【说明】这一份评分规则从"理解""更高水平的理解""批判性阅读：内容分析""批判性阅读：背景分析"等维度描述阅读，其描述的角度、关注的细节、采用的技术等很值得关注，据此可开发单一维度的评分规则，并可为我们开发发展性的、基于学业质量的阅读与鉴赏评分工具提供多方面的借鉴。

5. 演讲的评分规则(之一)①

维度	4	3	2	1
内容	紧扣主题,富有趣味;以多种形式与观众互动,如现场提问等	能围绕主题进行,有两处偏离了主题;观众容易理解演讲内容	有两处内容偏离了主题;使用了许多生僻的词语和术语	基本与主题无关;只关注自己,忽视观众和周围的环境
条理	开始即点明了主题;结构清晰,有过渡和总结	观众能归纳出演讲的层次;可以形成演讲大纲	有三处跳跃或重复,观众不能形成演讲大纲	内容颠三倒四,让人摸不着头脑
语调和语速	声音高低起伏,能用顿挫突出重点、传达感情;速度快慢适中,发音清晰,没有口头禅	音量适中,但有两处音量的高低处理不当或未能根据表达的需要而变换语速;有三处发音不清	声音过低或过高;速度过快或过慢;有四五处发音不清,有口头禅	声音太低或速度过快,大部分内容听不清
态势语	和观众有充分的目光接触,手势、移动、点头等肢体语言很自然	有三四次目光游离了观众或肢体语言显得不合适	有五六次目光游离了观众或肢体语言显得不合适	和观众几乎没有目光接触,没有使用肢体语言
语法	有一两处语法错误;句式结构富于变化	有三四处语法错误;句式的结构有变化	有五六处语法错误;句式简单或杂糅	语法错误在六次以上,句式杂糅,没有变化

总体评价:

最终等级:

---

① 申宣成.表现性评价在语文综合性学习中的应用[M].郑州:大象出版社,2015:157.

6. 演讲的评分规则(之二)①

	入门级	有待提高	能胜任	非常好
内容	演讲中没有提供与主题有关的信息	重要信息缺失,很少有细节证据支持	信息完整,有基本的证据支持,能在某种程度上帮助观众了解与主题相关的知识	信息充分,有细节证据支持,能够很好地帮助听众了解与主题相关的知识
思想与沟通	演讲没有清晰而全面地表达出主要观点,没有说服力	演讲显示出演讲者对主题只有部分理解。主要观点不太清晰,缺少说服力	演讲显示出演讲者对主题有很好的理解,但有个别失误。主要观点很有逻辑性,但说服力差	演讲显示出演讲者对主题有深入的理解,但有个别失误。主要观点很有逻辑性,有说服力
逻辑结构、文法和用词	没有吸引力的开场。演讲的主体结构不清晰,需要整理和增加细节证据。缺少合适的收尾。没有掌握与主题相关的关键词汇及短语	开场不清晰,未能引起观众的注意力。演讲的主体结构不清晰,细节证据有限。收尾不清晰,未对主要的观点进行总结。语言使用单一	开场讲明目标,但未能抓住听众的注意力。演讲的主体结构清晰,并有部分细节证据。收尾对大部分的主要观点做了基本总结。语言得体,有少量失误	开场生动,吸引听众注意力,并给出清晰的目的。演讲的主体结构清晰、有逻辑,并有细节证据。收尾对所有主要观点做了完整的总结。语言丰富、切合主题
展示	没有辅助演讲的展示材料	有展示材料但没有加强听众对主题的理解,或它们本身就容易令人迷惑	展示材料与主题相关,但没有很好地整合到演讲过程中	展示材料与主题紧密相关,听众收获很大
陈述	缺乏对语言语调的掌控,讲话不清晰。没有创意。演讲者明显紧张,对所讲主题没有兴趣。与观众没有目光交流,没有肢体语言和表情流露	讲话有时不清晰,有犹豫。缺乏创意。演讲者对演讲主题不是很熟悉,显得紧张、不投入。演讲过程中偶尔与观众有目光交流。肢体语言和表情的使用有限,也不太得体	吐字清晰,有个别失误,但不影响整体发挥。在调动观众参与上富有创意,但有些生硬。对演讲主题很熟悉,但有些紧张。演讲过程中大部分时候与观众有很好的目光交流。使用肢体语言和表情,但有时会显得做作	讲话有力,吐字清晰,易于听众理解。在调动观众参与上富有创意。演讲者在演讲主题上显示出自信。整个过程与观众有很好的目光交流。通过肢体语言和表情,表达演讲者的活力和激情

---

① 巴克教育研究所.项目学习教师指南:21世纪的中学教学法(第2版)[M].任伟,译.北京:教育科学出版社,2008:79-80.

7．演讲的评分规则（之三）①

指标与权重	不满意	合格	非常好
结构与组织 30%	—	—	除了"合格"外，还有以下标准
开场介绍	没有正式的开场，或者没有清晰的主题介绍	开场主题鲜明，对演讲各个主题有整体介绍	巧妙的开场吸引观众的注意，有富有想象力的主题介绍
主要观点	主要观点没有统整到一个逻辑框架中	介绍主要观点时逻辑清晰，层次鲜明	观点之间关系流畅，整体逻辑性强，呈现模式富有创意
支持材料	重要观点缺乏参考数据的支持	重要的观点都有准确详细的参考文献作为证据	—
总结	没有总结，或者未对演讲进行充分的总结	再次重申主题，总结主要观点	总结紧扣主题，而且令人印象深刻
时间长短要求	没有用好既定的时间	时间根据实际需要调整，长短适宜	晓之以理、动之以情，加强演讲效果
语言表达 20%	—		除了"合格"外，还有以下标准
语言的节奏和音量	听众听不清且不易理解演讲的话	语言清晰并容易理解	演讲有对重点的强调，听演讲是令人愉悦的
音调、清晰度、发音	语音语调不能很好地与所讲内容相匹配。过多地使用口头禅	语音语调让人听着很舒服，意图清晰。声音很自然，不拘谨、单调。吐字清晰，发音正确，没有口头禅	演讲者能用声音调动听众的情绪
肢体语言和衣着 15%	—		除了"合格"外，还有以下标准
目光交流	与听众很少有目光交流	与观众有很好的目光交流	
仪态	懒散	自信的姿态	有领袖风度，意图明确
肢体动作	生硬不自然	自然、有效	—
着装	着装与场合不符	着装得体，考虑到听众和演讲主题	着装能够增强演讲效果

---

① 巴克教育研究所.项目学习教师指南:21 世纪的中学教学法(第 2 版)[M].任伟,译.
北京:教育科学出版社,2008:81-82.

续 表

指标与权重	不满意	合格	非常好
内容与语言的得体性 15%	—	—	除了"合格"外，还有以下标准
从听众角度考虑	演讲者用词、演讲内容和举例没有从听众的角度考虑	演讲者明显考虑了听众的需要，使用得体的语言和合适的举例	举例和用词针对听众很有讲究，有针对性，有创意
演讲意图说明	演讲者没有就演讲意图做说明	表现出对演讲意图与内容的理解	—
总体印象 10%			除了"合格"外，还有以下标准
活力、激情、真诚、创意	演讲者未有说服力地呈现内容	表现出对演讲内容的投入，并表达出让听众接受、理解、记住的强烈愿望	整个演讲很有创意、令人激动
特色 10%	—	—	除了"合格"外，还有以下标准
多媒体、视觉演示、音像演示	所用材料与主题有些偏离，材料的质量也不高	有些辅助材料支持，但不偏离主题。所有演示材料品质很好，易于视听	非常有创意地把不同材料、表格、图表等进行组合，增强演讲效果

【说明】三份演讲的评分规则，各有优长：之一适用于演讲的初步训练；之二适用于与展示结合的，或具有发展性的专项训练场合；之三的维度与指标极为清晰，有助于读者深入"解剖"演讲的内在元素，适用场合与之二相近。

8. 辩论的评分规则①

得分	5	3	2	1/0
组织性和连贯性	组织很好,完全符合要求,成员之间衔接流畅,组织性强化了辩论观点	符合要求,全体成员都发挥了作用,组织性能帮助听众理解辩论观点	陈述不符合要求,成员之间作用不明显	缺乏组织性,听众反应差
创造性	使用创造性的、恰当的方法来说服听众,严格遵守辩论要求	有时使用创造性的方法,基本符合辩论要求	基本没有使用创造性的方法,辩论不符合要求	没有使用创造性的方法
陈述技巧	使用多种视频手段或陈述方式,视频手段清楚且有吸引力,能加强对辩论题目的理解	使用了视频手段,效果好,听众感兴趣	辩论有时有趣,组织有逻辑性,视频手段使用有限	缺乏组织,听众不感兴趣
语言基本功	有感染力,能激发听众兴趣;眼神稳定,表达沉着清晰,能引起共鸣;姿势端正,热情,自信	发音清晰但没有感染力	声音发抖,眼神恍惚,表达不清	无眼神传递,声音太小或太大,单调
听众反应	观点富有创造性,能引起停止共鸣,听众自始至终倾听	观点能吸引听众,听众能大部分时间倾听	一些事实偏离主题,误导听众	不连贯,听众不感兴趣
陈述时间长度	辩论的每个环节的时间把握得当,在不同的辩论环节内都能很好地把握时间,从而增加陈述事实的机会	每个环节都在规定的时间内完成,陈述时间既不太长也不太短	陈述时间过长或过短	时间使用不当,思考和使用材料时间过长

---

① 这份量表收藏较早,无法查知出处。

9. 合作论辩的评分规则[①]

维度	4	3	2	1
倾听	眼神接触；点头；微笑；笔记列出了主要观点；没有打断对方的陈述	眼神接触；点头；笔记遗漏了两处要点；没有打断对方的陈述	眼神接触；点头；有1次打断对方的陈述	经常走神；多次打断对方的陈述
陈述	开始就表明了自己的观点；提供了3个（或以上）充分的证据；条理清楚；耐心地回答提问	开始就表明了自己的观点；提供了2个充分的证据；条理清楚；回答了提问	开始就表明了自己的观点；提供了1个充分的证据；条理清楚；回答了提问，但有些不耐烦	没有明确表明自己的观点；不愿意回答提问
质疑	提问简洁明确；针对问题本身而不是个人；使用了委婉的词语	提问明确；针对问题本身而不是个人	提问不清楚，需要重新解释；针对问题本身而不是个人	提问与主题无关
鼓励	有促进小组成员互动的言行；能顾及别人的感受；提出了2个（或以上）小组问题的解决方法	有促进小组成员互动的言行；能顾及别人的感受；提出了1个小组问题的解决方法	有促进小组成员互动的言行；能顾及别人的感受	需要其他成员的鼓励；没有顾及别人的感受

总体评价：

最终等级：

【说明】两份有关辩论的评分规则，各有强调的元素。前一份适合于辩论赛，后一份适于日常训练。

---

① 申宣成.表现性评价在语文综合性学习中的应用[M].郑州：大象出版社，2015：148.

10. 口头表达的整体评分规则[①]

等级	描述
5＝非常好	学生能清晰地陈述研究的问题,充分说明该课题的重要性;有重组具体的信息来支撑其结论;报告很精彩且句子结构准确无误;口头陈述的过程中一直都有眼神的交流;从陈述中清楚地表明对课题做了充分的准备、合理的安排,抱着极大的热情;有效利用视听工具来辅助其陈述;能用具体适当的信息清楚地回答听众的提问
4＝很好	学生能陈述研究的问题并证明其重要性;有足够的信息来支撑结论;报告及其句子结构基本正确;从陈述中看出对该课题有所准备、有所安排,抱着一定的热情;提到和使用了有关的视听工具;能清楚地回答听众的提问
3＝好	学生能陈述其研究的问题并作出自己的结论,但论据没有 4 或 5 分的口头表达充分;报告及其句子结构基本正确;有一定的准备和安排;提及了辅助的视听工具;能回答听众的提问
2＝欠缺	学生提出了研究的问题但不能完整地陈述;没有得出解决问题的结论;报告及其句子结构能够让人理解,但存在一些错误;没有做很好的准备和安排;或许提到了辅助的视听工具;基本能回答听众的提问
1＝差	学生做了陈述,但没能概括研究的问题或提及重要性;研究的课题不明确,也没有得出重组的结论;报告令人费解;没有做相应的准备和组织工作;不能或只能结结巴巴地回答听众的提问
0	无任何口头表达的尝试

【说明】这是一份整体的评分规则,可用于"表达与交流""梳理与探究"两个领域交叉的场合,可就"口头表达"的内容质量快速给出等级。

---

① 格兰特·威金斯.教育性评价[M]."促进教师发展与学生成长的评价研究"项目组,译.北京:中国轻工业出版社,2005:146.

11. 美国写作分析的6＋1要素[①]

<table>
<tr><td>

一、思想性
- ☑ 有意义
- ☑ 吸引并保持我的注意
- ☑ 有主要观点、主题、中心思想、写作目的
- ☑ 以生活教研为依据
- ☑ 内容翔实具体
- ☑ 提供了重要信息
- ☑ 趣味性强

二、组织性
- ☑ 开头引人入胜
- ☑ 结构合理，有逻辑顺序
- ☑ 我能找到主要线索
- ☑ 结尾很好，结束自然
- ☑ 内容不重复
- ☑ 有张有弛

三、写作风格
- ☑ 文章整体风格统一
- ☑ 看起来就是这个人写的
- ☑ 有自己的风格和特色
- ☑ 触动我心，引人入胜
- ☑ 让我有所感，有所悟

四、用词
- ☑ 我不由感叹："是的，就应该用这个词或句子来表达！"

</td><td>

- ☑ 阅读过很长时间以后，我还能想起那些精彩的词句
- ☑ 用词精确
- ☑ 作者用词丰富，但不烦冗
- ☑ 作者知道如何去写这个题目——但不用那些虚假、夸张的短语
- ☑ 尽可能使用简洁的语言

五、语句流畅性
- ☑ 语句流畅——听起来也很顺耳
- ☑ 我可以大声流利地朗读这篇文章
- ☑ 句式多变
- ☑ 多次使用排比句，但并不繁杂
- ☑ 长短句结合
- ☑ 句子紧凑一致
- ☑ 句意清晰易懂

六、写作常规
- ☑ 页面整洁，看起来已经校对过了
- ☑ 多数用法正确
- ☑ 使用恰当且正确，表达清楚，易读
- ☑ 没有大的拼写错误
- ☑ 作者已经注意到拼写、标点符号、语法、大小写和分段

七、格式
- ☑ 属于可选项，包括字体选择、页面空白、标题、旁注、页码、图表、插图、章节、段落等编辑的元素

</td></tr>
</table>

【说明】这一评分规则非常著名，其评分指导由两个版本构成：成人版和学生版（三至八年级）。限于篇幅，这里未收录分等表现的详细描述，仅呈现其一、二级要素。朱迪思·阿特的书描述了各元素5、3、1水平的特征。

[①] 朱迪思·阿特,杰伊·麦克塔尔. 课堂教学评分规则：用表现性评价准则提高学生成绩[M]."促进教师发展与学生成长的评价研究"项目组,译. 北京：中国轻工业出版社,2005：121-136.

12. 首要因素评分规则①

记叙类文章评分指南

在阅读和评价记叙类文章时,评分指南的制定小组(the scoring development team)主要考虑了记叙文写作的几个关键要素。首先,他们认为广义的故事就是对一连串的情节或事件的描述。因此,对于初级水平而言,这种描述在记叙类文章评分指南中并不被称为"故事",而是情节描述,因为说明者只是描述了一个单一的情节。

1. 情节描述

文章是一组很松散的句子,或者一组只对一个单一情节进行描述的句子。

2. 不完整的故事

文章是一组相关的情节。文中描述了不止一个情节,但几乎没有关于背景、人物和情节的细节描述(通常,描述一个情节只使用一句话)。

3. 基本完整的故事

文中描述了一连串的情节,并对故事的一些方面(情节、角色的目的或要解决的冲突)进行了细节上的描述(至少有 2~3 句话)。但是由于句法和情节顺序上存在的问题,情节方面的不连贯以及不完整的结尾,故事显得缺乏凝聚力。

4. 扩展的故事

文中描述了一系列有序的情节,且对大部分故事要素(如背景、情节、角色的目的、要解决的冲突)进行了细节描述,但是故事是混乱且不完整的(如,在结尾时,角色的原有目的被忽略了,或冲突没有被充分地解决,故事的开头和后面的部分不相匹配;故事内在的逻辑或角色行为的合理性是不一致的)。

5. 完整的故事

文中描述了一系列有序的情节,并对几乎所有的故事要素(如背景、情节、角色的目的、要解决的冲突)都进行了细节描述,在故事的结尾对角色的目的和要解决的冲突也给出了简单的结局。但可能会存在一到两个问题,或者包含了过多的细节描述。

6. 精彩的故事

文中描述了一系列有序的情节,并对几乎所有的故事要素(如背景、情节、角色的目的、要解决的冲突)都进行了细节描述,故事的结局非常巧妙。所有的情节结构紧凑,主题突出。

---

①　朱迪思·阿特,杰伊·麦克塔尔.课堂教学评分规则:用表现性评价准则提高学生成绩[M]."促进教师发展与学生成长的评价研究"项目组,译.北京:中国轻工业出版社,2005:118-120.

信息类文章评分指南

在阅读和评价信息类文章时，评分指南的制定小组主要考虑了这类文章的几个关键要素。首先，他们认为广义的信息类文章，就是为了向读者传递信息而介绍这些信息和观点的。进一步讲，在介绍信息的过程中，作者在大量信息和/或观点之间建立联系。这样，根据作者建立这些联系的完善程度，以及作者为了特定目的向特定的读者介绍这些信息的效果，可以把文章分为不同的水平层次。

水平 1～4 的区别在于作者在文中建立的信息间的联系的完善程度。水平 5 和 6 的区别在于作者向观众传递信息和完成写作要求的程度。这通常是采用一种公认的组织结构的类型来完成的。

1. 陈列

文中理出了一些关于同一题目的信息和观点，但是没有建立它们之间的联系。介绍了某一范围内的信息。

2. 尝试评论

文中列出几条单独的或某些方面的信息。文章的部分内容试图把这些信息联系起来（一或两个句子）。但由于作者的观点是不完整或不成熟的（解释及细节的描述是有限的），这种联系并不清晰。

3. 不完整的评论

文中包含广泛的信息，并试图把这些信息联系起来。这些联系在一定范围内建立起来了，但并不完整。作者的观点是混乱的、矛盾的、无序的、不合逻辑的或不完整的。

4. 评论

文中包含广泛的信息，并且至少在一个部分中运用修辞（如时序、分类、比较/对比、因果、问题/解决、目标/达成、预测、推测、假设、下结论、提观点、举例子）把信息清晰地联系起来。

5. 部分完整的评论

文中包含广泛的信息，并且运用修辞建立了不止一种类型的联系，如上所述。所建立的信息和联系是完整的，并有相应的解释和细节描述。段落完整，但文中缺乏对写作目的和凝聚力的总体的认识。

6. 完整的评论

文中包含广泛的信息，并且运用修辞建立了不止一种类型的联系，如上所述。所建立的信息和联系给出了很好的解释和支持。文章的写作目的和所针对的观众前后一致，并不受语法问题的干扰。使用了一些公认的组织结构（如传统的评论形式）。

论述类文章评分指南

在阅读和评价论述类文章时,评分指南的制定小组主要考虑了说服性论述的关键特征:陈述一个观点或立场,有原因和/或解释支持某人的观点,以及试图驳斥或拒绝相反的立场。当通过清晰陈述和支持一个观点来展开辩论时,就需要考虑一个有效的说服读者的方法。评分指南的制定小组认为,识别和驳斥相反的观点是一种更复杂的议论形式。他们将学生递交的58篇论述类文章放到一个关于议论复杂性的连续评价体系上进行评估,该体系的范围是从提出观点到辩论观点再到驳斥观点。

1. 提出观点

文中陈述了观点,但没有给出支持的理由,或者说给出的理由是不一致的或与观点无关的。

2. 扩充的观点

文中陈述了观点并给出了支持观点的理由,但是对理由没有做出解释或者给出的解释不一致。

3. 部分完整的辩论

文中陈述了观点并给出支持观点的理由,并试图通过进一步的解释来加深观点。但是给出的解释是不完整的或不精确的。可能简单说明了对立的观点。

4. 完整的辩论

文中陈述了观点并给出支持观点的理由,也做了相应的解释。至少有一个解释运用了修辞的方法(如事件顺序、因果、比较/对比、分类、问题/解决、下结论)。可能简单总结了对立的观点。

5. 部分完整的驳斥

文中陈述了观点,给出了支持观点的理由、解释,并有讨论和/或驳斥对立观点的意图。充分总结了对立的观点。

6. 完整的驳斥

文中陈述了观点,给出了支持观点的理由、解释,以及对对立观点的讨论和/或驳斥。驳斥是清晰且明确的——概括了对立观点,并讨论了它的局限性或不正确的原因。

【说明】三种文类的原译文分别是记叙文、新闻类文章、议论文。我们引用时做了改译:记叙类文章、信息类文章、论述类文章。这三份评分规则,采用了"首要因素评分法",只抓住评价对象的关键特征,以此区分对象的等级水平。这种方式,开发简便,于教学、评价也简易可行,但需基于深入的研究,"抓对"首要因素。

13. 写作发展量表(K-5 年级)[①]

前写作阶段

水平 1：绘画式写作	水平 2：涂鸦式写作	水平 3：模仿写作	水平 4：假词写作
作品特征 • 通过图片传递信息（前拼写阶段 A）	作品特征 • 作品是成行的,涂鸦式的、潦草的或与图画很接近的(前拼写阶段 A) • 看不出明显的字母 • 作者自己有时能够读出作品,但过一会儿就不行了 • 作品可以表现出一种直觉的知识	作品特征 • 用类似字母的形式来模仿写作 • 通常是真正的字母与图画的混合品(前拼写阶段 B) • 很少或根本没有语音/符号的联系 • 可能在纸上乱写乱画	作品特征 • 字母和类似字母的符号较紧凑地排在一起 • 含有一些真正的字母 • 可能会表现出语音/符号的联系 • 可能会出现一个正确拼写的单词(前拼写阶段 B)
写作过程的特征 • 在整个过程中一直不停讲话,描述头脑中的画面 • 可能能够口头表达完整的想法	写作过程的特征 • 通过绘画进行写作构思/与老师进行交流 • 在整个过程中一直不停讲话,描述头脑中的画面 • 通过画中象征性的意义来近似地表达作者的思想 • 可能能够口头表达完整的想法	写作过程的特征 • 通过绘画进行写作构思/与老师进行交流 • 在整个过程中一直不停讲话,描述头脑中的画面 • 通过画中象征性的意义来近似地表达作者的思想 • 可能能够口头表达完整的想法	写作过程的特征 • 通过绘画进行写作构思/与老师进行交流 • 在整个过程中一直不停讲话,描述头脑中的画面 • 通过画中象征性的意义来近似地表达作者的思想 • 可能能够口头表达完整的想法

---

① 朱迪思·阿特,杰伊·麦克塔尔.课堂教学评分规则:用表现性评价准则提高学生成绩[M]."促进教师发展与学生成长的评价研究"项目组,译.北京:中国轻工业出版社,2005:137-141.

写作发生阶段

水平 5：出现写作意识	水平 6：程式化写作	水平 7：常规用法式写作
作品特征	作品特征	作品特征
• 出现字母和单词的概念 • 有时在单词之间会留下间隔 • 有些单词可以辨认出来 • 可能会出现相应的语音/符号的迹象 • 会使用一些常用的辅音和一些元音的语音 • 作品中使用的都是真正的字母（半—语音/语音拼写阶段）	• 用认识的单词、重复的短语和固定的开头组成程式化的句子 • 使用从外界环境中获得的单词来完成句子（语音/过渡性拼写阶段） • 作品中显然包含一些信息 • 作品中提供一些信息线索。这些线索有助于在阅读作品时获得作品中的信息	• 开始掌握写作的常规用法 • 句子简短、简单，重复使用 • 信息开始包含情节 • 自创的拼写和常规用法的拼写同时存在（过渡性拼写阶段）
写作过程的特征	写作过程的特征	写作过程的特征
• 尝试写出连续的字母形态 • 常常参照周围的印刷品 • 可能开始使用文字处理程序来创作作品	• 开始更新写作的常规用法（即间距、标点符号） • 开始意识到作品是有目标读者的 • 尝试写出连续的字母形态 • 常常参照周围的印刷品 • 可能开始使用文字处理程序来创作作品	• 自由、独立、有创造性的写作 • 进行更多的尝试 • 开始更多的尝试 • 开始进行校订 • 可能开始使用文字处理程序来创作作品

写作发展阶段

水平 8：过渡早期	水平 9：过渡中期	水平 10：过渡晚期
作品特征 • 开始包含各种句子结构 • 体现出较强的语感——有时可能是笨拙的或不协调的 • 故事的语言和/或结构明显 • 对时代或人生事件进行反省，而不是简单的反应 • 试着组织文章，但可能并不成功 • 文章的长度增加，但可能包含的重要信息较少 • 讲述所有发生过的情节，没有重点 • 有时间顺序 • 使用更多的写作的常规用法（机械地） • 常用单词的拼写十分规范，准确地使用元音（过渡性拼写阶段）	作品特征 • 组织结构紧凑，有层次 • 很少使用过渡 • 语感更加协调 • 情节有明显的主次之分 • 开始选择有些相关的细节进行描述 • 常规用法更正确 • 更正确地运用拼写规则（过渡性/习俗拼写阶段） • 句子更加多样化	作品特征 • 有创造性地、近似地阐明主题 • 语感明显 • 前后一致地关注读者的感受 • 正确地运用一些简单的写作及拼写规则（习俗拼写阶段） • 包含描述性语言 • 包含有吸引力的词汇 • 可能会有分段
写作过程的特征 • 觉得完成得太快了 • 过分关注词语的正确性，可能会影响作品的质量 • 开始考虑主题 • 保持内容和结构的平衡 • 不断进行校订并开始进行修正，能够修改大多数错误 • 开始选择大的主题 • 更加注意结尾 • 开始使用文字处理程序以写作和发表文章 • 情节性更强，能够前后照应，并进行预测和评价	写作过程的特征 • 可能一次只关注写作的一个组成部分 • 关注读者的感受，认为优秀的作品应该是激动人心的、内容丰富的、重点突出的，而且有张有弛，充满对话和情节 • 不断进行校订并开始进行修正，能够修改大多数错误 • 开始选择大的主题 • 更加注意结尾 • 开始使用文字处理程序以写作和发表文章 • 情节性更强，能够前后照应，并进行预测和评价	写作过程的特征 • 试着应用复杂的常规用法 • 构思和起草过程基本上合二为一 • 能够先对后面的情节进行构思，再回过头来组织和重新编排前面的情节 • 在动笔之前，通常进行思考 • 草稿通常更加细致和流畅 • 有意识地提出修改策略 • 更加注意结尾 • 开始使用文字处理程序以写作和发表文章 • 情节性更强，能够前后照应，并进行预测和评价

独立写作阶段

水平 11：独立写作阶段

作品特征

· 语感强烈

· 很关注读者的感受

· 包括支持性细节

· 句法正确且句式多变,增添了趣味性

· 内容具有冲击力,并引起期望的反应和/或读者进一步的思考

· 精确地运用简单或更复杂的写作的常规用法,包括绪论、结尾和分段(习俗拼写阶段)

· 包括丰富的、描述性的语言

· 可能提出不止一个观点

· 知道读者希望看到正确无误的手稿

写作过程的特征

· 内化了优秀作者考虑到的问题

· 内化了写作的过程

【注释】

(1)在二年级末,大部分儿童将进入写作的发展阶段(水平 8)。在三、四、五年级,儿童将沿着写作的发展阶段逐步发展。到五年级末期,许多儿童将完成写作的发展阶段的要求(水平 10)。

(2)"写作发展阶段"(水平 8、水平 9、水平 10)和"独立写作阶段"(水平 11),都会延迟很长时间,并包括多个年龄段的儿童。

【说明】这是一份发展性评分规则,每一水平各从"作品特征""写作过程的特征"两个维度描述,可为我们开发类似的写作评价体系提供参考。

14. 美国 SAT 写作评分规则①

维度	6	5	4	3	2	1
写作观点或论点	清晰,有说服力和独立的视角	基本清晰和紧密	比较清晰和紧密	不太清晰和紧密	不清晰也不紧密	特别不清晰和紧密
事例或论据的组织	很好地组织,并且拥有很强说服力的事例	事例的组织基本没有问题,并且有适当的事例	能够充分地组织,并且有一定的事例	没有完整的展开,并且事例相当贫乏	缺少对论点的阐述或论证的组织	没有论点,也没有论据或论证的支撑
句式	丰富的引人入胜的句子	较多的句式变化	句式上适当变化	很少的句式变化	句式出现错误	句式上出现严重错误
词汇水平	非常成熟到位的用词	较为丰富的用词	考试要求的、足够的用词	不恰当或者错误的用词	非常有限的几个词汇	词汇有限并有严重错误
语法和用法	几乎没有语法错误和用法不当现象	基本没有严重的错误	出现一些技巧上的问题	出现一些小错误,有个别大错误	有很多的硬伤	最基本的语法都出现错误
总体效果	优	良	可	中	中下	差

【说明】SAT 即美国的大学入学考试(Scholastic Assessment Test)。写作的算分遵循"除六原则":评分是由两个人同时评估的,每一项 SAT 从最低分 1 分到最高分 6 分,将总成绩得出来除以 6 得到作文的最终得分,这个最终得分的范围在 2 分到 12 分。受语言因素影响,中文与英文的写作测评元素有异,本评分规则可为中学段开发写作测评工具提供参考。

---

① 江南梦忆. 美国作文试卷如何进行标准评分[EB/OL]. (2012-01-07)[2021-07-28]. http://blog. sina. com. cn/s/blog_48ee7201010124i2. html.

15．课本剧表演评分规则①

维度	4	3	2	1
剧情设计	剧情富有创意，衔接紧凑，有尖锐的冲突和起伏	剧情合乎情理，连接自然，有起伏	剧情前后矛盾，事件缺乏关联和过渡	剧情很荒谬，让人摸不着头脑，非常枯燥无味
语言	台词、语气和语调完全符合人物的身份和性格，感觉很真实	台词符合人物的身份，但语气、语调有些生硬	台词不像是该角色说出来的，语调生硬，偶尔有忘词的现象	只是在读脚本，完全不像是该角色在说话
动作	动作大方、恰当、逼真；表情自然、丰富、投入	动作符合人物的身份；表情自然	动作扭扭捏捏；表情拘谨	动作僵硬，不连贯；表情机械，完全没有入戏
合作	小组成员共同布置舞台、制作道具，并能参与到表演中来，配合默契	小组成员共同布置舞台，1位成员未参与表演，主角和配角分工明确	小组成员中只有一半的人参与了准备和演出，主角和配角缺乏配合	演出前没有什么准备，主角和配角各行其是，没有配合

总体评价：

最终等级：

【说明】本评分规则着眼于课本剧的"表演"，强调个体表演和团队合作。如果需要评价"创作"，则当另做开发。

---

① 申宣成.表现性评价在语文综合性学习中的应用[M].郑州：大象出版社,2015:177.

16．多媒体项目的评分规则[①]

等级	多媒体	合作	内容
5	学生采用具有创造性和有效的方法来使用多媒体，这些方法可以开拓所选多媒体的特殊功能，所有的部分都是有用的，很少有技术问题	是一个很有效的小组，每个成员的职责都很明晰。成品由所有成员共同完成，并且其中某些部分内容是个人不可能完成的	满足项目要求的所有标准，能够反映深入、广泛的研究和高级思维技能，或者展示对主题深刻的洞察与理解，或者能够吸引观众的注意
4	整合了 3 种或 3 种以上媒体的要素，形式上吸引人且容易让观众跟上思路。各部分均包括最初的学生工作。除了个别地方，所有的部分都是有用的，并没有降低整体呈现效果	学生共同工作，并针对不同成员的技术或才能来分配角色，所有的成员都努力完成他们的任务	项目有一个明确的目标，并且此目标为表现主题或观点服务。对来自多个信息源的信息进行了重新组织。项目除了对创建的学生有用外，对观众也有一定的用处
3	使用 2 种或 2 种以上媒体。有一些技术上的问题，但是观众能够跟随演示的进展，极少因技术问题而产生看、听或理解上的困难	学生共同工作。大多数成员完成了他们的任务。不一致的观点和行动得到有效的处理	项目以一种正确且有组织的方式来呈现信息，能被愿意观看的观众理解。有一个明确的目标
2	使用 2 种或 2 种以上媒体，但在技术上的严重错误干扰了观众看、听或理解内容	最终结果仅仅是一些成员共同努力的结果。在工作的重要方面上无法合作，缺乏沟通，无法解决冲突	项目有一个目标，但可能在表现上有所偏离。有一定的组织结构，但存在一些小的事实性错误
1	没有使用多媒体	基本是由一位学生独自完成的	项目完成得草率或未完成。有重要的事实性错误或存在错误的概念及理解

【说明】所谓多媒体，是指利用多媒体对象，如文本、图像、录像、动画和声音的结合来代表和传输信息，也包括带有声音和图像的录像带。本评分规则适用于多媒体的项目式学习。

---

① 原出处：http://1rubistar.4teacher.org/．转引自：邵朝友．评分规则的理论与技术[M]．杭州：浙江大学出版社，2018：184．

17. 收集与展览的评分规则①

评价项目	4	3	2	1
展品数量	展览有很好的、5个以上不同的展品	展览有4个不同展品,其中至少有3个展品不错	展览至少有3个不同相关展品,其中至少有2个展品不错	展览有3个展品,要么展品都一样,要么展品质量很差
展览	展览很有吸引力,组织得很好;展览陈列整洁、安全;展览使用树脂玻璃或其他透明的材料	展览有吸引力,组织得很好;展览陈列整洁、安全	展览做了一些组织,展览陈列安全	展览没做组织,或者展览陈列不安全
标签	每个展品都有一个小而整洁的标签,用于描述该展品,包括收集者的姓名、收集地点和日期	每个展品都有一个标签,用于描述该展品,包括收集者的姓名、收集地点和日期	每个展品都有一个标签,但缺乏一些必要的信息	有一个或更多的展品没有标签
分类	学生按学科或年代对展品进行分类、组织;为进行分类做了很大努力	学生做了较大努力,试图对展品进行分类、组织;分类与组织看起来符合逻辑,体现了展品的特点	学生尝试对展品进行分类和组织,但缺乏方法	学生没对展品的分类和组织做任何努力
参与	学生表现出很大的热情,专心地完成任务;在别人需要时提供一些帮助	学生表现出一定的热情,专心地完成任务;在别人需要时提供一些帮助	学生没有专心地完成任务,但不妨碍别人	学生没有专心地完成任务,并妨碍了别人

---

① 原出处:http://1rubistar.4teacher.org/. 转引自:邵朝友. 评分规则的理论与技术[M]. 杭州:浙江大学出版社,2018:185.

18. 研究报告评分规则①

维度	4	3	2	1
组织	主体段落都有引导性的句子、支持性的细节以及结论性的句子	有一个主体段落缺乏引导性的句子、支持性的细节以及结论性的句子	有两个以上的主体段落缺乏引导性的句子、支持性的细节以及结论性的句子	几乎找不到引导句或结论句；段落之间没有什么联系
信息	信息与主题的联系紧密；有多个支持性的细节和例子；引证准确、规范	信息与主题的联系紧密；有多个支持性的细节和例子；有一处信息或图形引证不准确	信息与主题的联系紧密；但没有支持性的细节和例子，或者有两处信息或图形的引证不准确	信息与主题没有多大联系；没有引证信息或有多处信息引证不准确
图解	图解简洁、准确，增进了读者对主题的理解	图解准确，但不简洁，增进了读者对主题的理解	图解有一处错误，看起来也很复杂，对读者略有帮助	没有图解
常规	语法和标点的错误不超过3处，错别字不超过2个	语法和标点的错误不超过4处，错别字3～4个	语法和标点的错误不超过5处，错别字5～6个	语法和标点的错误超过了5处，错别字超过了6个

总体评价：

最终等级：

【说明】开发者是基于初中学情开发的，可根据学习者的特征、情境与任务的要求改编本评分规则。

---

① 申宣成.表现性评价在语文综合性学习中的应用[M].郑州:大象出版社,2015:147.

19. 研究论文的评分规则①

维度	入门	一般	好	非常好
内容	一些信息缺失,或者信息不准确或不相关	提供基本的信息,部分不正确或不相关,所做的研究不多	内容基本完整、准确,有切题的信息,做了充分的研究	内容完整、准确,有切题的信息,做了广泛深入的研究
思想与沟通	对主题不理解;观点表达不清晰,没有举例、推理、细节和解释;对收集到的材料没有解释和分析	展现出对主题的部分理解,分析和反思都很有限;观点表达不清晰,缺少举例、推理、细节和解释;只从一个角度看问题	展现出对主题的大致理解;所提出的观点表达清晰,并有合适的举例、推理、细节和解释;对所讨论的问题能从一个以上的角度审视	通过细致的分析和反思,展现出对主题的深入理解;所提出的观点表达清晰、完整,并有很多合适的举例、推理、细节和解释;对所讨论的问题从三个及以上的角度审视
逻辑结构、文法和用词	论文缺少组织架构,如段落、章节、过渡;语法、标点、字词错误很多;缺少参考文献说明	文字有从其他地方复制粘贴的;文章的段落、章节、过渡有错误或有缺失;语法、标点、字词有不少错误;论文的参考文献数量不够,包括第一手和第二手来源	所有的观点都是用作者自己的语言描述的;文章的段落、章节、过渡有个别错误;语法、标点、字词有个别错误;论文的参考文献数量符合要求,包括第一手和第二手来源	所有的观点都是用作者自己的、斟酌过的语言描述的;文章的段落、章节、过渡都非常自然、有效;语法、标点、字词很少有错误;论文的参考文献数量很多,包括第一手和第二手来源
图解	图解不能够帮助读者理解论文内容及核心观点	图解使用不恰当,不能支持论文观点;文中的表格、图片或模型的标注有错误,或与主题不相关	论文中有图解说明;有些图解标注有错误或版面设计有错误(如忘加表的标题)	论文配图清晰明白,文中的表格、图片和模型有助于理解,所有的都有合适的编号和标注
整体表达	论文组织混乱,没有包含所有要求的内容	论文显得有些凌乱,有缺陷,或者遗漏了某些要求的部分内容	论文表达不错;整体风格有序,有个别错误或遗漏	整篇论文表达得体,包含所有需要的元素;整体风格很有序,有专业性

---

① 巴克教育研究所.项目学习教师指南:21世纪的中学教学法(第2版)[M].任伟,译.北京:教育科学出版社,2008:83-84.

20. 调查报告的评分规则①

指标	4	3	2	1
选题	选题针对性很强，能充分反映家乡文化生活的现状，引发读者的浓厚兴趣	选题针对性较强，基本能反映家乡文化生活的现状，对读者有一定吸引力	选题与城乡文化生活有关，对读者需求有一定关注	选题与家乡文化生活无关，忽视读者阅读需求
结构	结构要素齐全，调查背景与目标、步骤与方法都非常明确	结构要素基本齐全，调查背景与目标、步骤与方法基本明确	结构要素有缺项，调查背景与目标、内容与方法有涉及但不明确	结构混乱，调查背景、目标、内容、方法模糊或混乱
表达	图文并茂，衔接紧密；内容分析具体深入；结论可靠、有见地；提出的改进建议具有很强的针对性和操作性	以图表呈现数据，并有文字说明；内容分析展开充分；结论较可靠；提出的改进建议有较强的针对性和操作性	图表和文字说明不配套；对调查内容有分析，但与结论之间关系不够紧密；提出了改进建议，但不具有可行性	简单罗列数据；对调查内容不做分析，没有得出相应结论，没有提出改进建议
规范	对报告中的所有引用均给出了注释，且注释正确、规范；报告后列出了相关参考文献	对报告中的大部分引用给出了注释，注释基本正确、规范	对报告中的少数引用给出了注释，存在引用文献不实或引用错误的问题	对任何引用不加注释，也没有任何参考文献
语言	语言平实、简单明了、科学严谨	语言较平实、较明了	语言总体上平实，但有两处以上描写或抒情的句子	语言啰唆，多描述性和抒情性句子

【说明】本评分规则可以与前面的"研究论文的评分规则"等评分规则比较，并可从中感觉"梳理与探究"领域的成果类评分规则。

---

① 胡根林.以表现性评价引导语文实践活动落地生根[J].语文建设，2020(21)：8-12.

21. 小组行为观察清单[①]

项目名称：　　　　　　　　　小组成员：　　　　　　　　日期：

用5～10分钟来观察一个小组,根据小组成员的参与情况,在最符合的方框内打钩	所有成员	大部分成员	一部分成员	少量成员	不适用
当启动一个新任务时,小组成员					
·就计划(或日程表)达成一致	☐	☐	☐	☐	☐
·立即开始工作	☐	☐	☐	☐	☐
·获得项目所需材料	☐	☐	☐	☐	☐
·在无教师的帮助下能够解决问题	☐	☐	☐	☐	☐
·分担责任	☐	☐	☐	☐	☐
·_____					
在做研究时,小组成员					
·能够从主要的资源中学习	☐	☐	☐	☐	☐
·做笔记	☐	☐	☐	☐	☐
·做与主题相关的谈话交流	☐	☐	☐	☐	☐
·对重要信息进行评价	☐	☐	☐	☐	☐
·专注于任务,没有离题或分心	☐	☐	☐	☐	☐
·_____					
在讨论项目工作时,小组成员					
·通过提问,进一步澄清对方要表达的内容	☐	☐	☐	☐	☐
·给每个人发言机会	☐	☐	☐	☐	☐
·有效地做出决策	☐	☐	☐	☐	☐
·对决策和计划做记录	☐	☐	☐	☐	☐
·分享关键信息	☐	☐	☐	☐	☐
·专注于任务,没有离题或分心	☐	☐	☐	☐	☐
·_____					

[①]　巴克教育研究所.项目学习教师指南:21世纪的中学教学法(第2版)[M].任伟,译.北京:教育科学出版社,2008:138.

22. 小组合作的评分规则①

分组过程	优秀	满意	需要改进和完善
参与水平	每个成员都平等地参与了分组过程	大多数成员在分组过程中表现积极	一两名成员支配了讨论，同时引导了整个讨论过程
协同努力	每个成员都坚持到了最后	大多数成员坚持到了最后	一两名成员持续到了最后
倾听	成员与演讲者保持目光接触。所有成员的身体移动的幅度都很小	大多数成员注意了演讲者	成员没有注意演讲者，并且似乎故意谈论其他的事情
行为与任务有关	讨论切中主题，没有分心	一些讨论与任务无关，但是很快又返回到了任务上	大多数成员讨论与任务无关。群体成员需要他人的引导才能返回主题
互动情况	成员之间相互使用礼貌用语，很少互相打断	成员之间通常使用礼貌用语，但是中途有打断和冲动行为	群体成员的行为比较冲动；相互之间很少使用礼貌用语

反馈

【**说明**】"小组行为观察清单""小组合作的评分规则"，都是有关小组合作水平的观察与评价。比较两份评分工具，开发适合学情的评分规则，运用于自己的教学与评价，这是我们一并提供的期待所在。

---

① K·蒙哥马利.真实性评价——小学教师实践指南[M]."促进教师发展与学生成长的评价研究"项目组，译.北京：中国轻工业出版社，2004：107-108.

23. 批判性思考①

A. 适当：学生选择材料、物品、技术，能够满足对设备、时间、地点和观摩者的需要

不满意	• 学生选择的材料（照片、声音文件、视频片段、着装、图解等，下同）对于观众和情境都不太合适 • 学生所用的语言对于观众和情境不是很合适 • 学生没有选择有效的工具、技术手段或模式，没有达到预期的项目目标 • 学生所使用的幽默不能增进理解，还会冒犯观众
合格	• 学生能根据观众和情境挑选合适的材料 • 学生能根据观众和情境使用合适的语言 • 学生选择有效的工具、技术手段或模式，达到预期的项目目标 • 学生能够通过幽默增进理解，而又不冒犯观众
非常好	除了"合格"外，还能 • 学生选择能够加深观众理解的材料，表现出对观众和情境的深入了解 • 学生的语言能够在观众中间引起强烈的、积极的反应 • 学生能够创造出工具、技术手段或者新的模式，有效地达到目标

B. 应用：学生能够在新的环境下使用材料、运用理解能力和技能

不满意	• 学生没有表现出有能力把理论和技能应用到新的情境中，解决新的问题 • 学生未能够根据新情境或发生改变的情境的要求，调整理论、产品、行为或者技能
合格	• 学生表现出有能力把理论和技能应用到新的情境中，解决新的问题 • 学生能够根据新情境或发生改变的情境的要求，调整理论、产品、行为和技能
非常好	除了"合格"外，还能 • 学生主动寻找新的环境或情境，应有所学理论和技能 • 学生能够提出多个范例，说明理论和技能是如何应用的

C. 分析：学生能够对素材或技能进行分解，能够对整个结构有所理解

不满意	• 学生对规则、定义、原理、概念、理论和所学技能没有清晰的理解 • 学生分析所学内容时，未使用以下方法：画图表、设计模型、制订时间表、分析一步步进展等 • 学生不能够区分事物因果之间的关系
合格	• 学生对规则、定义、原理、概念、理论和所学技能有清晰的理解 • 学生能够对所学内容进行分析，分析的内容包括画图表、设计模型、制订时间表、分析一步步进展等 • 学生能够识别出想法、数据整合、现象之间的关系

---

① 巴克教育研究所.项目学习教师指南：21世纪的中学教学法（第2版）［M］.任伟，译.北京：教育科学出版社，2008：85-86.

非常好	除了"合格"外，还能 • 学生能够使用分析结果，把所学内容（定义、定律、概念、理论、原理）讲授给其他人 • 学生（或观众）能够区分相近的定义、定律、概念、理论、原理 • 学生能够区分相关关系和因果关系

D. 评估：学生能够根据主观和客观的判断标准，对材料、事物和学生的表现做出评价

不满意	• 学生不能理解评价的各项标准 • 学生不能就自己的评价结果做辩护 • 评价时没有标准作为参考支持 • 评价不包括与其他想法、事物、材料的对比
合格	• 学生能够理解评价的各项标准 • 学生能就自己的评价结果做辩护 • 评价时有标准作为参考支持 • 评价包括与其他想法、事物、材料的对比
非常好	除了"合格"外，还能 • 评价包括与三种或三种以上的其他想法、事物、材料的对比 • 学生能够设计明确的评价标准，如评价表、指南等

E. 综合：学生把多个事物或想法进行组合，创造出新的东西或想法

不满意	• 对想法、想象和/或物品的综合并不成功，没有形成一个新的紧凑整体 • 学生在综合的过程中未能总结出他们的想法 • 对各个元素的综合并不符合逻辑或缺乏验证
合格	• 综合是对想法、想象和/或物品的集成，形成一个新的紧凑整体 • 学生在综合的过程中能够总结出他们的想法 • 对各个元素的综合是符合逻辑的，且有依据
非常好	除了"合格"外，还能 • 学生所做的综合是独特的 • 综合的结果显示出细致的计划，把不同的元素结合得很好 • 学生能够根据条件、环境等的改变创造出新的组合 • 不同元素之间的组合得到了验证

[1] 中华人民共和国教育部.义务教育语文课程标准(2011 年版)[S].北京:北京师范大学出版社,2012.

[2] 中华人民共和国教育部.普通高中语文课程标准(2017 年版 2020 年修订)[S].北京:人民教育出版社,2020.

[3] 中华人民共和国教育部.义务教育语文课程标准(2022 年版)[S].北京:北京师范大学出版社,2022.

[4] 教育部考试中心.中国高考评价体系[S].北京:人民教育出版社,2019.

[5] 王宁,巢宗祺.《普通高中语文课程标准(2017 年版)》解读[M].北京:高等教育出版社,2018.

[6] 崔允漷,王少非,夏雪梅.基于标准的学生学业成就评价[M].上海:华东师范大学出版社,2008.

[7] 崔允漷.有效教学[M].上海:华东师范大学出版社,2009.

[8] 陈望道.作文法讲义[M].郑州:文心出版社,2017.

[9] 程红兵,胡根林.高中语文质量目标手册[M].桂林:漓江出版社,2013.

[10] 褚树荣."新课标·新语文·新学习"丛书[M].上海:上海教育出版社,2018.

[11] 洪宗礼,柳士镇,倪文锦.母语教材研究(6)[M].南京:江苏教育出版社,2007.

[12] 李雁冰.课程评价论[M].上海:上海教育出版社,2002.

[13] 林崇德.21 世纪学生发展核心素养研究[M].北京:北京师范大学出版社,2016.

[14] 林荣凑.基于标准的语文教学[M].重庆:西南师范大学出版社,2020.

[15] 林荣凑.论述文写作 16 课[M].杭州:浙江工商大学出版社,2018.

[16] 荣维东.交际语境写作[M].北京:语文出版社,2016.

[17] 邵朝友.评分规则的理论与技术[M].杭州:浙江大学出版社,2018.

[18] 申宣成.表现性评价在语文综合性学习中的应用[M].郑州:大象出版社,2015.

[19] 施良方.学习论[M].北京:人民教育出版社,2001.

[20] 王文彦,蔡明.语文课程与教学论(第 2 版)[M].北京:高等教育出版社,2006.

[21] 夏丏尊.夏丏尊教育名篇[M].北京:教育科学出版社,2007.

[22] 夏雪梅.项目化学习设计:学习素养视角下的国际与本土实践[M].北京:教育科学出版社,2018.

[23] 叶黎明.写作教学内容新论[M].上海:上海教育出版社,2012.

[24] 叶丽新.读写测评:理论与工具[M].上海:上海教育出版社,2020.

[25] 章熊.中国当代写作与阅读测试[M].成都:四川教育出版社,2000.

［26］周文叶.中小学表现性评价的理论与技术［M］.上海：华东师范大学出版社，2014.

［27］祝智庭.现代教育技术：走向信息化教育［M］.北京：教育科学出版社：2002.

［28］曹宝龙.基于素养发展的课堂教学目标体系［J］.课程·教材·教法，2018(1).

［29］昌晶.让阅读"活起来"：国际文凭大学预科项目"语言 A：文学课程"测评综述［J］.语文教学通讯，2020(10).

［30］陈兴才.从"意图"到"实现"：统编高中语文教材使用实践中的几个问题［J］.基础教育课程，2020(2).

［31］代顺丽.中西方阅读方法比较与互鉴［J］.语文建设，2021(9).

［32］董蓓菲.清单写作教学构想与实践［J］.语文建设，2020(1).

［33］冯生尧.表现性评价纳入高考制度的必要性和可行性［J］.全球教育展望，2007(9).

［34］胡根林.以表现性评价引导语文实践活动落地生根［J］.语文建设，2020(21).

［35］胡平.清代科举考试与现代高考语文的命题比较［J］.语文月刊，2009(3).

［36］靳彤.阅读方法的整体设计与炼制［J］.语文建设，2019(13).

［37］李卫东.新时期写作课程的范式转换［J］.中学语文教学，2020(12).

［38］李卫东.整体设计：单元视域下的教、学、评一致［J］.中学语文教学，2021(6).

［39］林荣凑.大单元设计的操作步骤和技术要领［J］.教学月刊(中学版)，2020(30).

［40］林荣凑.单元设计的价值、视点与尝试性模板［J］.语文建设，2019(13).

［41］林荣凑.高中论述文写作知识体系的尝试性构建［J］.语文教学通讯，2020(1).

［42］林荣凑.观点来自探究：也说"再多走一步"［J］.语文教学通讯，2021(10).

［43］林荣凑.评分规则：运用于写作教学的全程［J］.基础教育课程，2012(4).

［44］林荣凑.写作教学需要"导航系统"：作文评分规则的开发和运用［J］.语文教学通讯，2013(10).

［45］林荣凑.学习性写作：特征、类型与实施建议［J］.语文教学通讯，2020(11).

［46］林荣凑.语文教学目标叙写的三种模式［J］.语文教学与研究，2013(2).

［47］林荣凑.语文教学中表现性评价运用的误区［J］.语文建设，2021(11).

［48］林荣凑.专题计划：模块纲要与课时教案的桥梁［J］.教学月刊(中学版)，2009(1).

［49］刘徽."大概念"视角下的单元整体教学构型——兼论素养导向的课堂变革［J］.教育研究，2020(6).

［50］孟亦萍.真实情境下的"梳理与探究"教学设计与实践——以统编版语文三年级上册为例［J］.小学教学研究，2020(16).

［51］钱荃，陈沛.指向核心素养的文学类文本阅读表现性评价［J］.语文建设，2021(11).

［52］荣维东.写作核心素养范式发展与框架构建［J］.语文建设，2020(9).

［53］孙晓敏，张厚粲.表现性评价中评分者信度估计方法的比较研究：从相关法、百分比法到概化理论［J］.心理科学，2005(3).

［54］王蓓伦.表现性评价：助力学生言语智慧培养［J］.教育视界，2021(5).

［55］王荣生.依据文本体式确定教学内容［J］.语文学习，2009(10)：33.

［56］吴泓.一种被长期忽视的重要的语文学习活动——对"梳理与探究"的回顾、思考与实践［J］.语文教学通讯(高中)，2019(10).

［57］杨向东.指向学科核心素养的考试命题［J］.全球教育展望，2018(10).

[58] 叶黎明.把评价整合进写作课堂教学中[J].教育研究与评论,2021(2).

[59] 张燕华,岑绍基.香港初中语文课程中的听说能力培养[J].中学语文教学,2010(4).

[60] 郑桂华.以评导写,丰富写作教学的样态[J].中学语文教学,2020(1).

[61] 重庆一中语文组.语文教研组的组织领导工作[J].语文学习,1959(11).

[62] 诸定国.以项目化学习构建表现性评价:2021年浙江嘉兴中考命题的探索及其启示[J].语文建设,2021(15).

[63] 阿德丽安·吉尔.阅读力:文学作品的阅读策略[M].岳坤,译.南宁:接力出版社,2017.

[64] 巴克教育研究所.项目学习教师指南:21世纪的中学教学法(第2版)[M].任伟,译.北京:教育科学出版社,2008.

[65] 鲍勃·伦兹,贾斯汀·威尔士,莎莉·金斯敦,等.变革学校:项目式学习、表现性评价和共同核心标准[M].周文叶,盛慧晓,译.长沙:湖南教育出版社,2020.

[66] 比尔·约翰逊.学生表现评定手册:场地设计和前景指南[M].李雁冰,主译.上海:华东师范大学出版社,2001.

[67] 丹奈尔·D.史蒂文森,安东尼娅·J.利维.评价量表:快捷有效的教学评价工具(第2版)[M].陈定刚,译.广州:华南理工大学出版社,2014.

[68] W·迪克,L·凯瑞,J·凯瑞.系统化教学设计(第6版)[M].庞维国,等,译.上海:华东师范大学出版社,2007.

[69] 董毓.批判性思维原理和方法:走向新的认知和实践(第2版)[M].北京:高等教育出版社,2017.

[70] 高恩静,阿曼达·S.卡雷恩,马努·卡普尔,等.真实问题解决和21世纪学习[M].杨向东,等,译.长沙:湖南教育出版社,2020.

[71] 格兰特·威金斯.教育性评价[M]."促进教师发展与学生成长的评价研究"项目组,译.北京:中国轻工业出版社,2005.

[72] 格兰特·威金斯,杰伊·麦克泰格.追求理解的教学设计(第2版)[M].闫寒冰,等,译.上海:华东师范大学出版社,2017.

[73] K·蒙哥马利.真实性评价——小学教师实践指南[M]."促进教师发展与学生成长的评价研究"项目组,译.北京:中国轻工业出版社,2004.

[74] L·W·安德森,D.R.克拉斯沃尔,P.W.艾雷辛,等.学习、教学和评估的分类学:布卢姆教育目标分类学修订版[M].皮连生,主译.上海:华东师范大学出版社,2008.

[75] 理查德·I·阿兰兹.学会教学(第6版)[M].丛立新,等,译.上海:华东师范大学出版社,2007.

[76] 理查德·J·斯蒂金斯.促进学习的学生参与式课堂评价(第4版)[M]."促进教师发展与学生成长的评价研究"项目组,译.北京:中国轻工业出版社,2005.

[77] 理查德·保罗,琳达·埃尔德.批判性思维工具(修订扩展版)[M].焦方芳,译.北京:人民邮电出版社,2014.

[78] 林恩·埃里克森,洛伊斯·兰宁.以概念为本的课程与教学:培养核心素养的绝佳实践[M].鲁效孔,译.上海:华东师范大学出版社,2018.

[79] 琳达·达林-哈蒙德,等.高效学习:我们所知道的理解性教学[M].冯锐,等,译.上海:华东师范大学出版社,2010.

[80] 琳达·达令-哈蒙德,弗兰克·亚当森.超越标准化考试:表现性评价如何促进21世纪学习[M].陈芳,译.长沙:湖南教育出版社,2020.

[81] 琳达·达令-哈蒙德.新一代测评:超越标准化考试,促进21世纪学习[M].韩芳,译.长沙:湖南教育出版社,2020.

[82] 罗伯特·J.马扎诺,詹尼弗·S.诺福德,戴安娜·E.佩恩特,等.有效的课堂教学手册[M].杨永华,周佳萍,译.北京:教育科学出版社,2008.

[83] 罗恩·伯杰,利娅·鲁根,莉比·伍德芬.做学习的主人:学校变革中的学生参与式评价[M].张雨强,译.长沙:湖南教育出版社,2020.

[84] 马克·威尔逊.基于建构理论的量表设计[M].黄晓婷,译.长沙:湖南教育出版社,2020.

[85] 莎伦·白琳,马克·巴特斯比.权衡:批判性思维之探究途径[M].仲海霞,译.北京:中国人民大学,2014.

[86] 唐纳德·韩礼德.韩礼德语言学文集[M].长沙:湖南教育出版社,2006.

[87] 易克萨维耶·罗日叶.为了整合学业获得:情境的设计和开发(第2版)[M].汪凌,译.上海:华东师范大学出版社,2010.

[88] 易克萨维耶·罗日叶.学校与评估:为了评估学生能力的情境[M].汪凌,周振平,译.上海:华东师范大学出版社,2011.

[89] 约翰B.比格斯,凯文F.科利斯.学习质量评价:SOLO分类理论(可观察的学习成果结构)[M].高凌飚,张洪岩,主译.北京:人民教育出版社,2010.

[90] 约翰·D·布兰思福特,安·L·布朗,罗德尼·R·科全,等.人是如何学习的:大脑、心理、经验及学校(扩展版)[M].程可拉,等,译.上海:华东师范大学出版社,2013.

[91] 约翰·杜威.民主主义与教育[M].王承绪,译.北京:人民教育出版社,2001.

[92] 约翰·杜威.我们如何思维[M].伍中友,译.北京:新华出版社,2014.

[93] 约翰·哈蒂.可见的学习:对800多项关于学业成就的元分析的综合报告[M].彭正梅,等,译.北京:教育科学出版社,2015.

[94] 朱迪思·阿特,杰伊·麦克塔尔.课堂教学评分规则:用表现性评价准则提高学生成绩[M]."促进教师发展与学生成长的评价研究"项目组,译.北京:中国轻工业出版社,2005.

[95] Bishop J. M. , Bristow L. J. , Coriell B. P. , et al. *Assessing Oetside the Bubble: Performance Assessment for Common Core State Standards* [EB/OL]. [2021-07-01]. https://files. eric. ed. gov/fulltext/ED536327. pdf.

[96] OECD. *PISA 2018 Assessment and Analytical Frameworks* [EB/OL]. [2020-01-18]. http://www. oecd. org/pisa/pisaproducts/PISA-2018-draftframeworks. pdf.

[97] National Assessment Governing Board. *Writing Framework for the 2017 National Assessment of Educational Progress* [EB/OL]. [2021-07-15]. https://www. nagb. gov/content/ nagb/assets/documents/publications/frameworks/writing/2017-writing-framework. pdf.

[98] National Assessment Governing Board. *Reading Assessment and Item Specification for the 2009 National Assessment of Educational Progress* [EB/OL]. [2021-07-15]. https:// www. nagb. org/,2011.

[99] *Buck Institute for Education. What is PBL?* [EB/OL]. [2021-08-07]. https://www. pblworks. org/what-is-pbl.

后记　回首向来萧瑟处

莫听穿林打叶声，何妨吟啸且徐行。竹杖芒鞋轻胜马，谁怕？一蓑烟雨任平生。料峭春风吹酒醒，微冷，山头斜照却相迎。回首向来萧瑟处，归去，也无风雨也无晴。

——苏轼《定风波》

犹豫再三，最后还是用苏轼的诗句，作为这篇叙事性"后记"的标题。苏轼的《定风波》，似乎就是我这一路接触表现性评价的写照。而此刻的心情，没有比用"回首向来萧瑟处，归去，也无风雨也无晴"形容更恰当的了。

起步：竹杖芒鞋轻胜马

接触表现性评价，已有十六年时间了。2006 年 9 月，浙江省启动普通高中新课程改革。上半年的培训，有个名为"表现性评定"的 PPT 引起我的注意，更准确地说，是其中的"演讲核查表。"——原来还有这种评价方式！

带着初始的冲动，从网络中寻找这种评价方式的更多资料，从"模块的过程性评价"入手，开始了尝试。以新课程的学分制为依托，开发了包括学习准备、课堂学习、诵读积累、语文笔记、随笔创作、语文园地等日常学习评价在内的"模块学习过程评价卡"，就跌跌撞撞地做起了表现性评价。

初试的学生反馈是挺好的，我自己也有些得意。寒假准备第二学期学案，细化并进一步规范，形成"过程表现的评分规则"，发给结识不久的华东师大课程与教学研究所崔允漷教授。崔老师和他的学生（王中男博士），还有我的同事吴江林老师都给出了建议，崔老师的反馈是这样的——

> 关于过程表现的评分规则，总的来说，很具体，但没有"魂"：
> 首先应根据标准和考纲确定表现目标，然后再来设计评分规则；
> 表现目标可否按听说、阅读、写作，主要是后面两部分来设计，还是按基础、阅读与写作来设计；

评价维度：输入（如兴趣、基础、投入等）、过程（课堂表现、作业表现与正确率、活动参与、单元测验）与结果（模块考试成绩）；

方式：自我核查，同伴互评，纸笔测试，平时实作。

这一要点式的反馈，让我意识到我对表现性评价理解的狭隘，也为我后来的研究与实践勾勒了清晰的行动路径。如今想来，要不是自己"不藏拙"，要不是遇到崔老师这样热心而专业的学者，我会误入怎样的歧途？！

也正是这一反馈，引发我一系列的反思与改进，让我渐渐看到表现性评价运用的未来：明白"怎样的表现是好的"并为之努力，我们和我们的学生一定会有更好的教、更好的学和更好的评，学生也会有更好的表现！

或许是表现性评价的"诱惑"，或许本就缺少行政的心性，这一学年结束，趁着中层换届的机会，我坚辞逗留了十六年的中层正职岗位。此后的行程，以竹杖与芒鞋，行走在实践表现性评价的泥水之途，心情却是愉悦的。

初成：山头斜照却相迎

崔老师及其团队给予的指导，伴随我表现性评价的研究与实践，于今未绝。周文叶、申宣成、邵朝友三位老师，同是崔老师的博士，他们的毕业论文以及评价专著，都与我做了分享。我手头的表现性评价藏书，3 本牛皮纸封面的，是周文叶、申宣成两位老师惠赠的（其中还有他们的笔迹呢），最新的一套 6 本"21 世纪学习与测评译丛"（2020 年），也是周文叶老师推荐的。

研究和实践的初期，筚路蓝缕，给予我鼓励和支持的，有我余杭高级中学的同事，有因杭州市第二轮"名师工程"研修而结识的师友，当然还有陪伴我实践表现性评价的学生。我保存的表现性评价资料，有学生参与的印迹，比如《外国小说欣赏》模块的表演、朗诵、学术小论文、读书报告、小小说等评分规则，吴学凯、杨茜、陈嘉澍、孙哲奇、朱书然等学生的大名赫然在目。

实践是艰难而快乐的。说"艰难"，是因为表现性评价不那么容易上手（特别在阅读领域）。说"快乐"，是因为初步领略其魅力，积累了一些经验。2009 年 11 月，蒙浙江省语文教研员胡勤老师、杭州师范大学王光龙教授的青睐，"高中语文教学表现性评价的案例研究"被立为名师工程的重点课题。至今仍清晰地记得，当年 12 月的一次研修活动，王光龙老师反馈课题申报的情况，对我申报的课题，从书写的规范性、研究的前沿性、路径的可行性等方面，不吝溢美之词。现在想来，还颇有小学生偶听老师表扬的激动与腼腆。

课题设立后，便进入比较系统的实践，尝试将表现性评价运用于语文学习的各个领域。无负师友的助力，无负时间的付出，渐渐地，我的表现性评价实践和研究，走出了泥水之途。2012～2013年，三篇有关评分规则的论文发表于全国期刊，其中《重建高考作文评分规则的思考》还被人大复印报刊资料全文转载。名师班研修结束，我的课题也获得答辩与评审的第一名。

受挫：莫听穿林打叶声

其实，这一路的行走，是不很顺畅的。我没有为课题而课题，为论文而论文。早已评上中学高级教师，已无外力支配我非得投身于表现性评价，只是从语文课程与教学建设的角度，一介书生，尽一己之力，做绵薄贡献。

表现性评价的研究与实践，一开始我就定位于"促进学习"的宗旨。表现性评价与我主导的OAE（目标、活动、评价）学案开发和使用是相伴而行的，即所谓的"将评价镶嵌于教学过程之中"。然而，教育环境于研究与实践的支持，始终存在一种负向的力量。且不说为期5年的学案开发和使用无疾而终，单说在地区展示的表现性评价课，就遭受到诸多的"不理解"。

就以《外国小说欣赏》的教学为例吧。临课程结束，我们组织了小小说创作活动。就"怎样的小小说是好的？"这一问题，指导学生扩展阅读课外的小小说，再次研读教材中的文本和话题（叙述、场景、主题、人物、情节、结构、情感、虚构）知识，拟定评分规则。考虑到小说表现手法的多样性，师生制作了三份评分规则，分别适用于以情节场景为主、以人物为主和以情感为主的小说。

恰逢地区教研活动，我们便推出由评分规则主导的写作讲评课。印发一篇学生创作的小小说，让学生依据评分规则，评价这篇小小说，提出修改建议。上这堂公开课的教师、学生都很投入，重点中学学生的想象力和表达力，得以精彩地释放和呈现。但就是这堂课，听课的教师报以冷漠，评课的老师表达不解。想想也是的，那毕竟是2009年，即使在东部发达地区，对于课堂教学的评价，还是很传统的，教师普遍认为这堂课是"乱糟糟"的。

这样的"冷遇"，2018年依然遇到。当时，我已调入区教育局教研室，出于对表现性评价的执着，组建了有中小学语文教师参与的课题组。为向市级申报课题，我们做了精心的准备。遗憾的是别说"重点课题"，连"一般课题"都无以沾边。课题的学术含量、填报规范应该没有问题，我还是有这点自信的。这是否意味着，这种重要的评价方式，就连课题的评审者、教研或科研专家（他们应得新教学理念之先的）也不知晓？还是因为"表现性评价"不够时髦？

好在类似的"受挫"经历没有影响"行程"。某种意义上说，反而成为一种激励的力量。让更多的人了解和实践表现性评价，便成为我坚毅前行的内在力量。组织全区的表现性评价研修活动，这种负向力量便成为动因之一。

成书：也无风雨也无晴

组织研修活动，最大的动因还是《普通高中语文课程标准（2017年版）》。初见该课标，我是欣然而乐的。欣然于"语文学习任务群"的强势构建，欣然于"表现性评价"的概念吸收！我知道，有了"学习任务群"的依靠，"表现性评价"将展示其潜力。"我在朦胧中，看见一个好的故事。"（鲁迅《野草·好的故事》）

研修活动的专业力量，来自崔允漷教授及其团队成员。取法乎上，可得其中。要让研修班的中小学教师，听到国内最专业的表现性评价知识。申宣成、邵朝友、周文叶三位老师分别亲临余杭指导。周文叶老师还就研修作业，乃至后来再研修提出诸多的建议，那时她正挂职崇明，异常忙碌。

研修目标有三条：了解表现性评价的基本知识，研习国内外比较成功的案例；以教学实践为基点，分组设计、实施评价方案，将所学的表现性评价知识转化为技能；形成评价案例并结集，供余杭区中小学语文教师学习之用。

第一条目标达成是顺畅的，研修教师跃跃欲试。第二条目标就显得左支右绌、力难胜任了。好不容易催齐了"作业"，却少有预期的模样。作为研修主持人的我，面对15个案例文本，只有硬着头皮细加评注，冀望各小组能"破茧成蝶"。遗憾的是，表现性评价犹如可远观却难攀登的绝美山峰，虽使出浑身解数，终无法形成评价案例并结集。毕竟，我们不能拿出不成熟的案例误导众人。

好在有困难也有坚持。研修结束两年来，十多位参与过研修的同仁，继续学习、实践着表现性评价，还时不时交流与分享成果。随着义务教育、普通高中统编教材的陆续推出，这批坚持着的人们，深觉表现性评价在核心素养、深度学习、大单元教学视域下之必要与重要。

于是，就有了组织队伍、梳理问题、再行实践的一系列行动。其间风雨兼程、喜乐交加，非三言两语所能道尽。书稿三易，为我独著、主编十余种图书所罕见。终于成书，虽蒙周文叶、张丰等专业朋友的热心推荐，终先后遭多家出版社之婉拒。理由如出一辙，"学科类"的表现性评价图书没有市场。方知火热之图书市场，不会给"学科表现性评价"以一席。

寻找有识出版社的间隙，笔者翻阅了近年来的期刊和任务群教学设计的专著，发现诸多"新教学设计"运用了表现性评价，却存在这样那样的问题。出于满腔的专业分享热情，笔者撰写了《语文教学中表现性评价运用的误区》一文，投给以"关注教学与评价"自称的语文某刊，不意被拒。幸蒙《语文建设》编辑张兰老师之慧眼，得以在该刊2021年第11期上发表。不满一年，拙文在知网的下载量逾700次。期刊编者、读者，还是有识"表现性评价"者在，亦反证了我们先行实践、编著本书的价值。

好啦，不再絮叨了。其实，所有不媚于时的研究和实践，都会经历这等风雨晴雪。这是对流层的风雨。倘若飘升一定的高度,自能享受"也无风雨也无晴"的超然! 于我,若干年之后,自会模糊今日的风雨晴雪。

　　书稿辗转近两年,困境之中,曾出版拙编《论述文写作 16 课》的浙江工商大学出版社施我援手。感谢周敏燕老师、厉勇老师等编辑。亦师亦友的崔允漷教授及其两爱徒,得知拙著出版在望,欣然提笔推荐(见封底)。虽寥寥数语,于读者是专业的证明,于著者则情重如山。

　　此刻,还是"人之仙者"苏轼的词句最能安慰我:

　　"回首向来萧瑟处,归去,也无风雨也无晴。"

林荣凑

2021 年 8 月 12 日初稿　2022 年 11 月 4 日改定